小学体育教育理论与教学模式创新

刘成国◎著

吉林出版集团股份有限公司
全国百佳图书出版单位

图书在版编目（CIP）数据

小学体育教育理论与教学模式创新 / 刘成国著. -- 长春 : 吉林出版集团股份有限公司, 2022.10
ISBN 978-7-5731-2556-9

Ⅰ. ①小… Ⅱ. ①刘… Ⅲ. ①体育课—教学研究—小学 Ⅳ. ①G623.82

中国版本图书馆CIP数据核字(2022)第200649号

小学体育教育理论与教学模式创新

XIAOXUE TIYU JIAOYU LILUN YU JIAOXUE MOSHI CHUANGXIN

著　　者　刘成国
出 版 人　吴　强
责任编辑　冯津瑜
助理编辑　李　瑶
开　　本　710 mm × 1000 mm　1/16
印　　张　14.25
字　　数　220千字
版　　次　2022年10月第1版
印　　次　2023年8月第1次印刷

出　　版　吉林出版集团股份有限公司
发　　行　吉林音像出版社有限责任公司
（吉林省长春市南关区福祉大路5788号）
电　　话　0431-81629679
印　　刷　吉林省信诚印刷有限公司

ISBN 978-7-5731-2556-9　　定　　价　68.00元

前　　言

伴随着学校体育改革的不断深化，体育观念慢慢被越来越多的人们所接受。小学体育教学的开展，能够让学生在参与体育运动锻炼的过程当中，形成一个良好的身体体格和坚定的心理意志。在小学体育教学过程当中，我们应当根据小学生的实际特点来对教学模式进行优化和调整，突出灵活多变和以人为本的主线，让小学生们在新颖的教学模式当中快乐的锻炼，开心的学习。

鉴于此，笔者撰写了《小学体育教育理论与教学模式创新》一书，在内容编排上共设置六章：第一章作为本书论述的基础和前提，主要阐释体育的内涵与特征、体育功能与科学体育观、小学体育课的德育渗透；第二章是小学体育教育理论阐释，内容涵盖小学体育教育的理念分析、小学体育教育环境与主体、小学体育教育的审美理论；第三、四章分析小学体育教育与健康教学、小学体育教学及其策略构建；第五章论述小学体育教学的多元创新模式——移动学习理论下的小学体育教学、多媒体技术下的小学体育教学、微课理念模式下的小学体育教学、慕课理念模式下的小学体育教学、翻转课堂模式下的小学体育教学；第六章围绕小学体育教育的身体活动教学、小学体育教育中体操与球类教学、小学体育教育中武术教学的实践、小学体育教育中特色跳绳的教学创新进行研究。

全书结构科学、论述清晰，客观实用，力求达到理论与实践相结合，让读者在学习基本方法和理论的同时，注重以学生为本，积极尝试体能练习的新教学模式，力争增强学生的体质。

笔者在撰写本书的过程中，得到了许多专家学者的帮助和指导，在此表示诚挚的谢意。由于笔者水平有限，加之时间仓促，书中所涉及的内容难免有疏漏之处，希望各位读者多提宝贵意见，以便笔者进一步修改，使之更加完善。

目　　录

第一章　小学体育概论

冰雪运动是群众喜闻乐见的冬季体育运动，我国地域广阔、地貌丰富、四季分明，具有发展冰雪运动的良好自然地理环境优势。近年来，随着北京2022年冬奥会的临近，我国冰雪运动社会关注度不断上升，群众参与人数不断增多。借助北京2022年冬奥会的契机，在我国进一步推广与普及冰雪运动，对促进人民健康发展、冰雪运动持续发展、“健康中国”建设具有重要意义。

第一节　体育的内涵与特征

一、体育的内涵

（一）体育的发展目标

我国体育要实现的目标既要依照体育功能、学生所处的年龄段，还要依照我国教育事业和现代社会的发展需要，其目标是让学生具备健康体育的意识，提高体育技能，自觉坚持体育锻炼，增强自身体质。让学生有正确的体育观念、良好的行为习惯和思想品格，全面发展德、智、体、美、劳，为发展社会事业奠定良好的基础。以下这些任务可以帮助小学体育更好地实现目标：

第一，增强体质、增进健康，是我国小学体育要完成的最重要任务。既反映了体育具备的最本质功能，也符合当前我国学生身心健康发展和社会建设的需要。学生基本都处在最具生命活力的青年期，特别注重身心的健康发展，可以在这一时期督促学生学习体育健康，让学生养成良好的生活习惯，鼓励学生参加各种各样的文化活动，坚持锻炼身体，增加身体抵抗力，具备快速适应环境和参与各种活动的能力。

第二，坚持锻炼身体，学习体育健康知识并掌握相关技能。为保证学生具备正确的体育意识，充分了解体育健康知识，激发出学生参与体育锻炼的热情，保证身体健康，需要学生不断学习有关体育和健康方面的知识，科学地参与运动项目的锻炼，熟练掌握体育技术，养成坚持锻炼身体的好习惯。

第三，培养良好思想品德、意志，促进学生个性完善发展。育“体”和育“心”在小学体育中同样重要。体育本身具备的特征为小学体育提供了多种多样的形式，但要在筹备体育竞赛、开展运动训练活动、安排体育课程等过程中时刻关注学习思想和意志方面。

（二）体育与身心健康

1. 体育与身体健康

人的健康受到多种因素影响，其中体育锻炼对健康的影响最大。体育在生理方面对身体健康的影响大致有以下方面：

（1）充分提高人体机能。每天进行适当的体育锻炼，能够增强体质，让人保持活力，对身体健康有极大好处。因此，体育运动需坚持锻炼。长期坚持体育锻炼的人比缺乏锻炼的人的身体健康情况要好很多，尤其是心脏、运动机能，还有循环系统等健康指标相对更加理想。

（2）加快人体新陈代谢。体内细胞受运动因素的影响，会提高对糖的摄取力，同时增加储存肌糖原、肝糖原，因此体育锻炼能帮助人体加速对糖的吸收。人体内的脂肪集聚大量的能量物质，受到氧化作用，会加速分解，并且释放大量能量，等同于两倍的蛋白质或糖，加强体育锻炼，有助于消耗人体内多余的脂肪，形成肌肉，不仅强健身体，还可以让人更有力量。

2. 体育与心理健康

（1）情绪状态的改善。情绪会影响人们生活和工作的状态，是心里情感的外在表现。保持健康的情绪，需要自我调节，还要不断释放压力，而体育锻炼无疑是简单又有效的方法。

（2）智力水平的提高。体育活动，能够给大脑提供充足的氧气，使大脑更聪明，思维更敏锐，并可增强记忆力和注意力。智力因素对普通人的影响并不大，但经过长期锻炼，能激发开发智力，从而拉大智力上的差距。

二、体育的特征

文明社会进入到一定发展阶段，出现了现代体育，作为在社会各个阶层和各个领域都得到了普及的艺术形式，现代体育主要表现出以下特征：

（1）国际化。作为在国际范围内普遍存在的社会现象，学校体育教育、公众自发性体育活动及体育赛事等从不同的角度完善、发展了现代体育的理论性和实践性，使之得到了不同程度的国际化渗透。

（2）社会化。现代体育的社会化是指由全社会来兴办体育，发挥现代体育的社会功能，使体育成为一项社会活动。在我国，现代体育并未像发达国家一样呈现产业化趋势，政府包办为主、逐步面向多元化社会管理仍然是现代体育在我国的发展状态，但实际上，现代体育已经不仅仅承担着强身健体的社会职能，还开始逐步地改变人们的生活方式和生活质量。

（3）科学化。现代体育的科学化是指体育管理、体育锻炼、体育训练和体育教学等方面得益于现代科学技术发展呈现出的基本属性，其中，尤以体育运动训练的科学化属性最为突出，从优秀体育人才的选拔到科学的训练方案制定、体育成绩预判以及医务监督等过程都需要在科学技术的支持下完成。同时，体育运动训练和体育赛事对电子计算机、激光和遥测空间技术等的引用，都为现代体育增加了科学化的色彩。

（4）商业化。现代体育的商业化是促使体育运动适应于现代社会的有利因素，主要包括体育活动的投入、出于商业性收益的运动员转让、电视转播权、赛事门票、广告收益、体育活动场所及基础设施有偿使用等内容。

第二节 体育功能与科学体育观

一、体育功能

体育功能是体育对个体和社会所发挥的作用和效能。体育在不同的历史发展阶段具有不同的功能属性，并在历史的发展过程中，逐渐被赋予新的功能，也将对人类及社会产生更多正面的影响。

（1）教育功能。体育的教育功能是通过体育对人的身心的促进与发展，来促进实现教育目的而体现出来的，作为体育最基本的功能体现，对人类社会有着其他社会功能无法超越的影响力。体育运动可以促进形成良好生活习惯、养成科学价值观、建立严谨逻辑思维、培养健康生活方式以及正确情感方式，同时通过社会规范化的体育教育可以推动人的社会化成长，实现人的个性、身体、心理、社会关系等方面的同步发展。

（2）健身功能。健身功能是体育的基本功能，健身功能的实现依赖于终身体育的坚持，更对发挥体育其他功能有着深远的影响力。具体而言，其功能主要体现在三个方面：①健康合理的体育运动可以促进人体骨骼和肌肉的生长发育和血液循环，提高心脏功能；②坚持体育锻炼，可以促进人体呼吸系统、心脑血管系统、运动系统等发育与完善；③体育运动的健身功能还可以促进人的心理健康发展，延长寿命。

（3）经济功能。体育经济主要是以体育活动有关的基础设施为基础，将体育活动同经济活动紧密联系起来，从而促进国民经济的发展的经济类型。身体素质、文化素质、道德素质、心理素质等是构成人的素质的主要方面，其中，身体素质是人素质的核心，是人类开展社会生产活动和文化活动的基础，而较好的身体素质和坚持体育活动和锻炼分不开关系，也就是体育活动健身功能的发挥情况与身体素质的正相关关系。简单而言，体育活动与体育锻炼能够增强人的身体素质，可以保障人在身强体壮的状态下积极参与社会生产，从而推动社会经济发展。

（4）情感功能。体育活动的价值取向之一在于服务人们的休闲娱乐，通过体育的竞技性来调节人际关系。同时，体育赛事的竞技性同样会影响人的心理平衡状态。

（5）娱乐功能。无论从人的生理、心理需求，还是从社会化的发展需要来看，娱乐都是人们精神生活中不可或缺的重要内容。而体育本身就是一种带有休闲娱乐属性的活动，既能丰富人们的业余生活，又能陶冶人的情操。在社会政治、社会经济、社会文化以及信息技术飞速发展的当下，现代体育也被赋予了新的内涵，根据不同的内涵，被细分为竞技体育、学校体育和全民健身体育三大类。

二、科学体育观的相关内容

（一）以人为本的体育观

以人为本的体育观是社会生活主体的人对体育与人的关系的根本看法和观点。以人为体的体育观，是属于人的认识范畴，作为人的一种认识活动，它主要是阐述和概括体育以及体育和人的本质关系。

1. 以人为本体育观的内容

以人为本的体育观的内容是体育本身以及其主体的人的复杂性和多样性所决定的。体育与体育主体的本质联系，决定了以人为本的体育观的基本内容具有丰富性和具体性。

以人为本的体育观基本内容的丰富性和具体性主要表现在体育的人体观、体育价值观、全面观和发展观。

（1）体育的人体观。以人为本体育的人体观，是强调以人为根本，体育是人的活动，人是体育的主体。体育是人类社会特有的一种实践活动，是人类生命运动的产物和表现方式。没有生命，没有人类，便不会有体育运动。体育活动是人体自身的运动，是人类特有的有意识、有目的、有计划、有组织的一种行为方式。

（2）体育的价值观。以人为本的体育的价值观，是强调以人为本，体育是人的活动，是为人即社会生活主体和社会生存、发展服务的。体育的价值观是人们对体育的价值认识和评价活动的指导思想、基本观点和理论概括。

第一，以人为本的体育价值观的指导思想，就是强调体育的根本价值在于它能为人的全面发展提供基础的前提，创造生存、享受、发展的条件，能满足人们增强体质，延年益寿，满足自我实现的高层次的要求。

第二，以人为本的体育价值观基本内容是强调社会生活主体的人，在体育价值观的指导思想指导下：实现对体育的价值认识和评价。这种认识和评价是社会主体观参与体育的实践中形成的看法和观点。就人的自然属性和社会属性来区分，体育价值认识和评价基本上是体育的自然价值和社会价值。

第三，以人为本的体育价值观的理论概括是人的认识上的提升。之所以是逐步提升的理论概括，这是因为社会生活主体的人对体育价值的认识，是经历了一个认识变迁、提升的过程。随着社会的发展，人的认识的提高，生活实践的需要，人的认识从感性上升为理性认识，通过实践人们对体育的价值认识上升到理论高度，明确了体育与提高社会生活主体的生活质量、身体质量的关系。

（3）体育的全面观。以人为本的体育的全面观，是强调人的人体的全面发展，体育是人体的发展与培育，既要发展人的自然素质，又要培育人的社会素质，要与人的德、智、美、劳的培育和发展相结合，促使人的德、智、体、美、劳的全面发展。

（4）体育的发展观。以人为本的体育发展观，强调人体自身发展的同时，作为人的特有的一种运动方式的体育也是随之发展的。体育发展观表明，体育作为人的一种活动方式，有其自身发展的状态、过程、根源、动力和规律。但体育的发展不仅是自身的需要，其实质在于满足体育活动主体人的需要，坚持以人为本的体育发展观，就是找到了体育发展的直接的根本的内在的动力。

2. 以人为本体育观的载体

体育观是社会生活主体对体育生存、发展、提升的看法和观点，是人的世界观、人生观、价值观在体育中的关怀反映。所以，以人为本的体育观主体是人，目的是人，动力也是人，因此其载体也必然是社会生活主体的人。

社会生活主体的人作为体育观、载体、不是自发产业，无条件发展的，而是自量的产业，有条件发展的。要成为体育观的载体，需要具备以下条件：

（1）对体育及其属性的认识是自觉的，了解和认识体育的自然本质和社会本质，懂得以人为本是体育的生存、发展的关键所在。

（2）对体育与人的自身发展内在联系有明确的认识，发展体育运动，增强身体素质，是自然而然，又还具有必然性的过程。作为血肉之躯是体育活动的物质承担者。

（3）对体育多元化的属性有所认识和把握，明确体育是人的现代生活方式的重要内容，是社会生活主体提升生活关系质量的重要途径，体育活动是智力和体力的结晶，是主体全面发展的重要方式和途径。

（二）科学体育观的形成与特征

随着自然科学的迅猛发展，科学技术对生产力发展的推动作用越来越大，日益显示出他的巨大力量，因此人们开始崇拜科学，产生了崇尚科学的思想，这种思想对人类的实践活动产生普遍的影响，也对近现代体育的发展起到重要的作用。“解剖学、生理学、生物力学等学科的产生与发展，为揭示体育运动的规律和内在运行机制提供了知识和理论基础，让人们能够不断探索科学的体育锻炼方法，增强锻炼的效果”①。

现代科学技术的高速发展，不仅为体育运动提供了科学理论的指导，还为体育科学研究提供了先进的仪器设备，使人们能够打破自身感觉器官的限制，了解人体运动的内在机制和运动技术的内部特征，人们对运动有了更深入的认识。现代科学技术在竞技体育领域中的成功运用，帮助我们不断改进训练方法和运动技术，科学技术逐渐成为推动竞技体育发展的关键因素。

科学技术帮助我们提高了锻炼效果和运动成绩，也促使人们的观念发生变化，使人们在体育运动实践中更加相信科学技术、依靠科学技术，习惯从科学技术这一视角审视和对待体育运动，甚至认为科学技术能解决体育中的所有问题，这就是所谓的科学体育观。

当科学技术日益成为决定胜负的关键因素时，公平竞争的原则实际上已经被破坏了。例如，纳米技术被用于运动器材改进上，会使一些体育强国以强大的国力为后盾在器材方面占据优势，从而长期在某个项目上处于垄断地位，这种外在的不公平就带来了体育内部的不平等。而竞技体育的技术异化还导致运动员不得不接受损害自身身心健康的训练，甚至不得不服用兴奋剂，使服用兴奋剂问题成为当今体坛的一个顽疾。当前基因技术已经进入实用阶段，利用基因技术可以精确地选材，甚至可以制造出提高运动能力的基因兴奋剂，这将给我们带来前所未有的体育道德伦理问题。

（三）人文体育观的进步性与局限性

人文观是人类看待世界的另一种观念，这种观念自古以来就有。文艺复兴时期，欧洲新兴市民阶级为了摆脱神学的精神枷锁，提出了“人文主义”，其核心思想是：人是世界上最有价值的，人类社会的发展应以人为中

① 陈俊钦 . 试论科学体育观与人文体育观的融合［J］. 体育文化导刊，2007（01）：22.

心，应当承认个人利益的存在和重要性。

人文精神可以泛指人们在各种认识和实践活动中体现出的对生命存在意义和价值的关注，是一种以人为对象、以人为中心的追求。它是人内心深处的一种精神动力，能驱使人们去追求高尚的人生境界、自由奔放的情感和富于想象的多姿多彩的生活。人文精神反映在体育里，表现尊重人性、人生、人权、人的本质以及人在世界中所处地位，以身体活动的方式提倡关心人、爱护人，尊重人的价值。体育成为个人享有的一项权利，体育成为个体的需要，是人生的组成部分。

体育的产生与发展既有其理性的因素，亦有其感性因素，人类精神生活的需要是促使体育产生的重要原因。在生活中人们需要体育来宣泄自己的情感，展示自己的个性，体现自己的价值和对健康的追求。人文体育观认为，体育是以身体活动为手段去追求人的发展、个性的张扬、身心的健康和生命质量的提高的，即体育应以人为本，关注人的生命存在的意义和价值。

第三节　小学体育课的德育渗透

一、小学体育的德育管理

（一）小学体育德育管理的意义

学校开展体育德育活动需要教育者、受教育者，以及学校管理者的共同参与。学校管理者的参与，是为了更好地对学生的德育活动进行有效管理，更好地契合德育活动和德育教育，更好地实现德育教育的目的，从整体上提高学校德育质量。

（1）有利于协调学校、家庭和社会之间的关系。影响德育管理效果的因素有很多，学校德育往往受到上至社会下至邻里、家庭等诸多因素影响。这也要求学校管理者必须着眼于社会的要求，立足学校的实践，兼顾家庭的影响进行德育管理，这样才能够达到理想效果。在具体的操作中，德育往往受三大因素的影响：家庭、校园、社会。其中校园因素在绝大多数时候都是主要因素。作为德育管理的“主战场”，校园必须要协调好与其他外部因素的关系，争取使社会、校园、家庭携手共进，达成一致，以合力推进德育管理，达到 1+1+1 ＞ 3 的效果。

（2）有利于协调学校内部各部门、组织之间的关系。学校对德育的管理，是宏观地协调学校各部门组织之间的关系。因为学校开展德育活动需要学校内部各部门组织之间的协调配合，例如，学校工会、教务处、教导处、行政部门、后勤处、总务处、班主任、教师、学生会、共青团等。通过各部门积极配合，对与德育活动开展有关的学校内外的人力、物力、财力等教学资源进行充分利用和合理分配，辅助开展德育教学活动课外活动。学校通过宏观调控部门组织之间的协调关系，避免不必要的关系冲突，从而合理运用学校资源，顺利开展德育教育，有效地提升德育质量和效率。

（3）有利于协调学校德育过程内部各要素之间的关系。要真正使德育教育成果落在实处，需依赖各方配合。德育对象应是学生群体，包括个人，但不只有个人，德育是以个人为对象的群体教育行为。需要注意的是，学生群体本身的复杂性也会对德育活动产生重要影响。此外，教师群体本身也颇具复杂性。因此，以复杂的群体构成为对象，同时还要兼顾个体的德育活动，必然也应是复杂的综合性活动。为了使德育活动真正得到实效，就必须区分这些群体中的各个要素，并科学合理地安排每一个要素，以使其协调配合，共同推进德育活动的开展。

（二）小学体育德育管理的原则

小学体育德育管理原则是根据学校德育目标、管理理论和德育理论制订的指导学校德育管理工作的基本要求。体育德育管理原则也是德育管理经验的科学总结和概括。

1. 教育性原则

所谓教育性原则，就是指将德育管理放置于教育体系之下，将德育管理以教育的模式在学校中推进，尽可能地扩大德育管理的教育成果。事实上，校园中的德育管理已经呈现了与教育过程紧密相关的现实情况。在相当多的层面，校园中的德育管理都体现出了校园教育特色。例如，校园德育管理会不断接到反馈，进而进行修正，实行，再接受反馈，如此周而复始，螺旋上升。这种模式和教师不断改进自己的教学方式的模式如出一辙，都非常科学。此外，就像学校的教育是基于明确目标循序渐进推进一样，校园德育管理也大体会遵循这一途径。贯彻教育性原则，需要做到以下要求：

（1）学校德育管理本身也具有德育作用，应充分发挥该作用的有效性。德育管理的方式、目标、管理人员的行为都具有德育教育作用，因此学校在进行德育管理时，应该遵守：首先，管理的推进应该符合德育目标，管理应该以培养学生优秀品德，促进德育质量和效果为前提；其次，管理者要明确管理的意义，从意识和行为上积极配合德育管理；最后，管理应该使用正确的管理方式、方法、防止管理变成形式主义和制约学生的手段，管理者应该端正自己的思想态度，注意自己的言行，以自身为引导和榜样开展学校德育管理。

（2）管理应将规章制度和说理疏导结合起来。规章制度是指通过规范管理目标、制定管理计划、规范行为准则、规范检查等方式，宏观把控德育教育的开展过程。说理疏导是指通过教育、谈话、讲座等方式，使教师和学生明确管理的目的、管理的意义，使教师和学生从意识上明确管理的必要性，从而在行动上积极配合德育管理。将规章制度和说理疏导结合，既从意识上保证教师和学生理解德育管理，又从规章制度上约束了教师和学生的行为。

（3）教育应该自始至终贯穿于学校德育管理过程。管理的目的是辅助德育教育，所以管理的每一环节、每一要求都应该是为了教育而设立，管理计划、管理方式、管理实施都应该具有教育性。

（4）适当运用奖惩机制，有效发挥奖惩机制的作用。具体做法为：首先，需要明确奖惩是管理的一种手段不是目的；其次，奖惩机制应该以奖励为主，惩罚为辅，积极发挥嘉奖的激励作用；最后，奖惩机制中，奖惩手段应该以精神方式为主，物质方式为辅。

2. 整体性原则

整体性就是把学校德育教育当作一个整体，看成一个系统，将学校德育教育的各个要素，按照一定标准分类组合，建立联系，形成一个系统。从整体上处理系统的各种联系和矛盾。事物的存在都是对立统一、相互联系的。学校德育系统也不例外，德育的各个因素之间，也是对立统一、普遍联系的。所以，对德育有关的因素以及德育自身和外部之间的联系、矛盾，都应该从整体上联系解决，遵循整体性原则。贯彻整体性原则，需要遵循以下四个方面：

（1）将学校德育看成一个整体，结合社会对学校德育整体的影响，有效处理学校德育教育和社会之间的联系和矛盾。学校德育存在于社会环境的发展和变化中，德育及其管理会受到社会的变化影响。与此同时，学校德育和管理应该及时根据社会变化调整德育发展目标、发展要求、教育方法、内容和方式。除此之外，还要控制对德育造成不良影响的社会因素，更重要的是，应该培养学生良好品德来改善社会不良风气，带动社会风气良好发展。

（2）具备全局意识。将学校视为一个整体，将德育教育视为推动学校教育全局发展的重要环节，从大局出发，立足全局，正确处理、管理过程中出现的各种问题。要做到这一点，不但要对大目标有清晰完整的认识，还要立足学校实际，此外，还应具备一定的方式方法，围绕总体目标的实现互相合作，求同存异，坚决制止互相推诿、踢皮球现象的出现。

（3）学校德育工作需要整体统一指挥，各部门分工合作。首先，德育活动需要管理者具有整体思维，全方位地衡量德育活动，合理有效地组织分配工作；其次，学校需要建设有力的行政指挥体系，发挥整体指导作用，把整体德育工作合理有效地分配给各个部门。此外，各个部门要有较强的执行能力，对学校管理者分配的任务，努力贯彻执行，发挥组织部门的能动性。最后，各部门需要协调合作，共同完成德育目标，同时还要检查自己的工作，严格要求自身，与其他部门密切合作，整体提高德育的工作质量和效率。

（4）正确安排影响德育管理发展的各要素。校园无异于一个小社会，其中的人事、财务、设施、氛围，每个因素都会对德育管理形成影响。这就需要管理者对这些因素进行统筹安排，同时兼顾不同员工、不同学生实际需要的内在诉求，积极协调，使整个校园劲往一处使，齐心协力为实现德育管理的目标努力。特别是当校园资源有限时，更要尽力做好平衡，使有限的资源发挥最大效果。

3. 民主性原则

民主性原则是指在德育教育过程中管理者应该把被管理者当作主人，发挥民主性，与被管理者共同开展学校德育管理工作。我国始终坚持民主集中制和群众路线工作作风，这同样也适用于学校德育管理。在学校德育管理过程中，管理者应该明确自己是为师生服务的公仆，而不是主宰，切忌管理者将自己当成主宰者，应该以贯彻民主性为基础，和师生共同开展德育活动，相互促进，激发彼此的能动性，通过管理促进完成德育教育。贯彻民主性原则，应该做到以下四个方面：

（1）发扬民主精神，以群众为依托结合群众意见，开展德育管理工作。德育工作开展过程中，管理者要积极了解群众意见，听取群众建议，整理分析后合理采用群众建议，依托群众改进、完善德育管理。

（2）学校德育管理可以吸收学生家长和社会力量。学校德育的建设离不开家庭和社会的影响，学校德育管理可以动员家长和社会共同参与。

（3）学校德育管理应该给师生创造参与条件，师生不仅是学校管理的管理对象，也是管理的支配者。学校德育的开展需要师生和管理者共同参与，所以学校德育管理应该给师生创造参与条件。

（4）德育管理可以积极动员学生力量，组建学生组织，实现学生之间的自我教育管理。学校学生数量过于庞大，管理人员数量相对少之又少，如果想实现全面管理，必须动员学生力量，在符合管理规定的基础上，发展、建立、完善学生组织，如学生会、共青团学生组织等。通过学生组织的建立，对全校的学生开展活动教育、思想教育，实现学生之间的自主管理，让学生成为管理的主要力量。

4. 规范性原则

规范性就是要求在德育管理中做到照章办事。当章程或规则形成后，管理者及被管理者都要遵循既有的规定，不能逾矩。而规则本身也要体现出科学化、人性化的特征，使其能够被广泛接受而不引起普遍的反感。要做到这一点，必须要遵循以下三个方面：

（1）建立完善而合理的制度。若要想照章办事，那么最基本的就是先确定章程，然后才有按照章程推进管理的可能。好的章程应当科学、公正、有人情味。当然，章程的确定除了要遵循一定的原则以外，还要遵循国家相关的方针和政策，遵循社会普遍形成的良好规范，遵循公序良俗，并因地制宜，积极探索适宜本校发展情况的章程。

（2）构建尊重规则的校园氛围。管理者应看到校园氛围对遵守规范的重要影响。校风是在长期的实践中逐步建立起来的，是浸润全校的风气。身处校园中的每个人都深受校风影响。因此，德育管理者应当充分认识到校风对校园行为和观点的深刻影响，充分发挥自身在校园氛围营造、校园风气形成过程中的重要作用，帮助校园形成有助于德育管理的校园风气，进而促使校园中的人自觉遵守规则，维护规则。

（3）坚持行为导向原则。必须从规范全校人员行为入手，进行规范化教育。只有使全校师生都形成遵循规范的良好行为习惯，制度才能深入到校园的每个角落。当然，规范的制定也有章可循，不同的群体有不同的遵循主体。例如，教师群体，其规范主要依托于国家现有的法律法规以及国家和社会对教师的道德要求。而学生群体要遵循的规范就相对单一，主要是教育部门规定的针对学生的行为规范。只要校园里个人行为都符合特定的教育行为规范，每一项设施的每一个标准都符合国家相关建造规范和使用规范，那么行为导向原则就可以得到贯彻，促使规则化意识深入到每个人的行为中。

（三）小学体育德育管理的模式

综观历史和现实，体育德育管理有三种基本类型或模式，它们在出现的时间上有先有后，但各自都有其优点和缺点，并都在发展之中。

1. 行政型的管理模式

行政型就是将德育放诸于行政管理模式下进行。这一模式最大的特征就是采用威权强制推行德育教育。教育者和被教育者是上下级的关系，等级森严，各级言行举止有其规定范式，不得逾越。下级对上级的任何指示原则上都要无条件执行，下级几乎没有自主行动的权力。这种模式的优缺点都比较明显，最大的优点是高效，上级关于德育的意志几乎可以毫不费力的瞬间在整个集体中推行下去。但缺点也同样明显，首先，领导人员的专业性几乎决定了整个集体德育教育的成败；其次，下级完全丧失了机动性，容易一刀切地面对不同情况，从而造成南辕北辙的负面效果。

2. 经验型的管理模式

经验型的德育教育模式主要依赖于学校领导的经验。这种经验来源于他们的人生经历，或来源于他们的知识，可以肯定的是他们的经验一定带有主观色彩与个人色彩。从某种程度上来看，他们的经验也都相对固定，因而这种模式下的德育管理模式虽然是以主观的经验为基准，但也仍然能够呈现出相当稳固的运行模式。领导经验的适宜与否也将长久的影响其治下单位的德育管理效果的好坏。现代社会的发展已经迈入全新阶段，故对经验型管理者也提出了更高的要求。现代的经验型管理者必须兼具科学素养、人文素养、大局意识，必须对德育教育发展的方向有清晰而准确的预判，对推动德育教育发展的工作人员要给予足够的重视，对在德育教育中的各种突发情况要有足够的处理能力。

经验型管理有其优势，优势就在于管理者本身经验的可靠性。然而，缺点也非常明显，任何人的经验都是基于特定的时间地点体验的综合体，因此都不可避免地带有这样或那样的局限。要突破这种局限，就必须懂得具体问题具体分析。

3. 科学型的管理模式

科学型学校德育管理模式，利用科学理论对学校管理对象进行调查、测量、实验、统计、分析，并有效地分析管理过程的影响因素，从而发现，管理对象和管理过程间的关联，以关联作为依据，运用科学的管理方式进行决策管理。

综上所述，行政型学校德育管理模式、经验型学校德育管理模式、科学型学校德育管理模式都具有各自管理模式的优势和不足，应该在学校实际的管理过程中，具体分析实际情况，结合各个管理模式的优势开展学校管理工作。

（四）小学体育德育管理的实施

1. 小学体育德育管理的步骤

（1）明确体育德育的目标。在实施德育管理时，要确立明确的目标，因为德育管理的终极目的就是实现这个目标。在目标确立后，学校应以实现目标为基础，结合学校以及学生的实际情况制定详细的行动计划，使整个学校有条不紊地朝着既定的步骤向目标前行。当然，在这一过程中要始终牢记，学生是德育的根本对象，对学生的理解是制定出合理德育目标的基础。不同类型的学校往往有不同的教育目标以及不同类型的学生群体，这就形成了多样化的教育目标、德育目标。另外，对于国家和社会而言，德育目标和教育目标又都有相似之处，如何处理这些目标之间的关系就显得非常重要。在处理复杂关系时，大致要遵循一个原则：在总教育目标和德育目标的指导下，因地制宜制定本校教育目标和德育目标。需要注意的是，在制定本校目标时，既要立足实际也要适度超前，让目标既有可实现性又不至于毫无挑战性，由此才能激发师生的拼搏精神。

（2）制定体育德育计划。开展德育活动需要制定德育计划。德育计划制定的目的是贯彻国家的教育方针，实现德育教育，所以德育计划是指为完成德育目的所采取的工作步骤、工作方法、工作措施的总和。换言之，德育计划是学校管理者为实现德育目标所做的行动选择。制定德育计划必须合理，计划必须有实施性，应该结合学校的具体情况合理设计各个环节，确保实现德育目标。德育计划的大致内容如下：

第一，学期（或学年）计划。学期（或学年）计划指的是整个学期的整体规划，应该在学期开始前制定学期（或学年）计划，制定的具体内容应该涵盖学生的基本情况，学习的德育任务、内容、要求，需要采取的德育措施和德育活动开展的时间安排。

第二，月（或阶段）计划。月（或阶段）计划指的是学期内每个月（或阶段）的德育计划，该计划制定的具体内容应该涵盖教育主题、具体活动名称、具体活动内容、活动所需准备工作，以及活动负责人、活动时间安排等。

第三，德育活动计划。德育活动计划是德育活动的具体规划。应该在活动开展前，制定德育活动计划，具体内容应该涵盖活动举办单位、举办名称、活动目的、活动形式、活动内容、活动负责人以及活动具体时间、具体地点、活动进度等。德育活动具有一定规律性、系统性和稳定性，在学校教学特定时间点都要举行相应的德育活动，如开学初，教师节、五一劳动节、六一儿童节、十一国庆节、中秋节等重大节日都需要进行相关内容的德育教育，德育教育长此以往、年复一年形成了规律性，也渐渐制度化。

制定德育计划需要做到三点要求：①制定德育计划需要结合具体情况、具体实际，要认真研究学校的类型、学生的特点、学校的教育目标，结合学校特性，制定德育教育计划，目的是使德育计划符合学生品德实际需求，为学生制定科学、合理、综合提升品德的德育计划。②德育计划需要合理安排德育工作分工，对不同部门提出不同任务、要求，并将所有任务具体落实到各个部门以及个人；除此之外，要明确工作进度，在制订计划时明确确定计划完成的时间。③德育计划进行过程中，要经常进行监督检查，综合德育成绩，寻找德育问题，在发现问题的基础上，总结经验吸取教训；此外，德育计划，必须要民主，要听取干部、学生、教师各方面的意见，不断地进行完善。

（3）开展体育德育活动。校园是德育教育的关键阵地，校园活动是德育教育的关键手段。因此，学校必须用有效的手段对学生进行德育教育，以期达到良好的德育效果。当然，开展这一活动并不是拍脑袋的过程，必须要在事前做好准备，同时根据实际情况的变化及时调整目标。具体而言，好的活动应当具备以下特质：

第一，具备明确的目标。毫无疑问，达成既定目标是衡量一个德育活动是否成功的根本标准。因此德育活动的一切行动或标准都应当从达成德育目标为准绳开展，并在此基础上对涉及德育活动的一切因素进行考量与安排，使其能够沿着既定目标走下去。

第二，德育活动的内容设计要科学。这里的科学有多重含义，既指德育活动必须保证有科学的方向，即顺应社会发展的方向。还指德育活动必须符合德育对象的实际情况，用科学的理论指导，并增加能够吸引德育对象积极参与的内容。由此，学生才能得到真正系统的德育教学。

第三，德育活动应该坚持德育原则，选择合适的德育方法和组织形式。任何活动的开展，都应该有活动原则，德育活动也不例外。在开展德育活动时，应该围绕德育原则，注意德育活动方向是否偏离、是否具有针对性、是否连贯一致、是否具有疏导性、集体性。除此之外，还应该注意选择德育方法和组织形式，在德育活动教学过程中，既可以采用室内的教学模式，也可以选择户外的活动模式，学生组织模式或社会实践模式等，也可以结合多种模式开展活动。同一种活动形式可以采取不同的组织形式，可以是组织文体活动组织辩论活动、体力竞赛，或 DIY 活动。

第四，德育活动的过程应该组织连贯、紧凑有序。开展德育活动应该遵循三点：首先，应该明确德育动机，来开展德育活动；其次，明确德育活动动机后，应该提高对德育的认识，陶冶德育情操，锻炼意识意志，养成德育行为习惯，每个环节步骤间应该紧密连接，从容有序；最后，全面认识品德知、情、意、行，在德育培养过程中，侧重对学生培养这四个方面，促进学生德育全方面和谐发展。

综上所述，德育的开展离不开明确的动机，也缺不了德育环节的精心设计和环环相扣。科学合理地安排德育过程，紧凑有序地开展，合理地协调资源与人力，可以帮助德育活动顺利进行。

（4）检查与总结。在校园的德育管理中，德育管理者也要遵循这一原则，不断地反思自己的管理效果，检查自己的管理质量，总结自己在管理中的得失。由此，能够对管理的质量、管理的经验和规律总结有更深的认知。只要勤于检查，就能够对管理过程中出现的问题进行及时纠正、解决，并对管理过程中的正面现象予以及时鼓励，从而大幅提高被管理人员接受德育教育的积极性。勤于总结能够从更深入的层面思考德育管理深层次问题，能够从更长远的角度把握德育管理的发展方向，以更具预见性的方式规定德育管理的前进道路，尽可能地摆脱短期利益的绑架，从而实现德育教育的长远发展。

2. 小学体育德育管理的检查与总结

开展德育工作、提高德育效果效率，离不开检查与总结。具体包括以下方面：首先，时间点的总结，具体有平时性、阶段性、学期、学年、年终性；其次，事项总结、具体有全面事项总结、专题性、经验性、多项性、单向性；再次，有人员总结，具体有领导者、管理者的自我总结和检查、组织和各部门人员的自我总结和检查。在德育工作的检查和总结中，这些类型可以单独使用或综合使用。

在检查和总结的过程中，需要注意三点：首先，端正态度，明确检查和总结的目的，动员群众积极参加检查和总结，领导者和管理人员应该结合群众的检查总结，认真落实检查总结工作；其次，开展检查和总结工作，需要提前通知明确开展目的、有关内容，并且依照德育发展目标，公平、公正、公开的进行检查和总结，对嘉奖德育工作的有效成果，指正和指导德育工作的不足；最后，结合检查过程与总结过程，综合分析德育教学过程中的问题，重点是要找出问题、总结经验、吸取教训。

（五）小学体育德育管理的制度

体育德育应该实行民主管理，并与制度管理密切结合起来，这是学校德育管理的基本方法。由于民主管理问题在阐明德育管理的民主性原则时已经涉及，这里仅就制度管理问题做些简要说明。体育德育管理应该制度化，并通过和运用制度进行德育工作和管理。体育德育是有规律可循的。把德育工作的科学方法和手段加以总结概括，使之形成科学、健全的制度，能使德育及其管理工作更加科学、规范、有序地进行，保证德育工作质量和取得更大的成效。

1. 小学体育德育管理制度的建立

在小学体育德育工作的开展及管理中，应该建立有效的制度。建立制度可以从三方面着手：

（1）从管理者的角度出发，建立岗位责任制目的是确保学校、各级德育的负责人能够在其位尽其力；建立会议制度目的是确保德育工作的有效研究、确定、执行；建立考核评估制度，对各级组织负责人开展德育工作进行检查、评估、考核。

（2）从学生的角度出发，应该制定学习管理制度，如学生行为守则、行为规范、学籍管理、出勤制度、考试制度、公共设施使用制度；建立生活管理制度，如宿舍规定、食堂守则、作息时间、礼貌品德道德评价等。

（3）从制度的有效性角度来看，建立奖惩制度和约束制度。建立、健全学校德育管理规章制度应该做到：首先，制度要求适当、内容正确、有明确的目的性、条款清楚便于理解；其次，制度的建立必须有相应的检查和奖惩措施，具体落实措施来执行；与此同时，学生与教师制度的建立应该是共同的，要求也应相对应；最后，建立规章制度要积极吸取民众意见，强调民主性，只有建立在民主的基础之上规章制度才能被认可、被进行。

2. 小学体育德育管理制度的类型

（1）约束性制度。约束性制度是对教师和学生的行为具有约束性的制度。对于教师，约束性制度包含师德规范、请示汇报制度；学生的约束性制度包括学习守则、学生规范、生活制度等。除了约束性制度外，还有禁止制度，如禁止考试作弊等。有约束性制度就会相应有惩罚制度，一旦师生违背了约束性制度，轻者受到批评教育，重者受到纪律惩处。建立约束性制度的主要目的在于约束学生和教师的行为，防止学生和教师出现行为偏差，并反向促进教师与学生积极进取。建立约束性制度需要结合师生的基本道德水平，还要与说理疏导结合，在以制度为保障的条件下，进行有效思想疏导，帮助学生更好地理解和遵守约束性制度。除了遵守制度之外，还要维持制度的尊严和严肃性。最后制度需要严格执行。

（2）激励性制度。学校德育教育和管理工作需要激励制度。激励制度可以为教师和学生树立德育榜样，通过树立德育榜样，引领教师和学生向榜样学习，树立自觉意识，积极向榜样靠拢。激励性制度的运用是奖励机制。在评选优秀榜样时，应该以高标准严要求进行评选，评选标准要具有时代特征，评选过程要结合实际实事求是，并要遵循民主评选原则。除此之外，评选奖励应该结合物质与精神两种方式，以精神奖励为主，物质奖励为辅。建立、评选激励性制度的全过程要以引导教师和学生积极努力向上奋斗发展为目的，激励性制度的实施需要领导者做榜样，言传身教。

（六）小学体育德育管理的负责人员

（1）副校长。校长作为学校行政的总负责人，将学校德育管理工作委托给副校长，副校长作为受委托人，应该认真负责的领导全校德育工作。

（2）教导（或德育）主任。主管德育的教导（或德育）处是德育工作具体执行部门，主要负责完成主管德育工作的副校长所交代的工作。在副校长的领导指导下，教务（或德育）主任负责具体开展实施工作。

（3）大队辅导员。大队辅导员是学校少先队员的负责人、领导人，负责开展大队委员会工作以及举办活动，是少先队员的亲密朋友和伙伴。大队辅导员的职责是完成团委的指派任务和学校的团组织工作计划，指导帮助少先队员开展活动。

（4）年级组长。年级组长是年级工作的总负责人，从德育工作开展的角度来看，年级组长负责完成学校分派的德育工作，按照德育工作要求，结合本年级学生实际情况，具体实施德育工作，领导、指导德育工作。

（5）班主任。班主任的主要职责是负责管理一个班级的学生教育和管理工作，从德育工作开展的角度来看，班主任的职责是负责完成学校交代的德育工作计划，结合本班级学生的真实德育情况和特点，完成本班学生的德育教学工作。

学校各级德育负责人应该具备相应素质：①应该具有事业心和责任感，对自己的工作全心全意付出，对学生关爱负责；②应该具备管理和教学能力，无论是在思想上认识上，还是组织能力上都应该胜任其职位，有开展德育工作的业务能力，并在思想理论水平上也要有一定的建树，深刻了解、认识德育教学工作理论和经验；③要有良好的工作态度，对同事团结友爱，对学生民主热情，对工作热心尽力。

二、小学体育教育中德育课的渗透路径

注重体育教学中的德育渗透，不但能够增强小学生的锻炼意志，还对于培养小学生的坚韧品质和爱国精神有积极的帮助作用。在体育教学中渗透德育教育，有利于培养小学生的集体观念、纪律观念、诚信观念、进取观念。因此，“德育教育的渗透在体育教学中至关重要，在具体的体育教学活动中，教师应根据不同学生的行为特点与思想个性，找准学生的发展特征，进而将德育渗透工作落实到体育教学实处中来，确保德育教学发挥实效”[①]。

（一）规范体育课堂教学，提升思想品德教育

体育教学活动中，课堂教育应保证教学内容的规范化，科学化，并注重对小学生思想品德的教育和培养，通过对小学生普及文明知识、组织纪律要求、安全防范等内容，促进小学生形成自觉锻炼身体的主观意识，同时帮助小学生培养优良的思想品德。教师在开展体育教学活动之前，应积极对小学生开展组织动员，让小学生充分认识到体育教学活动的学习目的和内容。教学中，组织不同形式的竞赛活动和游戏活动，促进小学生树立起集体意识，同时帮助小学生养成果敢、坚韧、机智的优良思想品德。

同时，教学中鼓励学生借还体育器材、主动打扫体育活动场地等行为，帮助小学生树立起集体意识，公益意识、保护环境意识。在体育教学活动中，通过思想品德教育的培养，将思想品德教育与体育教育相结合，有助于实现体育教学的科学化，更有助于小学生素质教育的提升，促进小学教育发

① 柴福强．浅谈小学体育课的德育渗透［J］．新课程，2021（30）：230.

挥成效。教师凭借先进理念，结合体育教材所具有的特点，设计相应的游戏并对可能犯规的情况做到解读，通过有针对性地渗透德育内容，使之明白诚实做人，对自身行为做到规范，形成正确观念。

（二）锻炼体育运动能力，培养良好心理素质

1. 锻炼体育运动能力

体育运动能力是小学生参加体育活动的重要前提，锻炼小学生的运动能力，也是体育教育活动中的主要教学目标之一。体育教学的轻松化、活跃化，是小学生融入体育教学的重要前提。因此，教师在进行体育教学时，应注重教学内容的丰富性、趣味性、愉悦性，可以考虑多开展与小学生身体素质相匹配的体育竞赛活动和体育游戏活动，在体育竞赛环节和游戏环节，通过激发小学生参与活动的积极性和主动性，让小学生在活动中学习更多的运动技能，从而达到锻炼小学生运动能力的教学目的。教师借助竞争的特点，通过“以赛促学”来渗透德育内容，同时也激发出其竞争意识，继而能够主动去锻炼，形成终身的体育意识。

2. 培养良好心理素质

教师在体育教育时，尽可能选择富含趣味的体育教育活动，以吸引学生注意力，进而培养学生良好心理素质。例如，教师在组织学生进行跑步竞赛游戏时，可以设置富含趣味性的跑步规则，让学生在轻松愉悦的跑步竞赛氛围中，不断练习跑步姿势、掌握跑步技巧、锻炼竞赛判断能力、思维能力、迅速适应环境能力。竞赛时，小学生的荣誉感会不断增强，在竞赛环节最大化付出，全身心投入游戏比赛中。当学生全面融入体育教育活动中时，教师可以借此契机适时向学生开展德育渗透。

综上所述，在体育教学活动中，将德育教育与体育教学相结合，注重体育教学中德育教育的渗透，不仅有助于锻炼学生坚韧、勇敢、果断的优良品质，还有助于学生树立团队意识、集体意识、荣誉意识、榜样意识、爱国意识，有利于培养学生形成不气馁、不放弃、勇追求、总结反思的良好心理素质。体育运动是一项终身性活动，广大体育教师应重视教学探索，在小学体育课进行德育渗透，有助于实现促进小学生全面发展的教育目标。

第二章　小学体育教育理论阐释

第一节　小学体育教育的理念分析

一、小学体育“健康第一”的教育理念

“健康第一”体育教育理念的提出以及其对体育课程和教学的改革的指导，说明体育要面向生活，面向人的健康和幸福生活，面向终身体育。需要注意的是，“这里所说的健康绝不只是指学生现在的健康，而是学生一辈子的健康生活、健康文明幸福的生活”①。

在体育教育中应用“健康第一”的教育理念时，要想获得良好的成效，必须做好以下工作：

第一，重视培养学生的体育兴趣。在体育教学中，要贯彻“健康第一”的体育教育理念，实现体育教学的目标，推进体育教学改革，最为重要的一点就是培养学生的体育学习兴趣。大多数学生对体育运动表现出浓厚的兴趣，而对体育课却兴趣不大，这里有体育教师的问题、有理论引导的问题，也有教学改革的问题。此外，自发的兴趣每个人都有，自觉的兴趣却不一定，所以体育教师要重视引导学生的自发兴趣。

第二，重视对体育教学方法进行改革。对传统体育教学的教学方法进行分析会发现，其主要采用的是“刺激—反应—再刺激—再反应”的模式，目的是让学生在体育考试中能够达标，对体育是否能促进学生的全面发展则未予以足够重视。事实上，体育教学最主要的目的就是促进学生的全面发展，

① 宁昌峰．现代体育教育训练的理论发展与创新研究［M］．北京：煤炭工业出版社，2018：32.

包括增强学生的体质、丰富学生的体育理论知识、提高学生的体育运动技能、培养学生良好的体育锻炼习惯、提升学生的思想品质和意志品质等。基于此，在开展学校体育教学时，必须积极探索更为科学的体育教学方法，以确保体育教学目的的实现。

第三，切实落实学生体质健康标准。在开展体育教学时，只有严格遵守健康标准，才能真正达到增强学生健康的目的，从而使学生终身健康的意识和行为得到升华。

二、小学体育“终身体育”的教育理念

小学体育“终身体育”是终身教育的一个重要组成部分，指的是在人的一生中都要进行身体锻炼和接受体育教育与指导。“终身体育”思想的终身性指的是在以“终身体育”教育理念为指导来开展体育教学时，必须根据个体生长发育、发展和衰退的规律和阶段性特征引导其进行科学的身体锻炼，并养成终身锻炼的思想，以便能够终身受益。

在体育教学中应用“终身体育”教育理念时，要想获得良好的成效，必须做好以下工作：

第一，积极培养学生的“终身体育”意识。在体育教学中应用“终身体育”思想时，必须重视培养学生的“终身体育”意识。为此，要重视端正学生的体育学习态度，使他们建立正确的体育学习目标，形成长远的、持久的学习动机；要重视培养学生的体育锻炼习惯，并引导学生将体育锻炼的习惯延续到校园生活以外；要重视培养学生的体育素质，并要以健身为目标，将素质、技能、知识、能力等教育内容渗透到学生“终身体育”意识的培养中。

第二，不断丰富和拓展体育教学的内容。不断丰富和拓展体育教学的内容，对于培养学生的“终身体育”观念也有重要的作用。具体而言，体育教学内容的丰富和拓展能够使学生始终对体育运动保持较高的兴趣，从而更加积极、主动地参与到体育教学之中。

第三，积极引导学生将自我发展与社会需要有机融合在一起。“终身体育”着眼于人一生中各个不同的年龄阶段、不同的生活环境、不同的职业特点来选择相应的锻炼方法和内容，进行不同形式的身体锻炼，以保证终身受

益。而学校体育教学正是为未来扮演不同社会角色的学生提供了一个良好的参与体育的契机，指导其参与体育锻炼，以便进入社会后更好地适应社会。因此，“终身体育”不仅要促进学生在学校的发展，还应充分满足社会发展对学生未来的发展需求，这就要求体育教学应重视学生的当前和长远发展。为此，在开展体育教学的过程中，必须积极引导学生将自我发展与社会需要有机融合在一起。

第四，重视提升体育教师的综合素质水平。“终身体育”思想能否在体育教学中得到有效运用，与体育教师的综合素质水平有着密切的关系。因此，必须重视提升体育教师的综合素质水平，确保体育教师能够不断提高教学质量。

第二节　小学体育教育环境与主体

一、小学体育教育的环境

环境会对社会和个体的发展产生重要影响，环境包括自然环境、社会环境等，不同的环境对人的影响各不相同，教育环境作为环境的一种，是顺利开展教育活动的重要场所，是由多种不同要素构成的复杂系统。每个学科的教学环境都与其学科特点有着密切关联。体育教育环境作为教学环境之一，是一种较为特殊的人类生存环境，对人类身心健康的发展具有一定影响，在良好的体育教育环境中，教师能够更好地开展体育教育活动，学生也能够利用体育环境的优势，提高体育学习能力。体育教育环境是一种活动空间领域，具有复杂性和多样性，需要充分考虑各种客观条件。

小学体育教育环境在体育教育活动中具有重要意义，是体育教育活动必不可少的基础。与其他学科教学活动相比，体育教育环境对教学活动产生的影响更直接、更明显、更复杂，体育教育环境是师生教学活动的舞台，若缺失，师生的教与学会失去依托，失去基本立足点。

从表面上看，小学体育教育环境是影响体育教育活动的外部因素，但实际上却以特有的影响力，维持、干预着体育教育活动进程，而且系统地影响体育教育活动的效果。体育教育环境之所以在体育教育活动中发挥着巨大作用，主要是其特性决定的。

（1）复杂性。体育教育环境有别于其他学科教学环境，影响体育教育环境的要素更多、更为复杂，主要是由于体育教育绝大多数是在室外更为开阔的空间里进行。空间的开放性决定教学环境的复杂性。体育教育不仅要受到各种硬件条件的影响，还受到地理条件、气候条件、师生关系、校园体育文化氛围等因素影响，这体现了体育教育环境的复杂性。

（2）动态性。体育教育环境是按照一定教学目标和需要，专门设计和组织起来的一种多维度、开放式、全天候的动态变化环境，这一特殊因素是经过一定的论证、选择、提炼和加工后产生的，因而，体育教育环境比其他学科的教学环境更易集中、相一致，且系统地发挥作用，对体育教育产生起着重要影响。

（3）可控性。体育教育环境能够随时随地被调控。在体育教育活动中，教师可依照不同的教学环境和教学活动需求及时调控教学环境，避免出现消极因素，让更多积极因素促进学生身心健康的发展，让体育教育环境为教学活动带来更多推动力。

二、小学体育教育的主体

（一）小学体育教育主体——教师

1. 体育教师角色变化

体育教师的角色特征随着社会的变化，而呈现出累积性的发展，有着外延缩小而内涵扩大的演变规律。教师在原始社会是长者角色，经过工业社会的知识传递者角色，到了信息社会，教师成为促进文化知识的传播者。社会在长时间进程中对教师给予过高的期盼，促使体育教师有了自身的角色意识，使其过度注重自身的工作担当、自身行为和态度，教师的自身角色定位，使得体育教师在学校中以此为基础来开展工作，对自身的行为和思想进行过多约束。这是不应该的，必须改革。

当前，国内外课程改革受到了建构主义教学理论的很大影响。在这一理论中，人并不是被动地接受知识，在学习知识时，人是结合自己的经验进行建构。对于学生教师，应当促使其建构自己的知识体系，而不是单纯的复制知识；教师的教学应当让学生以塑造新的知识信息为目的，使学生能够主动创造；教师应当在互相矛盾的事物中进行角色表现，从而让学生产生不平衡的认知，以此来对学生的思维进行引导，使其发现问题、反思问题；教师应当对学生的思考进行引发，通过开放式教学参与到学生的探究中，不断地更新课程理论，使得课程环境产生变化，使学生从独立学习到合作学习、单方面发展到全面发展、接受学习到探究学习、被动学习到有计划学习、单向传递到多向传递的转变。

2. 体育教师的主导性

关于体育教师主导性的内涵，概括起来主要有五种理解：一是指主导属于对立哲学范畴，在矛盾中指对立双方的决定和主要方面；二是指主导在传统教学论术语当中发展而形成现代教学论术语，启发和主动地推动指导；三是指教学过程中主要的矛盾是教师和教材之间的矛盾，学生与教材的连接是通过教师这一中介，这一主导作用就是中介作用；四是指主导就是领导，主要是由于教师会对学生以及知识的认识途径、认识质量和结果起主导作用，教师是主要负责人；五是指教辅助学和支持学是教学的本质，学生的学习态度直接决定了教学成效，在教学当中，教师的主要任务是辅佐学生。

（二）小学体育教育主体——学生

1. 学生生长发育特征

（1）波浪性特征。人体青春期的生长发育通常由两个紧密衔接的重要阶段组成，且各阶段都会经历上升—顶峰—下降的发育变化过程。同时，各阶段的发育速度也不均衡，有快有慢，具有明显的波浪性特征。因此，人体不同器官系统的发育顺序和速度也不同，一般情况下，人的神经系统最先发育，然后是淋巴系统，这两个系统的发育速度呈现出由快到慢的趋势。按照发育顺序依次为运动、呼吸、心血管、泌尿、消化、生殖几大器官系统，这些系统的发育速度则呈现出由慢到快的趋势。

（2）统一性特征。人类身体和心理各方面的发育具有不均衡性，但都遵循由量变到质变的转化规律。生理机能水平的高低很大程度上取决于身体结构的发育，而人体各项素质的高低在运动能力的层面上则直接表现为身体结构及生理机能的发展水平。人体生理机能和各项素质的增长一定会伴随着心理层面的发展。

2. 青少年体质现状概况

随着我国改革开放的不断深入，经济越来越发展，人民生活水平不断得到提高，青少年生长发育加速，青春期提前来到，青少年体质可以概括为以下方面：

（1）青少年身体素质。在当今我国青少年的身高、体重、胸围加速增长同时，青少年体质却在全面下降。如果学生的身体素质和机能出现了下降，他们一生的健康都会受到影响，甚至会引发心理健康问题。此外，精英阶层的能力决定了中国社会在未来发展中的整体国家竞争力。

（2）青少年身体形态。大量青少年进入到肥胖人群，说明人们并没有进行合适的社会行为，另外，肥胖除了给人带来健康问题之外，还极大地浪费了社会资源。生活方式和思想观念在社会发展到一定阶段后一定需要被受到重视和改变。过量的肥胖会给人的身体造成负荷，从而产生疾病，同时也不利于心理的发展，可能会造成人往后生活中的经济损失和健康问题。

第三节　小学体育教育的审美理论

一、小学体育教育中身体美学的理论

“身体美学以身体为审美主体，它试图通过身体意识的培养，以某些体育健身项目作为身体训练方法去改良身体，使之能拥有敏感的身体体验，从而成为自由、完整、全面发展的人”①。

身体美学和身体教育的连接点就是身体，而身体的健美就是二者的共同目标。身体美学是对身体美的理论阐述，体育则是实践践行。因此，以身体美为交叉点，身体美学和体育教育二者可以实现交叉与融合，激发新的学科视角，促使身体教育产生新的生命力。开掘身体美的理论与实践相融合的新视域，在体育教育中实现身体的快乐、美感和活力。

① 李丽君．体育教育中身体美学的理论分析［D］．南昌：江西师范大学，2018：12.

（一）身体美学与小学体育教育目标

1. 身体美学的主要目标

身体美学以身体的健美为主要目标，一方面，激发身体的各种体验和感觉、知觉，通过身体实现人与自然之间的交流，以身体塑造、锻炼和展示为中心，实现身体的健美。身体美学并没有严格的要求和具体固定的实现路径，在于鼓励和帮助身体去感知、体验，鼓励不同的人去尝试不同的体育活动或者身体训练方法，找到适合个体的锻炼方法，使人们可以通过这些活动获得快乐、释放和升华，促进身体之美。另一方面，身体审美还注重对意识的训练和培养，实现意识和身体之间的和谐统一，达到身心一致的状态，激发人的潜能，使身体更加自由和健美。

2. 体育教育的审美价值

美是体育的一个主题，力则是体育的另一个主题，二者的统一就是有力量的美，或者说健美。这是指美得有力量感，刚柔相济。体育的力有两种类型：一是外显的力量；二是内收的力量。各类体育竞技比赛中的奔跑的步伐、健美的肌肉、拼打的力量都是外显力量，而体育教育正是培养这种力量的必要途径。

体育的内收的力量，在于心灵或意志，是一种体育精神，奥林匹克精神是拼搏进取、坚韧不拔，不断突破自我，突破人类极限，公平公正竞争的精神。这是指在体育教育中要通过各种体育理论和实践教育，培养学生的体育精神和体育伦理道德，实现内在力量和外在力量的统一，内在美和外在美的统一。

3. 身体审美与小学体育教育的使命

诚如上文所言，身体美学的关注重心在身体，而体育教育的教育中心也是身体，因此要让身体健康、活力和健硕，成为美和力的统一。身体美学的主要内容在于解释身体的力与美，而体育教育则是研究如何实现这种力和美。因此只有身体美学和体育教育二者的统一，才能实现完整的目标。

身体美学，与体育教育一样，都鼓励真实的身体体验和感受，只有身体的真实感受，才能达到身体的美。体育的教育为了身体的健美，遵循身体的发展规律和不同人的差异，为身体设置各种各样的活动、锻炼，有目的地锻炼身体的各种部位、器官和整体的协调性。这样做的目的是使学生能够真正发现了解自己的身体，与自己的身体交流，并通过自己的身体现实和整个世界的交流。

（二）小学体育教育中的身体美学

1. 身体意识

身体美学的一个重要内容是身体和意识的统一，尤其是身体意识的培养。这是指人的自我意识中，以身体为对象的那一部分意识。培养身体意识需要在具体的身体活动和训练中提高人的自我意识对身体的感知、认知、理解，等等。

体育教育就是实现这个目的的最主要场所，因为在体育教育中，学生可以在老师的指导和帮助下，系统性地通过各种体育活动逐渐认识身体，形成身体意识。例如，通过跑步，可以了解自己的腿，平衡能力和爆发力、耐力等；通过跳高、跳远可以了解身体的其他秘密。因此，体育教育是身体实践和身体意识培养的主要场所，可以让身体意识得以觉醒并日渐强烈、成熟。

2. 身体美感

身体是人与自然之间的中介，身体是自然的一部分，也是人的存在形式，通过身体，人可以实现和自然的联结。因而，身体的美与自然万物的美是和谐一致，相互统一的。身体的美，是人类创造美、感知美和发现美的起点和基础。体育教育与身体的美有着不可分割的联系，身体审美由此始终贯彻在体育教育中。在体育教育中，老师要注重培养学生的审美品位和格调，促进学生的欣赏能力和品位，强化学生的身体意识，促进学生参加体育活动的兴趣和热情，在学生学会感受和欣赏美的过程中，也能够掌握体育的知识和机能，使生命活力蓬勃发展。

体育教育要培养身体的美感，不是肤浅的美，而是深刻的美，是内外一致的美感。体育教育需要培养综合型的学生，而不仅仅是培养体育特长生，更重要的是培养学生的内在美，学生的道德、伦理、精神和意志，养成积极进取、勤劳奋斗、阳光健康的性格品德，使学生具有优秀的道德情操和卓越的人格品行。

3. 身体实践

一方面，体育教育是身体实践的重要场所；另一方面，也是身体理论教育的重要场所，正因为体育教育可以实现身体实践和理论的结合，因此可以达到事半功倍的效果，是创造性、交流性的独特教育内容。

体育教育分“体”“育”两个部分，这使体育教育既具有实践性，也具有理论性，因而是一种关系性的过程。在体育教育和体育学习中，需要把握“身”和“体”的统一。“身”着重在身体的外部感受，感性经验；而“体”着重在身体的内部感受与知性认识。因此，“身”与“体”的结合，就是将身体的外部感性经验转化为知性认识，实现身体的洗礼和升华。而体育教育是一个长期的过程，只有在长期的体育实践教学中，才能逐步提高身体体能和身体意识。

（三）小学体育教育中身体美学的作用

1. 小学体育教育中身体的活力

身体美学以身体作为认知对象和主体，身体审美需要首先培养起身体意识，即通过身体的体验、训练和各类活动，使学生感受到身心的统一和健康，促进身体的和谐。在对身体意识的培养又需要身体审美的理论和实践相统一，由此创造巨大的现实意义以及精神价值。身体从被忽视、被压抑、被束缚的状态中逐渐苏醒和解放出来，成为积极向上的阳光健康的主体。通过身体的健美，激发和保护生命力。

2. 小学体育教育中身体的卓越

在我国近代以来，身体的体育教育一直受到重视，成为一种国民使命。因此，在这个意义上，体育既是物质的存在，也是精神的存在，是内在精神和外在身体需求的统一。

体育的本质精神在于强身健体和体悟精神。体育需要追求身体和心灵的和谐统一，通过外在的身体运动、体验和训练实现心灵的内在感知，获得心理上的愉悦、喜悦和放松，以及成就感。因此，体育教育的“体”不光是指肉体，也包括智慧、道德和审美。只有这样人才能成为自由而完整的人。

只有身体和心灵的和谐统一，才能还原生命的本真状态，展现人类的身体的健硕与优美，流畅的运动，坚强的生命力和丰富愉悦的身体体验。在自由自主的活动中感受生命的热情和健康。体育教育由此上升为健康教育和生命教育，帮助学生培养科学的健康观和科学的生命观，实现身心统一、人格完整。

3. 小学体育教育中身体的超越

“力”是生命的源泉、生命的存在方式、表现形式。“力”是生命区别于无生命的重要区别。体育教育是培养生命的“力”的一个最主要的场所和方式，通过身体训练可以塑造身体的健硕和优美，展现身体的活力。通过体育活动，可以促进身体的健康，增强身体的体力，通过比赛和竞技，可以激发人的生命潜力，促进身体意识，激励体育精神和品格，使人获得无限动力，激发巨大能量。由此，“力”为生命创造了源源不断的源泉。

身体是人的生命的物质载体，体育教育是锻炼身体，进而激发和培养生命力的重要场所。体育教育通过各种各样的实践活动，例如跳高、跳远、打篮球等，激发人的生活热情和激情，展现生命的魅力，使学生寻找到生活的热情和兴趣爱好，激发学生的向上之心，体会生命的力量。在这个过程中，实现了生活的成就感和价值所在。

人是万物的尺度，而身体则是体育教育的尺度，也是体育教育的出发点和落脚点，同时也是身体美学的基础和目标。身体实现了对身体美学和体育教育的联结，促使二者和谐、融汇和贯通，在这个过程中，激发了学生身体审美的兴趣和热情，使学生感受到身体意识和身体实践的统一，心灵和身体的和谐，力与美的融贯，生命力的觉醒和实现，使人真正成为自己的主人。

二、身体美学在小学体育教育中的应用

身体美学是一门将理论与实践进行结合的学科，特别强调实用和实践。它通过身体意识、体育锻炼、审美实践等方法来培养和锻炼身体，提高身体和心理素质，从而达到身心的高度和谐统一，形成崇高之美。体育教育由体育理论、体育目标、体育教育和体育课程组成，覆盖体育教育的全过程，与体育教育的发展息息相关。在体育教学中引入身体美学，并将其作为体育教学的问题中心，可以为体育教学活动增添活力，使学生在体育教学中感受审美实践的理想境界，获得美的升华和体验。

（一）身体美学在小学体育观念的应用

体育教育观念是体育教育发展过程中推崇的价值追求、理想信念和精神支撑。体育教育观念是否可以起到正确的引领作用，直接影响到未来体育

教育的行动指导和发展方向。所以，科学、完整、系统的体育教育观念是确保学校体育健康发展的一个重要条件。学校体育始终以“健康第一”作为指导思想，在课程实施的整个过程中注重学生的身心健康，切实落实“健康第一”的指导思想，促进学生健康成长，这与身体美学的核心理念不约而同。人的身体是身体美学培养和关心的客观对象，身体美学不仅注重塑造个体的外部形体，同时注重内心的呵护，最终达到身心的和谐发展，形成真正的健康之美。基于宏观的体育理念，学校体育积极提倡“健康第一”“终身体育”的体育教育观念，其终极的目标就是贯彻这两个观念。

在微观体育观念下，学校体育教育倡导尊重和重视“学生主体地位”以及“学生个性发展”，把学生作为主体，助力学生发展个性。无论是宏观的概念，还是微观的视野，都是以身体为基础进行实践。身体是体育教育的起点和归宿，是体育教育过程中非常重要的物质载体和行为指导。体育观念是行为指导和基础条件，促进身体健康成长，为身体和心理和谐发展保驾护航。

美丽的身体呈现完美的个体生命意义；美丽的身体表现个体生命情感；美丽的身体灌输个体生命素养。美是全人类共同的感性认知，属于本源动力，身体的美是以健康的身体和完整的体态为基础的。身体的健康和体态的完整与个人自身强壮的身体息息相关，人与自然、社会、其他人形成和谐之美，是充满愿景、圆满的美，这种美立足于人类命运共同体的变化与发展，渗透于个人、自然、社会的各个领域。作为身体健康、蓬勃、活跃发展的指路明灯，体育观念应该充分融入“美”，逐步倡导学生注重身体的美，启发学生认识身体的美，并教育学生利用身体之美。

将体育与美育融合到创新的体育观念中，完善了体育教育的体系，使体育教育更适合学生“德、智、体、美、劳”的全面发展。所以，体育教育观念应提倡“美的身体”，尊重“美的身体”，发展“美的身体”，从而促进体育教育事业的深入发展。

（二）身体美学在小学体育目标的应用

体育教育是构成体育与育人的重要组成部分，与教育相同，它有固定和明确的目标。体育教育的长远目标是把人的全面发展作为终极要义；短期目标是把学生的身心健康作为起点和归宿。体育教育的长期目标是加速人的社会化，引导学生形成终身体育的理念，最终达到人的自由和全面发展。人的全面发展包括“德、智、体、美、劳”，“德、智、美”需从心理层面进行培养，“体、劳”需从生理层面进行培养。这些要素之间互相依赖、互相促进，共同促进人类全面统一的发展。

培养全面发展的人才不能缺少美这个环节，美的身体是完美的基础。人类的存在是以身体的存在为基础的。这里提到的“身体”不是物化的身体，而是一个真正的身体与心灵相结合的活动主体。这说明人类的所有生命活动都需要依靠身体。人类的存在以身体作为物质载体，经过身体的活动、体验和意识等，为实现生命的意义提供更好的服务，人类最终成为世界的主体。体育教育的短期目标是使学生有强壮的体质，形成优秀的心理品格，培养出真正健康的人。

体育教育中身体美育目标的构建力求传道于美中，授业于美中，解惑于美中，让体育教育在美中蜕变、美在体育运动中丰富本质属性。通过在体育教学中创建身体美育目标体系，学生的审美意识在不断地提高，审美情操逐渐形成，审美方法不断成熟。以美养体，以体养美，互相推动，互相发展，从而形成可持续发展的格局。

第三章　小学体育教育与健康教学

第一节　小学运动技能类型与发展特点

随着年龄的增长，小学生的运动技能呈现出不同的发展特点，且在其学习与掌握运动技能过程中，受多方面因素的影响，主要有先天因素、后天环境因素、运动经验、学生个性因素、练习因素、学习阶段等，但这些因素对小学生运动技能发展的影响程度不是均衡的。

一、小学运动技能的类型

儿童会在其童年早期至中期，即 3 ~ 8 周岁期间形成多种基本运动技能的基础。而基本运动技能的形成是在婴儿时期的反射动作的基础上发展而成的，同时也是过渡性运动技能与专门的竞技运动和舞蹈技能的基础。由此可见，运动技能可以分为基本运动技能和专项运动技能。

专项运动技能可理解为与某一运动项目相关的运动技能，如篮球专项技能包括运球、传球、投篮等。小学生正处于基本运动技能发展的关键期，教师应重视小学生基本运动技能的教学，以下重点探讨基本运动技能的分类、发展特征及评价。

基本运动技能依据运动的功能可分为稳定技能、位移技能和操控技能三类，这些基本运动技能将使儿童在运动反应中有更多的选择，为他们的运动表现提供更大的自由度。例如，当一名儿童有很多机会在原地或运动中踢大小和重量各异的物体，并且这些物体既包括运动的也包括静止的时，他将建立一系列的动作模式并将能胜任许多特定任务。当儿童参加足球等需要动作的顺序和方向快速变化的比赛时，这些被充分发展的基本运动技能就使其在回应队友或对手的动作过程中有更多的选择。这个概念有些类似在银行用储蓄账户存钱。如果存款人持续将钱存放在他的账户，他便可以在需要的时候随时取出不同数额的资金来用。那些坚持练习，从而在“账户”中储备了很多基本运动技能和模式的儿童，当遇到更复杂的动作情况时，就能够依赖这些基本运动技能和模式做出反应。

二、小学运动技能的发展特点

小学基本运动技能的发展特点是选择小学体育与健康教学内容的重要依据。只有依据小学生的身心发展特点以及基本运动技能的发展特点所确定的小学体育与健康教学内容才是科学、合理的。因此，明确小学生基本运动技能发展特点对体育教师深入了解小学生体育与健康学习基础至关重要。

小学生基本运动技能发展特点的研究有两种取向，一是整体取向，二是部分取向。整体取向是指对某一完整动作在不同阶段的特点进行描述，部分取向是指对某个动作的部分肢体动作（上肢、下肢和躯干等）的发展特点进行描述，运动技能的完整发展特点比较直观，便于教师快速判断儿童的基本运动技能发展阶段；运动技能的部分发展特点比较具体，有助于教师深入分析学生某一运动技能的表现情况，对儿童运动技能的干预和促进有重要意义。根据动作发展研究成果，小学阶段应着重发展的主要位移技能有单脚跳、双脚跳和垫步跳等；操控技能有投、接、踢、跑、击打（挥击）等。

第二节　小学体育与健康教学的目标

教学目标是指教学活动实施的方向和预期达成的结果，是一切教学活动的出发点和最终归宿。教学目标要依据课程目标进行设计，是教育目的、教育目标、培养目标和课程目标的具体体现。它与教育目的、教育目标、培养目标、课程目标等概念既存在联系，也有区别。教育目的、教育目标、培养目标对教学目标的设计起着宏观指导作用；课程目标对教学目标的设计起着直接的指导作用，课程目标的实现必须通过教学这一途径来实现，教学目标的定位属于微观层面。

体育与健康教学目标是体育与健康课程的亚目标。体育教学目标是指体育教学中为实现学校体育目的所提出的要求。体育与健康教学目标是由体育教师依据课程目标制订的，对体育与健康教学活动具有较强的指导性，但也具有一定的灵活性。

教学目标设计是对教学应达到的结果或标准的预设，它是建立在对教学对象、教学内容及教学条件有一定了解的基础上进行的。教学目标的设计是指确定通过学习每一项从属的知识和技能，学生将达到一种怎样的行为状态，并将学生通过学习后所达到的最终行为状态用具体的、明确的和能够操作的目标表述出来的过程。

小学体育与健康教学目标设计是指体育教师依据《体育与健康课程标准》提出的目标，结合小学生的身心发育特点及教材特点，确定在学习体育知识和动作技能后，学生将达到一种怎样的行为状态，并将学生在体育与健康学习后所达到的最终行为状态用具体的、明确的和可操作、可测量的结果或标准表述出来的过程。“体育是一项提高学生素质和创新能力不可缺少的重要内容，不仅可以强健体魄，陶冶情操，促进身心和谐发展，而且有利于增强学生爱国主义和集体主义观念”①。

一、小学体育与健康教学目标的意义

（1）有利于实现小学体育与健康课程目标。课程目标是课程中教育价值的具体体现，是课程实施所要达到的预期目标和结果。然而，课程目标是立足每节课教学目标的达成而实现的，这在一定意义上取决于教学目标设计的科学性及合理性程度。因此，只有恰当地设计并达成每堂课的教学目标，才能完成课程的总目标。通过教学目标的设计，把宏观和中观层面的教学目标分解细化，体育教师对小学体育与健康课程目标体系就会有清晰的、统一的认识，以更好地促进学生身心的全面发展，从而实现课程目标。

（2）有利于提高教师的教学效果。小学体育与健康教学目标是指引体育教师进行教学活动的指南，对体育教师的教学发挥着调控功能。教学目标的确定，有助于体育教师围绕教学目标开展教学活动的设计，有助于体育教师

① 张艳平．浅谈小学体育的发展目标与对策［J］．新课程（小学），2010（09）：106.

合理安排教学内容，选择教学方法及教学组织形式等。具体、明确的教学目标，将有效地调控课堂教学活动，促使教学达到预期的标准或要求，提高教学效率和教学效果。

（3）有利于学生明确学习目的，提高学习效率。教学目标规定了教学的方向，降低了教学的盲目性，有助于学习过程顺利进行。学生对教学目标的明确与否决定着学生的学习态度和学习效果，也直接影响着体育与健康教学的质量。学生明确了教学目标，并做到心中有数，有利于内化教学目标，也有助于增强学生学习的积极性、主动性，提高学生的学习水平和学习效率。

（4）有利于师生对教和学效果的评价。教学目标是教学评价的依据。确定明确、具体、可操作的教学目标，有利于教学评价的有效实施。无论是进行诊断性评价，还是进行形成性评价，都要以体育与健康教学目标为依据。教师通过小学体育与健康教学目标的设计，将使学生明确要学习的内容和应该达到的水平，评价自己的学习，找出与教学目标的差距，产生强烈的责任感，提高自我调控能力。

二、小学体育与健康教学目标的要求

（1）宏观教学目标，应全面把握，整体统筹。教学目标的设计是在教育目的、培养目标的宏观指导下，结合特定的教学对象、教学内容、教学条件进行的。这就要求小学体育与健康教学目标设计要在宏观上系统把握体育对人的全面发展的作用，从德智体美劳等多方面对学段、水平及学年体育与健康教学目标进行整体设计，只有这样才能有助于完成小学阶段的体育与健康课程目标。同时，在设计教学目标时，各学段、水平教学目标和学年教学目标要层层衔接，以更好地将上层教学目标进行合理分解，进而完成各层次的教学目标，以达到整体协调。

（2）中观教学目标，应详略恰当结合，前后衔接。小学体育与健康教学目标，在中观层面上有学年和学期教学目标。这个层面一定要注意依据学段和水平对教学目标进行分解，要注意详略结合，同时要注意对微观教学目标有指导作用，做到前后联系与衔接。

（3）微观教学目标，应明确、具体、全面、可操作和可测量。学段和学年教学目标的表述可宏观些，而具体到每堂课的教学目标必须明确、简洁、可操作，一般以 3 ～ 4 个为宜。简洁、可操作的目标有助于教师和学生明确每堂课的具体教学任务，并选择合适的教学方法进行教学，同时还有助于教学评价的实施，进而更有利于直接地评价、清晰明确地反馈课堂教学效果。

三、小学体育与健康教学目标的分类

对教学目标分类的研究，已逐渐形成了较为完善的理论体系，对教学实践产生了深远的影响。体育与健康教学目标分类作为教学目标分类的一个分支，同样受到学校体育理论与实践工作者的广泛重视。

西方对于教学目标分类理论的研究较早，并出现了一些教学目标分类流派，比较有影响的有布鲁姆、加涅、梅耶等人的研究。国内外比较公认的是美国教育家布鲁姆的目标分类，他将教学目标分为认知、运动技能和情感三个领域，并划分为不同的层次。布鲁姆的“认知、运动技能、情感”目标分类对体育与健康教学目标的分类及制订具有较大的启示，但这种分类缺少促进学生身体发展的目标。因此，体育与健康教学目标分类不能照搬布鲁姆的教学目标分类体系，应在原有基础上进行完善。就目前来看，国内外对体育与健康教学目标的分类主要有以下内容：

（1）中国《教育大辞典》的分类包括：①认知类；②技能类；③情感类；④综合类。

（2）《体育与健康课程标准》的分类方法。《体育与健康课程标准》依据知识与技能、过程与方法、情感态度与价值观的三维课程目标，结合体育与健康学科特点，建构了运动参与、运动技能、身体健康、心理健康与社会适应四个学习方面的目标，并指出从体能、知识与技能、态度与参与、情意与合作四个方面对学生的学习进行综合评价。由于教学目标的达成情况是通过教学评价来判断的，因此，《体育与健康课程标准》又将体育与健康教学目标分为体能、知识与技能、态度与参与、情意与合作四个方面。

另外，我国最新确定的运动能力、健康行为和体育品德三大体育与健康核心素养，强调从认知、运动技能、体能、锻炼习惯、情绪调控、适应能力、体育道德、体育精神、体育品格九个方面对学生的学科核心素养进行评价。

（3）美国海德洛特的分类方法。美国海德洛特把体育教学目标分为认知，情感，运动技能和体能四个方面。

第三节　小学体育与健康教学设计

一、小学体育与健康教学设计概述

概念是反映事物或对象本质属性的思维形式，包括内涵和外延，即其含义和适用范围。要认识小学体育与健康教学设计，首先要了解与其相关的概念，如设计、教学设计、小学体育与健康教学设计的概念等。

第一，设计。设计是指在活动之前，根据一定的目的和要求，预先对活动所进行的创新性探究或策划。

第二，教学设计。教学设计是设计的一种类型，学者们在对其概念进行界定时有不同的侧重点，但其共同点在于教学设计是对教学活动进行策划的过程，最终要形成一种操作方案。

第三，小学体育与健康教学设计。小学体育与健康教学设计是教学设计的一种，与其他学科的“教学设计”相比，小学体育与健康教学设计突出体现“体育与健康”的学科特点，注重对体育与健康教学特点和教学规律的把握。体育与健康教学设计是根据教学目的和教学条件，对某个过程（如学段、学年、学期、单元和课时）的教学所进行的各方面的最优化研究工作和计划工作。

综上所述，教学设计的概念可以理解为在教学活动之前，以相关理论为基础，根据体育与健康学科的特点、目的和要求，运用系统分析方法，预先对体育与健康教学活动诸要素进行的创新性探究或策划，它是一个系统规划体育与健康教学系统的过程。这就是指为了达到一定的体育与健康教学目标，对教哪些内容和如何教进行设计的一种操作方案。

21 世纪，要设计出既符合新一轮课程改革精神，又符合体育与健康教学实际和学生身心发展需要的小学体育与健康教学计划，就应牢记以下四个要点：

（1）突出体育与健康学科的“健身育人”价值，促进学生健康成长。“健身育人”是体育与健康课程的基本理念，也是其本质功能。尤其是当前国家高度重视青少年学生的体质健康，迫切要求通过学校体育来增进青少年一代的身心健康，这为小学体育与健康教学设计提出了新的更高的要求。尽管学生的身心健康受多种因素的影响，但体育与健康课程可以结合本学科的特点将发展身体、培养坚强的意志品质、形成健康的生活方式和乐观开朗的态度结合起来，将“健身育人”渗透到体育与健康教学设计、实施、评价的每一个环节和每一项活动中去，于微细之处显培育。

（2）帮助学生激发运动兴趣，体验运动乐趣，养成锻炼习惯。喜爱运动是小学生的天性，如何将小学生喜爱运动的天性在体育与健康教学中充分予以激发，是体育与健康教学设计应考虑的关键问题。教学艺术的本质不在于传授本领，而在于激励、唤醒、鼓舞。兴趣是最好的老师，学生的运动兴趣直接影响着锻炼行为和效果。因此，在小学体育与健康教学设计中，从目标的确定、内容的选择到教学方法手段的运用等，都要考虑对其兴趣、爱好及运动天性的激发和唤醒，并进一步引导其对体育锻炼产生更加浓厚的兴趣，养成参加体育锻炼的良好习惯，从而受益终身。

（3）面向全体学生，关注有特殊体育需要和残障学生的体育锻炼。小学体育与健康教学设计应在面向全体学生的基础上，特别关注并安排好两类学生的体育学习：一类是具有体育特长和运动爱好的学生；另一类是身体有残障的学生，尤其是后者，更应引起教师的关注。在设计教学时，体育教师应尽可能地结合他们的实际情况，设置适宜的教学目标，安排力所能及的练习内容，创造机会引导他们参与课堂体育锻炼和学习。

（4）突出学生的主体地位，重视创新意识和实践能力培养。就小学体育与健康教学而言，体育与健康教学的动态性为小学生创新意识和实践能力的培养创设了多种有利条件。在进行小学体育与健康教学设计时，体育教师要牢固树立以学生发展为中心的思想，在教学策略设计上下功夫，为学生创新意识和实践能力的培养创设多种情境和机会。

二、小学体育与健康教学设计的理论依据

（一）系统理论与小学体育与健康教学设计

近年来，系统科学在教育领域内应用得比较广泛，系统是教学设计的特征之一。系统理论认为：系统是由相互作用和相互依赖的若干组成部分结合

成具有特定功能的有机整体。教学设计工作者在长期的探索中，确定了以系统论思想作为教学设计的指导思想，把教学作为系统来研究，以系统方法作为教学设计的核心方法。其中，系统理论的下列基本思想和观点，对研究小学体育与健康教学设计有重要作用：

1. 系统理论的观点

系统理论认为系统就是相互作用的元素的综合体。系统的构成至少要有三个条件：①有一定的元素，其中因分析的需要，而把其主要元素称为要素；②有一定的结构，即元素之间的相互关系，元素之间没有关系，不能构成系统；③有一定的环境，系统是一定环境中的系统，它在一定的环境作用下，又作用于一定的环境，没有环境也就没有系统。

由此，系统理论的基本观点可概括为：系统的整体观、系统的结构决定系统的功能、系统的开放性与动态性、系统的最优化四个方面。

2. 系统理论对小学体育与健康教学设计的贡献

小学体育与健康教学系统是学校教学系统的子系统，它可以是整个课程的实施过程，也可以是一个学段、一个水平、一个学年、一个学期、一个单元或一节课的教学，而体育与健康课堂教学系统是由一定数量的相互联系的要素（如教师、学生、教学目标、教学内容、教学策略、教学评价、教学环境等）有机结合成具有某种教学功能的综合体。这些要素之间是密切联系的，围绕一次课的体育与健康教学目标建立起来一定的结构。体育与健康教学系统离不开一定的社会环境，教学设计的一项重要任务就是要将教学系统与具有提供学习资源潜在可能性的社会系统联系起来，不能只关注体育与健康教学系统内部的构建，而忽视教学系统的开放性，这一点提醒体育教师在进行课堂教学设计时不能孤立地考虑某个或某几个要素而忽视各要素之间的联系，要以系统的、总体的、开放的视角去看待每个要素，使其形成一个有机体。

系统理论对体育与健康教学设计的贡献，主要包括两个方面：一是为制订体育与健康教学设计方案和解决体育与健康教学问题，提供了系统工具，如设计教学过程流程图等；二是为体育与健康教学设计提供了系统分析的方法，用以分析体育与健康教学系统各要素，以及制约更大的系统（学校体育系统、教育系统、社会系统）对体育与健康教学设计所产生的影响。

3. 系统理论对小学体育与健康教学设计的要求

小学体育教师对儿童从小学就能树立正确的体育观的影响至关重要，因此，进行小学体育与健康教学设计要特别注意以下三方面的系统性：

（1）学生身心发展的系统性。小学生处于身心发展的快速期，在心理方面小学生表现出对外界刺激容易产生兴趣，喜欢直观、形象的信号刺激，但注意力集中时间不长。因此，教学设计应更形象化、直观化，不断变换学习内容与方法，给予新鲜刺激，以使小学生保持较长时间的练习兴趣。在身体发育方面，由于小学生在力量、耐力等素质方面尚未发展充分，因此不建议安排力量性、耐力性较大的学习内容。体育教师要从小学生的身心特点出发，系统地策划小学体育与健康教学设计方案。

（2）学习内容的系统性。体育与健康的教学内容十分丰富，在新的课程理念下，体育教师被赋予更多的选择和编排教学内容的权力。小学体育教师在进行教学设计时，不仅要考虑小学生的身心发育特点，还要分析该年龄段的动作技能发展特征，明确小学阶段应完成哪些核心内容的学习，从而实现小学与初中和高中学生体育教学内容的有效衔接，避免各学段教学内容的低级重复。

（3）体育与健康教学要素的系统性。体育与健康教学作为一个系统，包含教学目标、教学内容、教学方法、教学环境、教学评价以及教师和学生等多个要素。教师在教学设计环节不能孤立地考虑某一环节而忽略其他环节，不同的教学系统条件一定存在着最优的组合方案，这就要求教师要善于发现本校教学系统各要素的特点，优化教学设计方案。

（二）信息传播理论与小学体育与健康教学设计

传播就是将信息从一地传到另一地，传播理论研究的是信息的传播过程、信息的结构和形式、信息的效果和功能等问题。因此，传播的本质是信息的流动，信息是构成传播的基本材料。因为教学过程就是一个信息的传播过程，传播理论揭示了教学过程各要素之间的动态联系及相互关系，描绘了教学过程中的信息传播过程，为体育教师进行教学设计提供了理论依据。

1. 信息传播的模式

（1）“5W”信息传播模式。构成传播过程的五种基本要素，即：谁，说了什么，通过哪些渠道，对谁，取得怎样的效果，该模式包括传播者、信息、媒介、接受者和传播效果，传播学研究包含五大内容，即控制分析、内容分析、媒介分析、对象分析、效果分析。将该模式运用到教育教学过程中，就是“教育者”通过“教育媒体”向“受教育者”传递相关“教育信息”，取得相应的“教育效果”。“5W”信息传播模式为传播研究提供了简明的五分类法，初步揭示了传播过程的复杂性，受到了广泛的重视和应用。

（2）贝罗传播模式（SMCR 模式）。贝罗传播模式也称为“SMCR 模式”。该模式综合了哲学、心理学、语言学、人类学、大众传播学、行为科学等的新理论，来解释在传播过程中的各个不同的要素。当前，贝罗模式常被用来解释教育传播过程，这说明它在教育传播过程中具有较大的影响。贝罗模式把传播的过程分为四个基本要素：信源、信息、通道和接受者。

在 SMCR 模式中，传播技能包括传播者的口语、文字的表达艺术，接受者的听、读技能以及他们掌握、利用媒体的能力；态度包括传播者和接受者的自我态度和相互态度以及传播内容的态度；知识水平既包括传播者对传播内容、方法的掌握程度，也包括接受者的认识结构水平；社会系统与文化背景即指传播者和接受者的社会阶层及文化背景对传播的信息的理解和需要。

从 SMCR 模式来看，决定教学信息传递的效率和效果的因素是多方面的、复杂的，各因素之间既相互联系又相互制约。因而，要提高教育传播的效果，必须综合研究和考察各方面的因素。

2. 信息传播理论对小学体育与健康教学设计的影响

体育与健康教学中的信息交流从形式到内容与其他学科相比有自身的特殊性，以非语言信息交流为主，信息源的流动性、信息的隐蔽性、信息传播的干扰性是体育教学信息传播的主要特点。这就要求体育教师在进行教学设计时，应将传播理论与教学信息传播特点相结合，做好以下三个方面的工作：

（1）了解教学对象及教材特点。设计前的主要任务是：了解教学对象已有的体育与健康基础、经验、兴趣、动机，对教材内容做充分分析，并认真考虑传播程序，同时结合音像资料，选编教学信息内容，明确哪些信息内容是接受者可以学懂、学会、学好，又容易掌握运用的；又有哪些信息内容是接受者感到难懂、难会，不易学好和难以掌握的。

（2）优选教学媒体和教学方法。教师根据教学目标优化的要求和教学对象的实际、采集信息的状况，以及自己的优势，确定选择何种教学媒体，采用何种方法对学生进行启发、诱导。因体育与健康教学有自身的特殊性，师生之间的语言信道和动作信道成为教学信息传播最为简捷、有效的手段。如运动技能的学习除了传统的讲解和示范外，还可以利用现代化的教学手段（如利用电子书观看教师提前准备好的视频）通过视觉、听觉、触觉等多种信号途径进行多感官适时的传播活动。这样不仅可以吸引学生的注意力，还可以调动学生学习的积极性，从而提高教学效果。其中，现代教学媒体构成的信道对教学信号具有放大、增值的作用。

（3）重视教学反馈的设计。教学传播是一个传输与反馈的双向过程，既有教师向学生发送信息，又有学生向教师反馈信息。师生之间的信息交换是可逆的，教学表达也具有双向性、同时性的特点。教师应及时注意学生的反应，了解教学信息传播的效果，适时地进行教学信息的反馈活动，重视教学反馈的时机、形式的设计，并由此调控教学表达的速度与节奏。

（三）教学理论与小学体育与健康教学设计

教学理论是教育学的一个重要分支，它既研究教学的现象、问题，揭示教学的一般规律，也研究利用和遵循规律解决教学实际问题的方法、策略和技术。教学理论既来源于教学实践又指导教学实践，主要解决“怎样教”的问题。教学理论的形成经历了从教学经验总结，到教学思想成熟，再到教学理论形成的不断深化、丰富和系统的过程。教学设计的重要功能就是架设起教学理论与教学实践的桥梁。一般教学理论自然成为小学体育与健康教学设计的直接理论依据。

1. 发展教学理论

发展教学理论将“最近发展区”的思想延伸到教学与发展体系中，要求教学同时完成两种任务：既在掌握知识和技能、技巧方面达到高质量要求，又在学生的发展上取得重大进步，要以最好的教学效果来促进学生的一般发展。“一般发展”是该理论教学思想的核心，其内涵主要包括发展观念体现创新性，发展目标体现持续性，发展对象体现全体性，发展动力体现主体性，发展策略体现多元性。

（1）发展教学理论的指导原则。

第一，以高难度进行教学。“难度分寸”限于“最近发展区”，但不能降低到“现有发展水平”。“难度”原则是发展性教学原则，目的是把教学建立在学生“最近发展区”的基础上，给予学生一定难度的教材，使他们在努力克服困难的过程中掌握知识、技能，同时促进学生的发展。

第二，以高速度进行教学。对学习材料进行紧张的脑力活动是保持所学东西的最重要的一个条件。识记的顺利与否，取决于学生脑力活动的性质。但“高速度”不是“开快车”，也不是进行多次单调的重复，而是不断地前进，不断地以丰富多彩的内容丰富学生的智慧，使学生能深刻地理解所获得的知识，把这些知识纳入一个广泛展开的体系，也就是要从加快速度中求知识的广度，从知识的广度中求知识的深度。

第三，理论知识起指导作用。理论知识起指导作用是指让那些说明现象的相互依存性及其内在的本质联系的系统知识，在教学内容结构中占主导地位。

第四，使学生理解学习过程。使学生理解学习过程即要求学生注意的对象是学习过程本身，着眼于学习活动的内在机制。具体地说，就是让学生留心应该怎样进行学习，就是要教会学生怎样学习。

第五，使全体学生都得到一般发展。该理论认为教学应当能使每个学生（包括优等生、中等生以及差生）在一般发展上都得到满意的进步，在发展上下功夫，激发其学习兴趣，帮助其树立学习自信心，引导其参加集体活动，帮助其在观察力、思维活动等方面取得较大的进步。

（2）发展教学理论对小学体育与健康教学设计的要求。赞诃夫的发展教学理论的指导原则为小学体育教师进行教学设计提供了理论基础，在小学体育与健康教学设计中应做到以下方面：

第一，设置具有一定难度的教学目标。依据高难度教学原则，在进行小学体育与健康教学设计时，教师不仅要了解学生的现有发展水平，还要了解学生的潜在发展水平，并根据学生的现有发展水平与潜在发展水平，寻找其“最近发展区”，然后设置学生通过努力可以达到的、具有一定难度的教学目标。

第二，恰当安排教学内容分量。依据“高速度”进行教学的原则，在进行小学体育与健康教学设计时，首先，教师既要注重教学内容的整体性和衔接性，避免对单个技术过多的讲解、示范和练习，做到精讲多练，加快教学进度，但也不能为加快教学进度而降低教学质量；其次，教师要恰当地分配教学内容，注意知识、技能学习的容量，不要为了教技能而教；要让学生在学习新知识的过程中，巩固旧知识；最后，合理安排练习的密度，形成高速度、高效率、高质量的教学形式。

第三，合理选择体育与健康理论知识。依据理论知识起指导作用的原则，在小学体育与健康教学中，教师应通过体育基本理论知识的学习促进学生对运动技能的掌握和提高。例如，学生掌握了运动技能迁移规律的知识，就能较好地明确运动技能之间的相互影响，并能在学习中加以运用。

第四，教学方法选择应突出学生学习的主体地位。依据使学生理解学习过程的原则，在对教学方法的选择上，教师应重视探究式学习、合作式学习、发现式学习等方法的运用，使学生真正成为学习的主体，在掌握知识的过程中，启发学生懂得怎样去学习，调动其学习的独立性、主动性和创造性，提高其自学能力。

第五，实施分层教学策略，确保每个学生都能得到发展。依据使全体学生都得到一般发展的原则，教学要注意处理好全面发展与个性发展、统一性与灵活性、共性与个性的关系。因此，教学设计应面向全体学生，因材施教，区别指导，实施分层教学。

2. 结构教学理论

结构教学理论是在吸取心理学研究成果的基础上发展起来的，有其特定的基本原理和观点。

（1）结构教学理论的原理。

第一，心理倾向。所谓心理倾向，实质上就是学习者所具备的学习意愿和能力，学习者的心理准备状态。教学论应当详细规定最有效的使人能牢固地树立学习心理倾向的经验，例如，设定怎样的环境，采用怎样的方式才能使学习者具有最有效的学习心理倾向。

第二，知识结构。结构教学理论将知识组织起来的最佳途径是建立知识结构，并指出任何知识结构都应该注意三个方面：知识结构的再现形式、知识结构的经济原则和知识结构的有效力量。由于儿童的认知发展是由结构迥异的三类表征系统（行为表征、图像表征、符号表征）相互作用构成的质的飞跃过程，该理论认为，学习的实质在于主动地形成认知结构。因此，知识结构的再现形式有三种：一是表演式（或动作式）再现表象，用于达到某种结果的一组动作；二是肖像式（或图解式）再现表象，用一组简略的意象或图解充当某个概念的代表；三是象征性再现表象，用一组符号命题或逻辑命题来表示，这三种再现形式必须与不同年龄学习者的学习模式相适应。知识结构的经济原则指的是知识的合理简化，这样便于学习者记忆和再现，如把知识列成一览表。知识结构的有效力量是指知识结构自身适用性强，有利于知识迁移，使学习者具有将表面上好像分散的事情联系在一起的潜力。

第三，教学程序。该理论认为，设计最佳的教学程序有三条基本要求：一是教材的呈现顺序要与学习者的认知发展相适应；二是要以经济有效的原则来安排教学顺序，有助于将已有知识、技能迁移到类似的新学习情境中；三是教学程序应明确学习的速度，要考虑到认知的紧张度。

第四，反馈运用。教学应该提供矫正性信息以帮助学生克服在学习中遇到的问题，使学习过程顺利进行下去，有效地达到预期的效果。提供矫正性信息的三个基本要求包括：一是时间，及时反馈；二是条件，只有当学生退出思维定式或高度焦虑状态，矫正性信息才能帮助学生继续顺利地学习下去；三是方式，矫正性信息对于学生而言是可以理解的，是在他们信息处理范围内的，否则反馈信息是无效的。

（2）结构教学理论对小学体育与健康教学设计的要求。

第一，教学目标设计应在体现综合性的基础上，突出对能力的培养。这种思想符合时代发展的需要，也与新课程理念相一致。因此，目标设计应强调对学生综合能力的培养。

第二，教学内容设计应强调基本运动技能的学习。小学阶段是学生基本运动技能发展的敏感期，基本运动技能的发展对成年后高级运动技能的学习和掌握具有重要作用。因此，小学体育与健康教学应以跑、跳、投、攀登、爬越、负重等内容为主。

第三，教学策略设计应区别对待，实施分层教学。机构教学理论还专门强调了教学过程的个别差异问题。学生在解决学习问题的心理倾向、兴趣指向、技能水平、认知方式、迁移能力等方面都存在个体差异。因此，教师要为达到同一教学目标的不同学生设计不同的活动方式，做到区别对待。

第四，教学程序设计应有利于学生知识学习、技能及体能发展。教师要合理安排教材和呈现顺序，使学生尽可能将已掌握的知识和技能迁移到新知识、技能的学习中；要充分把握和理解各项教材内容之间的联系，合理安排学习顺序，发挥其正迁移作用。

3. 教学过程最优化理论

教学过程最优化理论把教学过程作为一个系统进行研究，并且对构成该系统的各有机联系的组成部分进行综合考察，认为教学反映教师活动和学生活动的辨证统一。因此，教师的劳动与学生的劳动要辨证统一地予以考察，要在包含过程在内的复杂结构联系中加以研究。该理论认为教学过程最优化的最一般定义是：教学过程最优化是在全面考虑教学规律、原则、现代教学的形式和方法、该教学系统的特征以及内外部条件的基础上，为了使过程从既定标准看来发挥最有效的（即最优化的）作用而组织的控制。

教学过程最优化理论对小学体育与健康教学设计的要求。教学过程最优化理论为体育教师进行教学设计提供了理论基础，在小学体育与健康教学设计中应注意以下方面：

第一，教学目标设计应“自上而下”不断地具体化，从而形成一个完整的体系。首先，要在充分理解体育与健康课程目标体系的基础上，确定具体的教学目标（学期教学目标、单元教学目标、课时教学目标）；其次，教学目标是教学过程最优化的出发点，体育教师应在认真分析学生和教材内容的基础上，科学地设计明确的、具体的、具有挑战性的教学目标；最后，教师应鼓励学生根据自己的实际情况，制订自己的学习计划和学习目标。

第二，教学内容设计应体现目标统领内容的理念并突出重点。一方面，教学内容要反映《体育与健康课程标准》的要求，与教学目标的达成相吻合；另一方面，教学内容的确定以抓住活动的主要环节这个方法论原理为根据，在深入理解教材的前提下，突出教学的重难点。另外，教师要培养学生学习的能力，采取各种各样的教学方法与手段，将学生的注意力集中于学习内容上。

第三，教学方法设计应体现多样性和系统性。教师可以根据具体的教学内容和教学目标，并根据小学生发展阶段的特点（心理特点、生理特点、认知结构水平）运动技能的学习原理，以及教师自身能力和教学特点，选择相应的教学方法。

教师在教学过程中，要适时给予学生合理的学习反馈信息，同时也可以根据学生的学习效果反馈来调整或修改自己的教学方式。从辨证法的原理来看，各种教学方法总是相互渗透的，师生从各个方面相互作用。因此，实施教学过程最优化，就必须把这些方法合理地结合起来。

第四，教学组织形式设计要采取区别对待和个别对待的方式。即把全班的、小组的和个别的教学形式最优地结合起来。在教学实践中，教师既要关注优生的发展，也要关注差生的发展，只有这样，才能使每个学生获得该阶段所可能获得的最好成绩（不能低于及格水平），并且不会经常发生学习负担过重的现象。但是教师对学生的帮助要掌握一个度，以免有些学生形成依赖心理，从而降低学习的毅力。另外在教学过程中，教师要看到学生的长处和不足，并鼓励他们积极发挥自己的长处，努力弥补自己的不足。

第五，教学评价设计应体现多元性。教学评价是检查效果的主要手段，是提高教学质量的重要保证。评价的内容和标准应该包括，教学思想是否反映了《体育与健康课程标准》提出的理念、教学目标是否达成、教学内容是否合理、教学效果是否明显、教学时间是否合理等。从学生角度考虑，教师可以采用学生自我评价、组内评价、教师评价等形式；从教师角度考虑，可以采用客观评价和主观评价相结合、终结性评价与过程性评价相结合、绝对性评价和相对性评价相结合、单一内容评价向多元内容评价转变等形式。

（四）学习理论与小学体育与健康教学设计

学习理论解决的是学生如何进行学习的问题，属于微观层面的内容。学习理论是心理学的一门分支，是对学习规律和学习条件的系统阐述，它主要研究人类与动物的行为特征和认知心理过程。随着近代自然科学的发展，特别是心理学的发展，人们探索人类学习的机制问题成为可能。学习机制的变化与教学设计的模式、程序、要素等有着密不可分的联系，是教学设计重要的理论基础。了解不同学习理论及其对小学体育与健康教学设计的影响具有重要的理论及实践意义。

1. 学习理论的流派

学习理论在不断发展与进步的同时，也产生了许多不同的观点，形成了不同的流派。其中影响较大的有行为主义学习理论、认知主义学习理论、人本主义学习理论与建构主义学习理论。

（1）行为主义学习理论流派。行为主义学习理论源于行为心理学，极为重视对学习过程的研究，认为学习就是行为的变化过程，是一定的刺激与一定的反应形成联结的过程。对行为主义学习理论的产生及发展有较大影响的学说主要有桑代克的“联结说”、巴甫洛夫的“条件反射学说”、华生的“行为习惯说”、斯金纳的“强化学说”和班杜拉的“观察学习说”。

行为主义学习理论流派的主要观点包括：第一，学习的实质在于形成刺激—反应联结；第二，刺激、反应之间的联结是直接的，不存在观念的中介；第三，学习过程是尝试—错误的过程；第四，影响学习的因素在外部，强调强化对学习的作用。

行为主义学习理论对于人类掌握运动技能发挥着重要作用，实质上学习运动技能过程中的反复练习就是一种外在刺激的强化，至今这种学习方式在运动技能学习过程中依然发挥着重要作用。

（2）认知主义学习理论流派。行为主义的各种局限性不断暴露，受到各方的攻击而出现了危机。此时，认知心理学悄然兴起。早期的认知主义学习理论包括格式塔心理学的学习“顿悟说”、托尔曼的“认知—期待说”。早期的认知主义学习理论研究的对象主要是动物的学习过程，20 世纪 60 年代研究的主要方向转到学生的知识学习过程中，这一时期相继出现的主要学习理论有布鲁纳的“认知—发现”学习理论、奥苏贝尔的有意义言语学习理论、加涅的认知主义学习理论，这一时期的学习理论主要以学生的间接经验学习过程为研究对象，注重对学生的学习认知过程和内部条件的研究，研究方法较多地采取自然实验或现场试验，最大的特点是将学习理论的研究与课堂教学理论的研究紧密结合。

认知主义学习理论的基本观点是，学习过程不是简单的在强化条件下形成刺激与反应的联结，而是有机体积极主动地形成新的完形或者认知结构。有机体获得经验的过程是通过积极主动的内部信息加工活动形成新的认知结构的过程。

从上述观点可见，认知主义学习理论比行为主义学习理论更加复杂，开始深入研究较难弄清楚的人类学习心理机制问题。在运动技能的学习过程中，个体对技能的认知显然存在一定差异，因此，认知主义学习理论对体育与健康教学的意义重大，较行为主义有了更大的发展。体育运动技能学习过程中的认知机制至今还没有比较完善的研究，运动技能的复杂性也决定了该问题将更具有挑战性。如运动技能种类的多样性、运动技能不同学习阶段的认知结构特点等。

（3）人本主义学习理论流派。20世纪60年代，一个强调人的潜能的自主发挥，倡导人的“自我实现”，与行为主义心理学根本对立，又与其他心理学派别有重大分歧的心理学派悄然兴起，它便是人本主义心理学。人本主义学习理论的提出基于人本主义心理学的发展，代表人物有马斯洛和罗杰斯。

人本主义学习理论重点研究和关心的是人的本性、人的潜能和价值，认为学习就是学习者发挥潜能和自我实现的过程，即学习者获得知识、技能，发展智力，探究自己的情感，学会与教师和班级成员进行交往，阐明自己的价值观和态度，实现自己的潜能，达到最佳境界的过程。但这些是建立在一定的基本原则之上的，如必须尊重和相信学习者、必须建立良好的师生关系、教师必须是有感情的等。

人本主义学习理论所强调的学习，是学习者发挥潜能和自我实现的过程，将人极其丰富的内心世界放在前面，这正是行为主义和认知主义所忽视的。人本主义学习理论，是当前教育界与体育界比较推崇的理论，我国新课程改革也充分地吸收了人本主义思想内涵，即从学生发展角度研究学习。

（4）建构主义学习理论流派。建构主义学习理论是一种新的学习观，是继认知主义之后学习理论的又一场重要变革，向与客观主义更为对立的另一方向发展。随着人们对建构主义的了解，在世界范围内，包括我国的学者对其评价褒贬不一，批评该理论最突出的问题是完全由学生自主学习，属于唯心主义的哲学观，忽视教师的地位，等等。

综上所述，各种学习理论在历史和现实体育与健康教学中，都发挥了重要的理论支撑作用，尽管每种理论都存在一定的优缺点，但在进行体育与健康教学设计时教师不能忽视任何一种理论。当前的体育与健康教学设计的学习理论基础是上述几种理论的混合体，如何有效地将之整合起来，为体育与健康教学设计服务是一线体育教师要思考的重点问题。

2. 学习理论对小学体育与健康教学设计的影响

学习理论流派较多，每一种流派又包括较多不同的学习理论，由于每一种学习理论都有其局限性，因此企图寻找一种学习理论来指导教学是错误的。在进行小学体育与健康教学设计时，不能单独以一种学习理论流派或某一个理论为依据，应吸取各家之长，发挥其综合作用。下面以三种具有代表性的学习理论为例，阐述其对小学体育与健康教学设计的影响：

（1）操作性行为学习理论和小学体育与健康教学设计。操作性行为学习理论将行为分为两类：一是应答性行为，是由已知刺激引起的反应；二是操作性行为，是机体自身发出的反应。操作性行为学习是依据操作性条件反射的强化原理所设计的程序，是一种个别化的自我学习方式，它是进行小学体育与健康教学设计的主要理论之一。因此，在小学体育与健康教学中各项运动技能的学习均属于操作性行为。

操作性行为学习具有四条规律：第一，习得律，在操作性行为形成过程中，练习和强化都是基本的，练习很重要，但关键是强化；第二，条件强化，即通过正强化和负强化两类刺激来达到行为的准确性；第三，泛化作用，即行为的迁移，通过一系列连续的近似动作，可以在短时间内使不常发生的反应达到非常可能发生的程度；第四，消退作用，即在某种操作行为形成后，如果不给予连续强化，则这种操作性行为就会发生消退，但不是遗忘。

操作性行为学习规律为体育教师进行教学设计提供了理论基础，体育教师在教学设计中应注意：第一，依据行为的习得性，合理设计练习次数、强化条件和手段；第二，依据行为的泛化作用，合理设计教学内容，避免各运动技能间的干扰；第三，依据行为的消退作用，合理设计运动技能练习的间隔时间。

（2）发现学习理论和小学体育与健康教学设计。发现学习理论是认知主义学习理论之一。发现学习理论认为：学习者的学习过程不仅是主动对进入感觉的事物进行选择、转换、储存和应用的过程，而且还是主动学习、适应和改革环境的过程，也是教师引导学生发现的过程。发现学习具有开发智慧潜力、激发学习者的内部动机、帮助掌握探索的方法、有助于记忆的保持等方面的优点，在我国新一轮课程教学改革中受到重视。在进行小学体育与健康教学设计时，教师应注意：第一，根据教学对象及内容特点，恰当地创设自主学习情境，引导学生积极探究。发现学习方式由于在教学对象、教学内容方面的局限性，并不适合所有的教学对象和教学内容，也不是每个学习过程都必须亲自发现的。因此，发现学习方式在小学体育与健康教学设计中应结合实际情况慎重运用。第二，强调学生学习的主体地位，不能忽视教师的主导作用。由于发现学习过程是教师引导学生发现的过程，这对教学设计提出了很高的要求，教师的业务能力和学生的自主学习能力都将面临挑战。

（3）“以学生发展为中心”的学习理论和小学体育与健康教学设计。“以学生发展为中心”的学习理论是人本主义学习理论的代表。其观点主要有三个：一是培养目标应立足为社会提供真正适应改革需要的“完整的人”，即“躯体、心智、情感、精神、心灵、力量融汇一体的人”，只有通过一种全新的教育情境，即促进变化和学习，学会怎样学习，学会怎样适应和变化，才能培养出“完整的人”；二是教学目标应立足学生的个性发展，使学生成为真正自由独立的人，成为有主见、适应性强且具有鲜明个性的人；三是建立新型师生关系。该理论认为教学成败的关键并不在于教师的专业知识和教学技巧，而在于人际关系、情感态度。

该学习理论的基本特征是“意义学习”，所谓意义学习就是不再简单积累知识的那种学习。意义学习的特点是学生亲自参与学习过程，学习有其内在的动力，学习的气氛要融洽。意义学习是一个变化发展的过程，它不在于学到知识的多少，而在于学会学习，在于感受各种经验。这提示教师在教学设计中，要注意以下方面：第一，将“以学生发展为中心”的理念贯穿整个设计过程，使其作为设计的指导思想。在进行小学体育与健康教学目标设计时，教师要以学生全面发展为出发点，关注全面发展与个性化发展的结合，小学体育与健康教学内容的选择要针对学生的实际情况进行，教学活动要凸显学生的主体地位，等等。第二，创设各种有利于意义学习的教学情境，建立融洽的学习氛围，激发学生内在的学习动机和兴趣，通过学生自主参与学习过程，促使学生学会学习，提升学习能力。

（五）运动技能形成理论与小学体育与健康教学设计

小学阶段的学生处于动作发展的关键时期，跑、踢、扔、跳等基本运动技能在这一时期快速发展，这就要求体育教师应了解动作发展的阶段性特征，以促进小学生基本运动技能的发展。与动作发展密切相关的是运动技能形成理论，该理论已被广大体育教师所熟知，运动技能是指人体在运动过程中掌握和有效完成专门动作的能力。运动技能的形成和发展除了需要具有力量、速度、心肺耐力、柔韧性等身体素质外，还需要具备在神经系统调节下，不同肌群协调工作的能力，这种能力包括反应的速度、肌肉收缩的强弱、身体各部位的协调等。从教学的视角来看，运动技能的形成和发展大致分为粗略掌握动作阶段、改进与提高动作阶段、巩固和运用自如阶段。要想在运动技能教学方面取得良好效果，教师就必须遵循运动技能形成过程中各阶段的特点来进行小学体育与健康教学设计。

1. 粗略掌握动作阶段

（1）粗略掌握动作阶段的特点。

第一，生理与心理特点。在粗略掌握动作阶段，小学生大脑皮质兴奋与抑制处于泛化时期，内抑制尚未精确建立，兴奋点不集中，处于扩散状态，条件反射联系暂时不稳定。因此，动作外在表现为僵硬与不协调，这一阶段的学生注意力的范围比较狭窄，很难觉察出教师示范动作的全部细节。由于习惯动作和习惯姿势的影响，小学生动作练习显得呆板、不协调，以至于出现多余动作，在动作做错时也不能及时纠正。小学生在初次尝试新动作时会因为好奇与害怕完不成动作而表现出犹豫感。

第二，动作表现特点。小学生在粗略掌握动作时常常表现出动作不连贯、不协调，特别是肌肉的紧张与放松配合不好；多余动作较多，整个动作显得忙乱、紧张，动作的完成在时间上和空间上都不够精确；分不清动作的主要环节与次要环节等，这些特点普遍存在于小学生进行运动技能学习的初期阶段。

（2）粗略掌握动作阶段对小学体育与健康教学设计的要求。教学设计要根据不同阶段学生的生理、心理活动特征，以及运动技能形成的特点综合进行。基于粗略掌握动作阶段小学生的特点分析，教师在此阶段进行教学设计应注意以下要求：

第一，教学目标要全面、具体、可操作。教学目标要以学习领域目标与水平目标为依据进行全面的思考与制订，力争恰当与全面，同时教师还要考虑教学目标的可操作性与可完成性。对于处于粗略掌握动作阶段的学生而言，简单的目标设置更能增加学生的成就感，也更利于课堂教学的顺利实施，学生的积极性也会随之增加。成就感的满足会使学生产生浓厚的学习兴趣，增强学生的学习动力。

第二，教学方法与手段应有直观性、多样性和新颖性。此阶段对小学生建立正确的动作表象和概念至关重要，因此教师可以采取讲解法、示范法、观看视频等方法。此外，教师可以采用情境教学法、游戏教学法，为小学生的学习创设不同的情境，给予小学生不同的角色并赋予其权利与义务，尤其是结合游戏的形式开展教学活动，更符合小学生好玩的天性，对于该阶段小学生的学习大有裨益。

第三，运动负荷要适宜。在学习运动技能时，设置的运动负荷不应过大，过大的运动负荷不但不会增加学生的学习兴趣，反而会使不正确、不协调的动作重复出现，从而降低学生的自信心。对于基础差的学生，教师可适当降低动作难度与速度，并且还要采取必要的保护与助力措施，使之消除恐惧心理，增强安全感。

第四，以定性评价为主。在对学生进行运动技能评价时，教师应多采用肯定、口头表扬及鼓励的方式或行为对学生的表现进行评价，以便提升学生的自信心，避免贬低和丑化学生的语言和行为发生。

2. 改进与提高动作阶段

（1）改进与提高动作阶段的特点。

第一，生理与心理特点分析。通过教师的多次示范与讲解，结合学生的练习，运动技能学习由泛化阶段逐步过渡到分化阶段。此时学生的神经逐渐形成了分化性抑制，兴奋和抑制过程在空间和时间上更加准确，内抑制过程加强，分化、延缓及消退抑制都得到发展。

第二，动作表现特点。该阶段学生能发现自己的错误和评价动作质量，过度紧张、多余动作逐渐消失，动作之间的干扰减少，动作趋向连贯、协调，动作节奏性和韵律感加强。错误动作逐渐减少也是该阶段的特征，此外，学生能用语言清楚地描述自己完成动作的情况，初步掌握了完整技能，但动作之间的衔接处还会出现间断、停顿和不协调现象。

（2）改进与提高动作阶段对小学体育与健康教学设计的要求。根据改进与提高阶段学生的生理、心理及动作表现特点分析，体育与健康教学设计在该阶段应该注意以下要求：

第一，教学目标应突出运动技能的强化与提高。教学目标设计在遵循全面性的基础上应当凸显运动技能的强化，以运动技能的学习来带动学生在体能、心理、社会适应等方面目标的实现。在这一阶段，学生的学习兴趣得到了激发，学生对运动技能的学习充满了期待。此外，该阶段学生的技术动作逐步规范，无论是从学生的学习需求还是从动作技能形成规律来看，该阶段无疑是发展学生运动技能的最佳时期。因此，教学目标设计有必要在该阶段凸显运动技能的发展与提高。

第二，教学方法与手段以纠正错误和重复练习为主。由于该阶段要凸显运动技能的发展，因此所采取的教学方法与手段要为这一目标的达成而服务。基于这一阶段学生的整体特征，教师可以采取纠错法对整体或个别学生存在的错误动作进行纠正；采取重复训练法或循环练习法进行大量的训练来发展学生的正确技术动作，并使之产生动力定型；可以结合游戏、自主探究等方法持续增强学生的学习兴趣；此外，可以借助优质教学视频等手段改善学生原有的动作技能认知状况。

第三，增加运动技能练习的负荷。这一时期应当加大运动负荷，加大练习密度，给予学生更多的时间进行练习，但需要注意的是增加运动负荷要适度，而不是越大越好。在教学活动中，教师可以根据学生的生理及心理反应，或者借助一定的仪器（心率表、心率带等）进行运动负荷的监控。

第四，定性评价与定量评价相结合。在运动技能学习评价方面，除了口头表扬、鼓励、纠错等反馈以外，教师还可以采取一些简单的量规或标准来评价学生运动技能的掌握情况，根据量规所反映的情况对学生进行有针对性的指导；此外，还可以通过量表来反映学生对体育与健康学习的情感、态度等，做到评价内容多元化。

3. 巩固与运用自如阶段

（1）巩固与运用自如阶段的特点。

第一，生理与心理特点。进入巩固与运用自如阶段，学生已经在大脑中建立起运动技能巩固的动力定型，神经兴奋与抑制更加集中与精确，内抑制相当牢固。此时学生完成动作的感知信号主要来自肌肉活动的内部信息。动作主要依靠本体感受器的反馈机制来调整和控制。动觉控制已占主导地位，视觉控制作用逐渐降低。学生注意力的范围扩大，注意力分配能力增强。当动作做错或进行得不顺利时，学生能敏锐地觉察出自己的错误动作，并增强意识程度来调整与纠正，以使整个动作熟练、优美，具有很强的协调性和稳定性。

第二，动作表现特点。经历了泛化与分化阶段的强化，运动技能开始进入巩固与完善阶段，最终达到自动化阶段。这一阶段的学生已经能够很熟练地展现所掌握的动作技术及相应的系列动作，各个动作已经相互协调地结合成为一个有机的和完整的系统。即使动作技术出现错误，学生也能够清楚地找到错误动作的症结，并针对错误动作做出对应的改进措施。"熟练""完整""自动化"等词语已成为该阶段运动技能掌握程度的常用语。

（2）巩固与运用自如阶段对小学体育与健康教学设计的要求。随着动作的不断重复和动作细节的不断改进，动作准确、熟练和自动化的程度也会不断地提高，学生的学练水平以及对动作的认知也有了较大程度的提升，因此，该阶段的体育与健康教学设计的各个要素也应当做出适当的调整。

第一，教学目标应强调运动技能的运用。这一阶段教学目标的设计较前两个阶段会发生很大的变化，教学目标应该由某一目标为导向，转向动态平衡发展。教师要以运动技能的灵活掌握为载体，协同体能、心理健康和社会适应能力等共同发展。在目标的陈述方面也需要做出较大的调整，学生所应达成的目标需要进一步深化。如运动技能目标的陈述应该由初步掌握、基本掌握、熟练掌握等转向熟练运用、灵活运用、创造性地完成等。

第二，增强教学方法与手段的复杂性。为实现多维目标的协同发展，教师可以一改以往重复练习、循环练习等练习方法，转而采取合作学习法、比赛法、情景教学法、竞赛法等，为学生营造一个个真实的场景，并赋予其角色，使学生在复杂多变的环境中灵活运用所学技能或富有创造性地完成运动技能。此外，教师还可以借助教学视频，让学生找出并分析视频中技术动作的错误之处，最后提出正确的建议。

第三，加大运动技能练习的运动负荷。由于该阶段的学生能够熟练掌握所学的运动技能，学生可能会存在某些局部动作不完善等情况，需要借助一定的练习来改善。因此这一阶段运动技能主要以局部动作调整以及完善动作保持为主，教师可以根据教学目标、教学内容与教学方法进行自主调节，最好保持适度的运动强度和运动量。

第四，强调综合性评价方式的运用。在进行教学评价时，教师可以将学生在课堂或比赛中展现的参与度、场上技能综合表现、团队合作意识等作为评价指标，运用多维评价指标对学生进行评定，而非以运动技能为重，要注重学生多元、全面的发展。

二、小学体育与健康教学设计的流程与要素

（一）小学体育与健康教学设计的流程

体育与健康教学设计旨在精心策划一个有效的教学系统，它是应用系统方法分析、研究、解决体育与健康教学过程中的问题，并对教学结果做出评价的一种计划过程与操作程序。小学体育与健康教学设计的流程由背景分析、决策设计和评价反馈三个阶段组成，每个阶段都有其特定的要素。

1. 背景分析

在小学体育与健康教学设计的前期要进行背景分析，这是确保小学体育与健康教学设计质量的基础。如果缺乏对影响体育与健康教学各要素的背景分析，只凭借主观意志进行安排，则无法设计出反映体育与健康课程理念，适合具体教学对象的科学、合理的体育与健康教学方案，必然会使体育与健康的教学过程充满盲目性和随意性。背景分析主要包括学习者特征分析、学习内容分析两部分。

学习者特征分析，主要包括对学生生理发育、知识水平、运动技能水平、学习动机及态度等进行的分析。例如，水平一和水平二的学生骨骼比较柔软且容易变形，肌肉的发育尚不完全，且力量发展较差，而水平三的学生肌肉力量慢慢增强。此外，不可忽视的还有学生之间在智力、学习风格等方面的差异。

学习内容分析，主要指对教材功能价值及要求进行的分析。例如，根据水平一和水平二学生的特点，在选择不同层次的体育教学内容时，可以选择走、跑、跳、投、击打等基本活动动作，同时还可穿插一些游戏性内容，如队列游戏、奔跑游戏、球类游戏等。而水平三的体育教学内容则要选择各种组合技术动作和不同运动项目的基本技术动作。这样不仅符合各水平阶段学

生的身体、心理特点，而且对于激发他们的体育与健康学习兴趣也有非常重要的作用。

2. 决策设计

决策设计是小学体育与健康教学设计的重要阶段，包括体育与健康教学目标设计、教学策略设计、教学媒体设计、教学过程设计和教学评价设计。首先要确定教学目标，并根据教学目标和教材选定教学内容，然后制订合理的教学策略、确定运动负荷、布置场地器材等；其次要考虑用哪些方式和方法给学生呈现体育与健康教材并提供学习指导，更好地激发学生学习的动机；再次要考虑用怎样的方式组织教学，在实现教学目标的基础上，必须保证上课的安全性；最后要考虑用哪些方法和手段来评价学生体育与健康学习的效果，从而为下一步的教学设计奠定基础。

3. 评价反馈

评价反馈主要是对设计的体育与健康教学方案进行评价，并通过相应反馈不断地对设计的教学方案进行完善的过程。对教学设计的评价是小学体育与健康教学设计过程中不可缺少的重要环节之一，但也是常被体育教师忽视的环节。先依据小学体育与健康教学设计的原则来评价方案的可行性，然后再通过教学效果来评价方案的合理性，并进行完善。

（二）小学体育与健康教学设计的要素

体育教师如何设计教学，直接关系到课堂教学的质量和学生的发展。小学体育与健康教学设计应以学生发展为本，以学生的身心健康为核心，以学生的创新精神和实践能力的培养为重点。体育教师在进行小学体育与健康教学设计时不仅要关注课堂教学的各个要素，还要把它们作为一个整体来看待，以发挥整体的最大效果。

1. 体育与健康教学过程相对应的要素

体育与健康教学过程可以分为教学前、教学中和教学后三个部分。每个部分分别包含不同的教学要素。

在教学前，教师先要确定具体的教学目标；根据“目标引领内容”理念选择相应的教学内容；根据教学内容设计相应的教学方案以及组织教学的方法；合理安排教学过程中各个环节所需的时间，设定教学结构以及场地器材的摆放和使用，等等。

在教学中，教师要有正确的讲解和动作示范；以提问的方式引起学生的注意；同时在上课期间注意学生的安全，设置保护环节，为学生提供帮助与保护；组织课堂中学生动作技能的练习；组织与管理纪律，等等。

在教学后，教师要及时检测学生的理解或掌握程度，对学生的学习掌握情况进行总结评价，提出表扬与批评等反馈，对学生的学习提出新的期望，并对自己的教学行为进行反思与总结，给学生评定等级，让学生汇报成绩。

2. 小学体育与健康教学设计的基本要素

从小学体育与健康教学设计的各阶段来看，教学设计是将教学系统的各要素围绕提高学生身心健康这一目的而展开的活动。小学体育与健康教学设计有自身的特点，其基本要素大致有学生情况分析、学习内容分析、教学目标设计、教学策略设计（教学内容选择、教学方法和手段选择、教学组织形式选择）教学媒体设计、教学过程设计、教学评价设计和教学设计评价。

（1）学生情况（学习者特征）分析。学生情况分析属于背景分析的重要内容，对学生情况掌握得越详细，就越能增强教学设计的针对性和可行性。对学生的情况进行分析要着重分析学生的年龄特征、班级成员组成、体育基础（运动技能、体能水平）学习风格和体育学习风气，特殊学生等方面的情况，为教学设计提供依据。

（2）学习内容分析。所谓学习内容是指为实现教学目标，要求学生必须掌握的知识和技能以及应形成的态度的总和。学习内容分析将影响教师对教材的把握，影响学生学习的水平，影响教学目标的完成，以及教学媒体的选用效果等。

（3）教学目标设计。体育与健康教学目标是在体育与健康教学中师生预期达到的教学结果和标准，是体育与健康教学活动的出发点和归宿，它支配、调节、控制着整个体育与健康教学过程，并决定着体育与健康教学的发展方向。为了把体育与健康教学的基本任务落实到具体的教学过程中，教师必然要设计教学目标。教师可以依据布鲁姆的认知、技能和情感领域目标分类，结合知识与技能、过程与方法、情感态度与价值观三维目标以及体育与健康课程的学科特点进行综合分析，从认知、运动技能、体能和情感四个方面进行教学目标的设计。

（4）教学策略设计。教学策略设计包括教学内容选择、教学方法和手段选择、教学组织形式选择等内容。

选择体育教学内容就是指根据教学目标确定要求学生掌握的知识、技能。体育教师应遵循“目标引领内容”的理念，确定在各层次教学设计中所应选择的教学内容；遵循“运动技能形成规律”，将所学运动技能，按照从易到难、从简单到复杂的学习过程，安排在不同层次的教学计划中；遵循身体素质发展的敏感期规律，将提高身体素质的相应练习安排在对应的年龄段。

教学方法和手段的选择与运用是否合适，将直接关系教学的成败和教学效率的高低，因此，正确理解、选择和运用教学方法和手段成为教学策略制订的重要内容。在小学体育与健康教学中，体育教师要根据具体的教学内容，结合学生的学习特点（学习兴趣、动机、态度等），选择新颖、有趣、多样的教学方法和手段，以激发学生的学习兴趣；尤其要重视自主学习、合作学习、探究学习等新型学习方式在教学中的运用，以促进学生的全面发展。

对于已经初步选定的教学内容，体育教师要组织安排，使之具有一定的系统性和逻辑性，即选择教学组织形式。传统教学组织形式以全班集体教学为主；而在新课程理念下，教师应重视小组合作教学的形式，以增加学生之间的交流、合作与竞争，培养学生的团队意识和交流沟通能力。

（5）教学媒体设计。在教学活动中，学生获得的教学信息是多方面的，而承载信息的教学媒体对教学效率的影响也是显著的。因此，在教学设计中，教师应将教学媒体的合理选择与运用作为教学策略制订的重要内容。在小学体育与健康教学中的媒体主要有场地器材等。选择和安排体育教学媒体要注意媒体多元化，将实践与教育技术相结合，合理应用文字、图像、音乐、摄影，以及场地器材的摆放、器材颜色的调整等方法，提高学生对体育活动的认知能力。同时，教师要重视创设多种教学情境，制作各种小教具，以激发学生的学习兴趣。

（6）教学过程设计。体育与健康教学过程是体育课堂教学的核心，流程图可简洁地反映分析和设计教学的过程。小学体育与健康教学过程不仅要有教师的“目标—策略—评价”，也要有学生的“活动—体验—表现”，同时要有学生的主动参与和体验，让学生在观察、讨论、质疑、探究的体验中学习知识与技能，完善人格。

体育与健康教学过程阶段（部分）的划分主要有三段式、四段式、五段式和多段式。教学过程的设计要根据具体的教学目标、教学内容和学生的特点来确定。

（7）教学评价设计。教学评价是检验教学目标是否达成的重要手段。小学体育与健康教学评价的设计，要体现《体育与健康课程标准》的发展性评价理念，对“为什么评价、谁来评价、怎么评价”等问题进行系统回答。在进行小学体育与健康教学评价设计时，教师首先要明确评价的目的，结合具体教学内容对学生学习进行客观评价；其次要重视学生作为评价主体的重要性，引导学生学习自评和对他人做出客观评价，以培养学生的评析能力；最后，要以相对评价与绝对评价相结合、定性评价与定量评价相结合、形成性评价与终结性评价相结合的评价形式对学生的学习情况进行客观而全面的评价。

（8）教学设计评价。为了完善教学设计，教师需要对设计的教学方案进行预先评价，主要有以下两个途径：第一，在实施之前评价教学方案是理论上的预评，主要目的是提高方案在教学实施过程中的可行性和可操作性。第二，在教学活动之后评价教学方案，是总结教学活动的得与失，为下一轮的实施做一个反馈，从而修订目前所实施的教学方案。

三、小学体育与健康教学设计的特性与原则

（一）小学体育与健康教学设计的特性

小学体育与健康教学设计是对某一教学过程的预先理论设想，是在教学活动之前对其进行的策划，这就决定了小学体育与健康教学设计具有针对性、预设性、严密性、创造性四个方面的特性。

（1）针对性。由于小学体育与健康教学计划包括六个层次（学段教学计划、水平教学计划、学年教学计划、学期教学计划、单元教学计划、课时教学计划），因此，设计者应对不同的教学计划进行有针对性的设计。虽然以上各类教学计划具有一定的共性，但同时也存在着一定的差异，如水平教学计划侧重设计小学三个不同水平的体育与健康教学，学期教学计划针对的是

某个学期体育与健康教学的教材内容、教学目标、教学内容编排等，而课时教学计划则是每一个体育教师应关注的最为重要的计划，也是课前必须完成的教学计划。因此，在设计课时教学计划时要结合学生的学情、教材特点、学校场地器材特点等，较为系统详细地设计出符合小学各个年龄层次与特点的体育与健康教学计划。

（2）预设性。各类教学计划需要在教学实施之前完成，小学体育与健康教学设计具有预设的特点。预设表现在课前，指的是教师对课堂教学的规划、设计、假设、安排，其目的在于事先对体育与健康教学各个环节、各个要素等进行设计和安排，以增强教学实施的有效性。

课堂教学是一种有目的、有意识的教育活动，预设是体育与健康教学的基本特征，是保证体育与健康教学质量的基本要求。但由于教学设计在先，体育教师对教学内容的理解、教学对象身体及运动技能的把握、教学条件的分析、教学方法和手段的采用等具有较大的动态性，而设计的结果则是在这种动态变化中产生出来的，因此，所设计出来的教学计划将会具有不确定性。这就要求体育教师在课前必须对教学目标、方法、手段、策略、过程有一个清晰和理性的安排，才能在课堂上有的放矢，增强体育与健康教学的有效性。

预设与生成是辨证的、对立统一的关系，体育与健康教学既需要预设，更需要生成，预设是对文本的尊重，生成则是对学生的尊重。总而言之，小学体育与健康教学设计是预设的，它必须在体育与健康教学实践中实施才能生成其成果。

（3）严密性。各层次小学体育与健康教学计划之间存在着较强的逻辑关系，如学段教学计划是水平教学计划的基础与依据，学年教学计划是学期教学计划的基础与依据，单元教学计划是课时教学计划的基础与依据，而课时教学计划则是单元教学计划的具体展开。

从某一层次小学体育与健康教学计划的设计来看，其内部各要素之间也存在着较强的逻辑关系。如课时教学计划设计由指导思想、教材分析、学情分析、教学目标制订、教学方法与手段安排、教学策略与评价选择等要素组成，其中各个要素之间并不是割裂的，而是存在一定关系的。若要研制体育与健康课堂教学目标，一方面，需要分析课堂教学内容（运动项目特点、难度、学时等），并了解学生学习该教学内容的基础（曾学了什么，学到什么程度）；另一方面，还需要了解学校的体育场地器材等，只有全面了解了以上要素，制定的目标才有一定的针对性。

（4）创造性。在日常生活及生产劳动中，有许多富有创意的设计让人过目不忘。同样，在小学体育与健康教学设计中也常有别具一格的构思渗透着体育教师的创造力和想象力。尤其是在小学体育与健康教学中游戏的创编、新颖练习手段的开发设计、队列及队形的变换、场地器材的布置等方面，均可体现出体育教师丰富的空间想象力和创新性。

（二）小学体育与健康教学设计的原则

小学体育与健康教学设计要使所设计的体育与健康教学计划科学、合理而有效，这就要求设计者在进行小学体育与健康教学设计时，必须遵循一定的原则。小学体育与健康教学设计遵循的原则主要有系统性、健身性、趣味性、针对性和开放性五个原则。

1. 系统性原则

系统性原则是指在小学体育与健康教学设计过程中，始终要贯彻系统论的思想，使体育与健康教学设计的各环节及各要素之间成为一个有机的整体。小学体育与健康教学设计应立足整体，将每个环节协调于整个教学系统中，做到整体与部分的辨证统一，系统的分析与系统的综合有机结合，最终达到教学系统的整体优化。系统性原则是基于系统理论提出来的。

（1）整体把握各层次教学设计的关系。从纵向来看，小学体育与健康教学设计分为学段、水平、学年、学期、单元和课时六个层次。各层次之间的关系为上位教学设计对下位教学设计具有指导作用，下位教学设计是上位教学设计的具体化。六个层次之间从宏观到微观，最终都落实到课时教学设计中，无论哪个层次的教学目标，都要通过课时教学计划实施来实现。

（2）整体考虑教学设计的各个环节。小学体育与健康教学设计应用系统的观点，从整体的角度出发，统筹考虑基本要素以及各要素之间的相互关系，从而选择最优的教学方案，达到最佳的教学效益。每个层次的体育与健康教学设计都应包含前期分析、中期设计和后期评价三个环节。每个层次的设计都应整体考虑各个环节，以防忽视前期分析和后期评价。此外，中期设计环节要系统考虑教学目标、内容、方法和评价的设计，以提升教学设计的整体效果。

（3）教学设计应遵循一定的逻辑体系。首先，教师应遵循从宏观到微观的逻辑顺序，依次进行学年、学期、单元和课时教学计划的制订。在具体教学设计中也必须遵循这一逻辑顺序，如教学目标的设计，必须首先明确宏观的课程目标，然后再依次制订水平、学年、学期、单元和课时教学目标，从而形成一个宏观与微观相结合、上下紧密联系的目标体系。其次，教师应遵循一定的设计程序，如在明确具体教学目标后确定“教什么”，然后再进行“怎么教”的设计，最后再进行教学评价设计。

2. 针对性原则

针对性原则是指在小学体育与健康教学设计过程中，体育教师要根据小学生的学习需要、学习内容及其特点，同时结合本校实际教学条件，合理地确定教学目标，有针对性地进行教学策略、教学媒体、教学过程设计，并对教学设计进行有针对性的评价，使之符合实际需要。针对性原则是基于因材施教及理论联系实际思想提出的。它要求在进行体育与健康教学设计时不能盲目照搬其他学校或班级的做法，而应针对本校及学生的实际情况，使所设计的各层次小学体育与健康教学计划不仅具有本校特色，而且符合本校学生的身体素质及健康状况、运动技能水平及体育学习兴趣，做到因校制宜、因学生而异。

贯彻针对性原则首先必须了解小学生的实际情况及其学习需要，再从实际出发确定合理的教学设计方案。一般而言，设计者应考虑以下情况：

（1）充分考虑学校体育环境和条件。学校体育环境可分为显性和隐性体育环境。显性体育环境包括师资队伍的质量与数量、体育场馆、器材、设备等条件，以及学校体育活动开展情况等。隐性体育环境包括学校体育传统、体育风气、领导的重视程度、体育教师的责任心等。例如，教师在进行体育教学内容选择时要着重考虑学校的体育传统项目，还要考虑学校的师资情况和场地器材的配备情况等。

（2）所设计的教学方案应具体、明确。体育与健康教学必须围绕学生学习哪些内容、学到怎样的程度、通过何种手段和方法达到教学目标、怎样检测学习效果等一系列具体问题进行具体的考虑和设计，如体育与健康教学目标应明确、具体，具有导向性，便于落实和操作。

（3）统一要求与区别对待相结合。教学目标和教学评价的设计在做到统一要求的基础上，还要做到区别对待。由于学生的体育基础和兴趣、动机等情况不同，学生所能达到的学习效果也不一样。所以，教师必须对班级整体情况，如学生年龄、身体素质、运动技能水平、体育兴趣和爱好，班级内有无特殊学生以及班级体育学习风气、团队凝聚力、体育骨干或积极分子情况等进行全面深入的了解。在做体育教学评价时要体现出区别对待的原则，在使用统一评价标准时也要看到学生的进步情况，从而综合评价学生的体育学习。

（4）适当增加练习的选择性。由于学生运动技能水平存在差异，教师应该考虑为不同水平的学生提供难易程度不同的练习内容，避免由于体育练习内容单一而影响体育教学的效果。此外，为提高学生的学习兴趣，教师可适当让学生选择练习内容。

3. 趣味性原则

趣味性原则是指体育教师在进行小学体育与健康教学设计时，应充分考虑小学生的心理特征，在教学内容的选择、教学方法与手段的运用、教学活动的组织等方面都要注重激发小学生的兴趣，以调动小学生参与体育学习的积极性。趣味性原则是基于学习理论及小学生的心理特点提出来的。现代学习理论也表明：影响学生学习的因素不仅有智力因素，还包括非智力因素，而且非智力因素（如兴趣、动机、需要、情感、态度等）在学习中的作用甚至超过智力因素，这也是新课程特别强调情感态度与价值观培养的依据所在。

趣味性原则对小学体育与健康教学设计的要求如下：

（1）选择多样的练习手段，激发学习兴趣。小学生天生好动，对体育活动非常感兴趣，但注意力易转移，意志较为薄弱，必须通过新颖、有趣、多变的练习方法和手段，使锻炼得以持久。因此，教师在选择练习时应注意形式多变，在练习方法、手段和器材的多样性和变化方面下功夫。例如，在篮球教学中，教师可以安排多种练习方式（绕 8 字、绕杆、运球接力、看手势运球、运球报数等）来发展学生的运球技能。

（2）采用游戏化练习手段，增强练习的趣味性。体育游戏把体能、技能与智能融为一体，带有浓厚的趣味性和娱乐性，是一项既含有激烈竞争因素，又带有轻松活泼等特性的综合性的练习手段，备受学生的喜爱。尤其是在小学低年级，创设多种生活和童话情景，让学生在游戏的情境中进行学练，不仅能提高学生学习的兴趣，还可以促进学生的技能、体能和社会性发展。因此，小学体育与健康教学设计要重视游戏化教学的运用，培养学生的学习兴趣，促进教学质量的提高。

（3）选择练习时应避免盲目追求趣味性。体育与健康教学不能为了增添趣味性而安排一些缺乏学习意义的练习，如摔纸牌、南瓜扁担进课堂等。在小学体育与健康教学中，练习方法与手段的安排应具有科学性，符合体育与健康学科的特点，教师应根据主要教学内容选择相应的练习，围绕怎样更好地帮助学生掌握学习内容来设置练习，不能为了单纯的乐趣而盲目设置。

4. 健身性原则

健身性原则是指小学体育与健康教学目标的确定、教学内容和教学方法的选择、运动负荷及场地器材的安排、教学评价方法的运用等方面都要符合教学对象的身心发育规律及运动技能形成规律，以有效增强学生体质、促进其身心健康发展。健身性原则是依据人体生理机能活动能力变化规律和小学生身心发育规律提出的。健身性原则对小学体育与健康教学设计的要求如下：

（1）教学目标和教学内容的设计要体现健康发展的理念。小学体育与健康教学设计在贯彻健身性原则时，应在教学目标和教学内容方面体现促进学生身体健康发展的理念。首先，要包含运动技能和体能方面的目标，对学生身体健康发展提出一定的期望；其次，应选择适宜的促进学生运动技能和体能发展的教学内容。

（2）根据小学生的身心发育特点，合理选择练习方法与手段。小学生身心正处于迅速发育期，骨骼系统、神经系统及心肺功能等发育不健全、不成熟，尤其是大脑皮层神经细胞易兴奋、易疲劳，这对小学体育与健康教学方法与手段的设计和选择提出了较高的要求。

体育教师要为小学生创编新颖、多样的练习方法与手段，以吸引小学生的注意力，激发其学习体育的兴趣；同时，要加强小学生速度、灵敏性和柔韧性等方面的练习，避免长时间静力性力量的练习，以防对小学生的骨骼系统造成伤害。

（3）根据人体机能适应性规律，合理安排运动负荷。适宜的运动负荷是促进小学生身体健康的重要保证。小学生正处于身体发育的快速期，因此，在运动负荷安排上要格外注意。科学、合理地安排运动负荷要从运动量和运动强度两个方面入手。首先，在体育与健康课中的持续运动时间不宜过长，强度不宜过大，中等强度的运动负荷对小学生的身体健康最为有利；其次，体育与健康课准备活动的量和强度不宜过大，运动负荷的安排要循序渐进，以克服身体和心理的惰性。

5. 开放性原则

开放性原则是指在体育与健康教学设计过程中，要对教学方案各要素的设计留有余地，为学生学习提供开放的空间，以激发学生在学习过程中的能动性和创造性。开放性原则是基于"以学生为主体，发挥学生创造性"教学理念提出的。为了使学生成为学习的真正主体，体育与健康教学设计应在教学内容、教学过程、教学时空、教学形式、教学评价等多方面放开，不要把教学过程设计为一成不变的纲要和条目，而应给学生学习留出相应的空间和余地。开放性原则对小学体育与健康教学设计的要求如下：

（1）依据课程标准，合理掌控开放度。开放性与灵活性是《体育与健康课程标准》区别于原有体育教学大纲的本质特征。体育教学大纲对教学的目标、内容、时数都做了明确规定，开放性和灵活性不足。而《体育与健康课程标准》只确定了体育课程目标和内容标准，对教学内容、方法、时数及评价提出建议，把选择权留给学校和体育教师，这增强了体育与健康课程和教学的开放性和灵活性。因此，体育教师应依据《体育与健康课程标准》的实施建议，结合本校实际，合理把握体育与健康教学方案的开放程度，切忌只有纲要而无内容的过度开放性设计方案，也要避免事无巨细式的过度规定性设计方案。

（2）为学生搭建自我展示的平台。体育教学是一个开放的动态过程，教师应创造机会和条件让学生展示所学习的动作，培养学生的主体意识，让学生体验成功的乐趣。在进行教学评价时，切忌违背学生意愿进行运动技术正误对比的展示。正确动作的展示能增强学生的自信，而错误动作的展示极易引起学生的挫败感，打击学生学练的积极性。

（3）避免一抓就紧，一放就乱。开放性与放羊式教学具有本质的区别，开放性原则追求的是为发挥师生教学能动性和创新性留有余地，强调课堂教学的创生性，是现代教育教学理念的体现。但在运用过程中，受教学观念、师生水平以及多方面因素的影响，教学方案各要素的开放程度应恰当，避免走向另外一个极端。

第四节　小学体育课程内容的衔接

一、小学体育课程内容衔接的理论

（一）认知发展理论

认知发展理论是教育心理学中一个极为重要的理论。认知发展是一个构建的过程，是在个体与环境的互相作用中所实现，认知发展可以划分为感知运算阶段（0 ~ 2 岁）、前运算阶段（2 ~ 7 岁）、具体运算阶段（7 ~ 11 岁）、形势运算（11 岁 ~ 成人）阶段。这四个发展阶段是一个连续的过程。前一段是到达后一阶段的前提，任何阶段都不可能直接跳过而到达下一个。

根据我国小学的适龄入学年龄以及中小学阶段学习年限的规定，中小学生年龄段分别是具体运算阶段和形式运算阶段。小学阶段的学生在学习上更易接受直观形象的教学内容，而初中生思维逐渐趋于成熟，可接受一些抽象内容的学习。体育课程内容的衔接要与学生身心发展的认知特点相匹配，学生作为学习的主体，各自有着其所在阶段的认知发展水平。

因此在体育课程内容的设置上要与不同阶段年龄的学生认知发展水平整体保持一致才能帮助学生更好的接受体育课程内容的学习；如果与该学段学生发展的实际水平不匹配，对体育课程内容的选择也会影响学生对体育课程的学习以及对体育兴趣的形成。所以在体育课程内容的安排上要遵循认知发展理论，这样才有利于学生对体育老师教授运动技能的学习，使学生在各个不同学段之间的过渡，实现体育课程内容的高效衔接。

（二）学习迁移理论

学习迁移是指人在一种情境中的学习影响他在其他的情境中的学习。随着发展学习迁移理论逐渐完善，并按照其不同的表现方式，进行了不同维度的分类。按照性质可分为正迁移（起促进作用的迁移）负迁移（起阻碍作用的迁移）；按时间次序可分为顺向迁移（之前的学习对后续学习的影响）和逆向迁移（后续学习对之前学习的影响）。学习迁移是学校教育中一个非常重要的问题，它在课程内容的设置、教材内容的编写、教学方法的选择上都会凸显出它的作用。

迁移现象之所以普遍存在于学习和生活之中，主要是因为客观事物是彼此之间相互联系、相互制约，而不是相互孤立。人类在学习新内容或者是处理新事物的时候，往往通过已有的知识和经验来进行。在体育学习中，迁移也是一种非常普遍的现象，各类运动技能之间或多或少的存在一定联系，体育学习的迁移是各项运动技能相互作用并逐渐整合的过程。任何运动技能的获得都不可能是一蹴而就的，而是逐渐所获得。因此对于体育课程内容衔接，要尽量利用学习迁移的理论，合理编排不同学段的课程内容，降低负迁移的干扰。

二、小学体育课程内容的整体衔接分析

（一）体育与健康课程标准内容

我国小学体育课程的主要内容是：能够让学生拥有一定的体育基础知识，并学会一些基本的运动技能和正确的运动方法，并同时使学生养成长期进行体育锻炼的良好习惯。[①] 中小学体育与健康课程的内容实际上就是将体育化作生活中的实际运用，开设中小学体育与健康课程的目的就是使中小学生形成强健的体魄以及乐观积极的性格。体育与健康课程目标可以划分成四大维度，这四大维度可解释为：学生对体育的兴趣、学生的技能掌握、学生的身体健康以及学生的心理健康。

（1）课标小学体育课程内容。整体上小学阶段的课程目标在运动参与方面强调通过丰富趣味的内容和各式各样的方法让学生体验运动的乐趣与成功，刺激学生对体育的初感知，以此来引导、激发学生对体育运动的兴趣和

① 李雨浓 . 安徽省中小学体育课程内容衔接研究［D］. 阜阳：阜阳师范大学，2021：18.

参与意识。在运动技能方面，小学阶段注重通过体育游戏来发展学生最基本的运动能力。在身体健康方面，课标则要求以最基础的体育保健知识来引导学生懂得行为习惯和疾病预防对身体发育和健康的影响。而在心理健康与社会适应方面，小学阶段不同水平都重视培养学生自尊自信的心态，进一步引导在体育活动中学会交往。

（2）课标初中体育课程内容。初中阶段的体育与健康课程结构与小学一样，也是由运动参与、身体健康、心理健康以及社会适应这四个方面组成，但是在具体的学习目标和课程内容上有些许的不同。在运动参与和运动技能的掌握上，初中阶段在总体上注重学生的自主选择性，都是以鼓励的态度促进学生形成积极参加体育活动的习惯，并主动的应用所学知识。而在身体、心理健康与社会适应的方面，初中阶段则注重提升学生对体育保健知识的掌握程度以及培养其面对挫折时调控情绪的能力。

（二）小学体育教材内容对比

小学体育课程内容的不同之处在于：初中体育课程内容应当是小学体育课程内容基础上的巩固、延伸以及拓展，并且小学和初中体育课程内容的侧重点也有所区别。

第一，初中体育课程尤其是七年级体育课程的内容是小学学习基础的巩固以及加深。例如，在小学和初中都有田径运动项目的学习，在小学阶段田径的主要教学内容是通过体育游戏和各类活动来学习田径运动中的基本技术，因此小学的田径教学内容更强调多样性、趣味性以及竞争性等特点。让学生可以在沉浸体育游戏的同时掌握奔跑、跳跃以及投掷等动作的正确方法，提高身体素质。而在初中阶段要在学生已掌握的基础上，巩固小学所学技能并逐渐增加在技术上的要求。在学生能够在已掌握某一项技能的基础上要做到标准以及规范。

第二，从学习迁移理论的角度来看，初中体育课程的内容是小学体育课程的延伸和拓展。就体操中的技巧技术而言，在小学学习“前滚翻”“后滚翻”的基础上，七年级增加了“鱼跃前滚翻”的学习。再如排球技术的学习，排球共有“传球”“垫球”“扣球”“发球”“拦网”“准备与移动”这六大基本技术。

在小学阶段学生只学习排球技术中的“移动”“垫球”和“发球”这三种最为简单易学的技术。到了初中以后在这三项技术的基础上又增加了相对难度较高的“传球”技术学习。这不仅提升拓展了学生的排球技术，也为将来学习更多的排球技术打下基础。

虽然小学和初中的很多学习部分是一样的，但是教学目标的侧重点却存在着一定的差异。总体来看小学体育课程内容的侧重点主要是使学生了解并能够简单的掌握某一项运动技能，并能够对其有一定的了解。到了初中这一阶段，则要求学生能在体育游戏或比赛中，运用所学的各类运动基本技术和战术。因此初中阶段更强调学生对各类运动项目的实际运用，这也是体育课程内容衔接主要的核心点。

（三）小学体育课程内容分析

第一，当前小学体育教材中的课程内容丰富多样，既有深受学生喜爱的篮球、足球、羽毛球等各种运动项目，也有田径、体操等提升学生基本身体活动能力的运动项目，就种类来看，是基本上较为全面涵盖了现代体育运动。但同时也对小学体育课程的教学实施提出了较高的要求，如果体育课程教学实施不到位，导致各个学段、各个学校之间出现了体育教学内容的差异，将会对小学体育课程内容衔接造成一定的影响。

第二，各类运动项目的在中小学的有效开展必须以足够的场地器材实施作为依托，当前体育教材内容里所涉及的运动项目众多，这对小学体育场地器材设施提出了较高的要求，但是当前安徽省各地区经济发展水平从整体来看区别较大，存在着皖南经济发展水平优于皖北经济发展水平、城市经济发展水平优于农村发展经济水平的特点，这使大量的皖北地区人口向皖南地区迁移、农村地区人口向城市迁移，从而导致人口流动性较大。而一些对场地器材设施要求比较高的运动项目，仅有少部分体育资源充沛的学校能够开展，这对于从大量农村转学到城市学校的学生而言，显然是无法适应城市学校的体育课程内容，并会加学生学习体育课程内容的难度，也不利于体育课程内容的衔接。

第三，按照《课程标准》设计的初衷，是为了让中小学生掌握一定的体育基础知识与运动技能，使学生能够养成参与体育锻炼的习惯。依据《课程标准》编写的小学体育教材内容也体现出了这个核心点，但是在实施的过程中对体育老师的综合素养提出了更高的要求。

第四，不同学段之间体育课程内容的低级重复问题。通过对小学体育教材的对比，不难发现部分中小学教材的重复内容较多，如在小学教材里出现的体操运动中的立正、稍息、看齐、立正；篮球运动的双手胸前传球技术、原地单手肩上投篮技术；足球运动的脚内侧踢球技术、脚背内侧传球技术；排球运动的正面双手垫球技术；正面下手发球技术等运动技术，又在初中的体育教材里再次出现，根据体育科学的学习特点，部分的运动技术确实可以重复学习，以巩固提升运动技能的掌握，但是如篮球双手胸前传球等简单的基础技术在小学阶段与初中阶段反复出现的课程内容，则应尽量避免。

综上所述，对于不同学生之间存在的差异，要在体育课程的内容上体现出差异性，可以采用“分层次”教学方法。使一部分体育基础不牢固的学生，在掌握最基础的运动技能提高的同时，也让有一定体育基础的学生运动技能有所提升，并培养他们对体育产生兴趣，从而形成参与体育锻炼的习惯。

第四章　小学体育教学及其策略构建

第一节　小学体育教学方法及其选择

一、小学体育教学方法分析

（一）小学体育教学方法的构成

小学体育教学方法应由程序、技术和工具三个主要的要素组成。

第一，教学程序。程序应该属于方法，因为同样几个行为在不同的顺序之中，也会产生不同的效果，如问问题后进行讨论再回答问题与问问题后先解答再进行讨论，教学的技术完全一致，只要程序上有所不同就会产生不同的教学效果。有经验的老师可能不是在技术上与新教师有多大的差别，而是在教学的程序上，有时甚至只是在节奏上处理得好，就会产生截然不同的教学效应，因此，“对教学过程的组织和组织的方略也是教学方法的重要组成部分”①。

第二，教学技术。在多年的教学实践中形成了一些比较成熟的教学手法，或称教学技术，如教师的提问、黑板的板书、适宜的启发、组织讨论等，这些有效的手法激发了学生更好地认知和学习，教学技术主要根据教师的条件而不同。

第三，教学手段（教学工具）。在科技发展和教学运用科技的实践中形成了一些比较成熟的教学手段，或称教学工具。在体育教学中如各种训练设备（保护绳、辅助器材等）、多媒体设备（幻灯、录像、电影和计算机等）、

① 薛继升．中小学体育教材教法［M］．长春：吉林大学出版社，2011：111.

形象工具（挂图、卡片）去更好地认知和学习，教学手段主要根据时代和教学条件而不同。

（二）小学体育教学方法的特征

小学体育教学方法的特征主要有：

第一，目的性。使用所有的方法都是为了完成一定的教学目的，体育课堂使用的组织方法有目的性，技能训练方法有目的性。体育教学更注重让学生掌握和学会技能，让学生真正将技能应用在实际的体育活动中，也就是说，它的目的性特征非常明显。

第二，双边性。教学方法与教师和学生都有密切联系，教学方法中存在着教师的教法和学生的学法的内在联系。但是在教学方法中，教学方法应该是充分考虑了学生的学习目的和学习方式的，由教师设计的，由教师来运筹的教授方法。它有别于存在于体育教学中的“纯自学的方法”（如没有任何教学要求的自由活动中的学习行为），换言之，体育教学方法应是师生共同活动中存在的。双边性的另一个含义是：好的教学方法必须是、也必然是教的方法与学的方法的完美结合。教的方法与学的方法有可以区分的一面，可以区分是因为教的行为主体和学的行为主体是分开的，如教师的讲和学生的听是分开的；难以区分是因为在教学行为上两个行为是互动、互相依存、互相成立，也是随时转化的。如讨论法就很难区别是教法还是学法，很难区别其中哪是教法哪是学法，而在于研究教法的同时要考虑学生的学习情况。

第三，系统性。体育教学方法是个系统，有其构造和构成。有人认为是“总和”的关系，有人认为是“一系列”，但大家都认为教学方法是由高低不同、范围大小不一的一系列方法、方式组成的体系，这些方式方法就构成了教学方法的不同层次结构。

第四，层次性。关于教学方法的解释用了许多不同的词汇，如“措施”“方法”“手段”“活动方式”“工作方式”等，因此可以判断教学方法是有层次性的。

第五，可学性和不可学性。这两个特性是所有教学方法都具有的特性，其中，可学性指的是体育教学中的技术和手段是可以学习的。举例来说，动作示范方法是可以学习的，攀岩教学保险绳的使用方法是可以学习的，挂图讲解的教学方法也是可以学习的，游泳教学中浮板的使用方法是可以学习的，体操教学中保护肢体肌肉的方法是可以学习的。不可学性指的是教学方法中与风格、艺术有关的内容是不可以学习的，教师在讲授体育技能的过程中可能会涉及教师的个人风格和教师性格，这些内容是没有办法学习的，如教师言语中的幽默感。教学艺术教学风格往往是教师达到一定境界之后才能获得的。

（三）小学体育教学的常用方法

体育教学中的常用教学方法很多，本节在总结前人经验基础上归纳出了二十四种教学方法，阅读者可以根据不同情况进行选择和应用。

（1）讲解法。讲解法是指教师用语言向学生说明教学目标、动作名称、作用、要领、做法及要求等，以指导学生掌握动作知识和技能进行练习的方法。

（2）问答法。问答法也称谈话法，是教师和学生以口头语言问答的方式完成体育教学的方法。

（3）动作示范法。示范法是指教师（或指定的学生）用具体动作为范例，使学生了解动作的形象、结构、要领的方法。示范法是体育与健康教学中常用的直观方法，它在使学生了解所学动作的表象、顺序、技术要点和领会动作特征方面具有独特的作用，轻快优美的动作示范还能激发学生学习的兴趣，增强学生学习的自信心。

（4）多媒体演示法。演示法是教师在体育教学中通过展示各种实物、直观教具，让学生通过观察获得感性认识的教学方法。多年来这种方法在体育教学中被广泛采用，尽管对于某些示范有一定难度，但是对于运动表象记忆又非常重要的体育教学而言，是一种不可或缺的教学方法，它与讲授法、谈话法等教学方法的结合使用可以收到很好的教学效果。

（5）完整练习法。完整法是指从动作开始到结束，不分部分和段落，完整、连续地进行教学和练习的方法。完整法一般用在技术动作结构比较简单、协调性要求较低、方向线路变化较小或动作虽然比较复杂，但动作的各个部分联系非常密切，不宜分解的动作教学中。教师在运用完整法进行教学时，应完整地讲解动作名称、动作要领、动作方法、规则与要求，并做完整动作示范，使学生建立完整的动作表象，尽快掌握动作。

（6）分解练习法。分解练习法指的是将一个完整动作进行分解，一步一步进行学习，通常情况下，分解练习法适合复杂性和协调性水平要求较高的技术动作，如动作存在很多的方向线路变化，动作之间不存在相对紧密的关联，这个时候教师就可以使用分解练习法。除此之外，如果学生没有形成较强的运动能力或运动技能掌握得比较少，这时教师也可以运用这种方法让学生正确理解每一个技术动作的准确特征。

（7）领会教学法。这种教学方法经常运用在球类运动的学习中，这种教学方法依托于认知活动，在此基础上，指导学生学习掌握球类运动的技能，让学生获得更多的认知经验，领会具体的运动规律。

（8）循环练习法。循环练习法指的是按照体育教学的需要选择适合教学内容的练习方式，并且为学生设置练习需要使用的练习站，学生需要根据教师设置的练习顺序以及教师提出的练习要求不断地进行循环练习。通常情况下，身体素质的练习过程会使用循环练习法，因为身体素质练习不太注重技术难度，所以，不需要花费过多的时间学习技术，而是要花费更多的时间进行一个或者几个动作的循环练习。在学校内同一个时间上体育课的学生相对较多，但是学校提供的训练场地和器材却是有限的，在这样的情况下，可以利用循环练习方法展开训练，这种方法可以最大化地利用器材，可以进行密度较大的训练。

（9）预防与纠正错误法。预防与纠正错误法是指在教学和学生练习中，为了避免犯错误所采取的相应的方法。

（10）发现法。发现法并不是要求学生去发现和创造新的科学理论或科学概念，而是把前人发现创造的过程从教育的角度加以改造，加以精简，加以缩短，引导学生沿着简化的思维路线去“寻找”解决问题的方法。

（11）情景教学法。顾名思义，指的是设置活动情境，在活动情境中进行教材内容的教学。活动情境的创设可以让学生对体育内容的学习有更浓厚的兴趣，教学情境的创设需要借助于语言、音乐、器材和其他工具，学生可以在教师创设的教学情境中发挥自己的想象，这有利于学生更好地理解体育知识。除此之外，教师也可以利用情境教学的方式让学生展开角色扮演活动，由学生亲自体验、思考，无论是教师创设的教学情境，还是角色扮演的学习方式，都需要借助于情境来进行教学内容的传授学习。

（12）运动游戏法。这种教学方法的运用需要由体育教师带领，由体育教师组织游戏，让学生在游戏参与过程中了解体育知识，掌握体育技能。青少年儿童比较喜欢游戏，游戏能够给他们带来一定的趣味，而且他们可以通过竞赛的方式一争高低。游戏有一定的情节和游戏规则，这样可以为青少年儿童的活动开展限定一个具体的场景，学生需要遵循游戏规则，团结、互助地参与游戏，这个过程除了能够让学生掌握知识技能之外，也能够提升学生的智力能力，培养学生形成优秀的道德品质。

（13）运动竞赛法。运动竞赛法是指通过组织学生比赛进行技能学习和练习的一种教学方法。

（14）小群体教学法。小群体教学法也被称为“小集团教学模式”等，是通过体育教学中的集体因素和学生间交流的社会性作用和学生的互帮互学来提高学生的学习主动性，提高学习的质量，并实现对学生社会性培养的一种教学方法。

（15）表扬法。顾名思义就是教师给予学生充分的鼓励、肯定或赞扬。如果体育教师可以合理运用鼓励的方法，那么教学效果会有意外的收获。在教学过程中，学生可以从教师的表扬中获得正向的信息反馈，当学生感觉自己的学习受到了肯定之后，学生会更有动力，更加积极地参与体育活动，这有助于学生体育能力的发展。表扬法运用的时候应该结合情感法，有的时候表扬方法并不一定需要通过口头的方式表现出来，教师也可以通过微笑或点头的方式来表达自己的肯定和认可。

（16）自我养护法。指的是学生为了保护身体，为了保护自身健康而使用的一种健身方法，通常情况下，自我养护方法涉及的内容有安全防范方法、卫生监督方法、保护帮助方法、量力适度方法。

（17）自学法。顾名思义指的是学生独立自主的开展学习，自主掌握体育知识，自主领略体育动作，每个学生都是独立的个体，在体育学习过程中必然会有不同的心理表现、意志表现、情感表现，当学生产生自我学习需要的时候，可以借助于自己的能力推动自身的成长与提高，教师应该关注到学生的自我发展需求，引导学生开展独立自主的学习。

（18）讨论法。问题各抒己见，通过讨论或辩论活动，获得体育知识或辅助运动技能学习的一种教学方法。讨论法的优点在于能促进全体学生都积极参加学习活动，培养合作精神和参加集体思考的能力，同时还可以激发学生的学习兴趣，提高学习情绪。

（19）自练法。自练法是以学生自身的独立活动为主，有目的地反复进行练习某一运动动作的一种方法。常用的自练法有模仿练习法、反馈练习法、强化练习法等。

（20）自评法。自评法也称自我评价法，是指个体在练习过程中，对自己学练行为价值标准的掌握和判断，进而采取控制与调节的一种方法。自评法可分为目标评价、动作评价、负荷评价、效果评价等。

（21）创新法。创新法是个体通过思维活动和体力活动产生出独特、新颖，并具有理论与实践指导意义的体育知识、技术及学练的方法。创新法一般包括运动动作创新法、动作编排创新法、发展体能创新法及优异成绩创新法。

（22）合作学习。指的是为了完成任务，学生和其他伙伴共同组成团队开展学习的方法，合作学习需要明确不同小组成员的责任，除此之外，小组成员还要相互帮助。

（23）发现学习。这种学习方法也被叫作问题学习法，它主要利用的是儿童对事物的好奇心，这种方法以解决教学问题为目的，在这个过程中，学生的思维可以得到创造性发展，在学生好奇心的驱动下，学生可以探索出问题的解决方法，在发现问题解决方法的时候，学生就已经完成了相对自主的学习。

（24）探究式学习方法。探究式学习方法指的是体育教师为学生确定一个具体的研究主题，然后引导学生在自己创造的教学情境中自主探索，探究式的学习方法需要学生调动自己储存的体育知识技能去创新、去探索，这种方法比较强调创新能力的培养。

二、小学体育教学方法的选择

（一）小学体育教学方法选择的依据

第一，根据体育教学需要以及体育教学要完成的任务选择适合的方法。当教学目的和任务不同的时候，教学方法的使用也是存在差异的。举例来说，学习新课程的时候要更多的倾向于使用语言讲述、动作演示这样的方法，但是，如果是动作练习课程，那么应该更多的使用练习方法。若是学习新课之前的预习阶段，则可以运用游戏法；若是课程快要结束的教学阶段，则可以更多地运用比赛法。

第二，根据教材内容的特点来选择教学法。一般而言，不同性质的教材内容，也要求采取不同的教学方法；如器械体操基本上要使用分解教学法；游泳、独轮车、滑冰必须要使用分解教学法；跑步、跳跃、投掷的教学就应该使用完整教学法；很多球类项目都可以使用“领会教学法”。另外，集体项目很适合用“小群体教学法”：枯燥的项目很适合用“游戏教学法”；锻炼性项目很适合用“循环教学法”；含有重要科学原理的运动项目就很适合用“发现教学法”；等等。总而言之，体育教师应在仔细分析教材的基础上，根据教材的性质和具体内容的特点灵活而有创造性地选择适当的体育教学方法。

第三，按照学生的实际学习状况进行教学方法的选择。使用教学方法最重要的目的是帮助学生进行体育学习，也就是说教学方法的选择必须考虑学生身体和心理方面发展的需要，教师必须为学生提供适合学生当下年龄、能力、态度、智力的教学方法。举例来说，如果学生刚刚参与体育活动、体育训练，那么不应该使用通常会出现在正规体育活动中的比赛法。对于教师来讲，教学方法的选择必须谨慎考虑学生的实际状况，选择最适合学生当下条件的方法，尽最大可能帮助学生提高体育技能水平。

第四，按照教师的条件和风格特点进行教学方法的选择。教学方法的使用需要和教师的条件以及风格特点相互匹配，这样教学方法才能发挥出最大的作用。一些教学方法虽然能够取得很好的教学效果，但是如果体育教师不具备教学方法运用需要的素养，那么教学效果可能就会大打折扣，所以，教学方法选择时需要考虑体育教师自身的特长和其他方面的条件。如果体育教师非常擅长语言表达，那么可以利用语言进行生动的描绘；如果体育教师比较擅长运动技能方面的教学，那么可以更多地选择示范教学方法，通过正确的动作示范和学生建立良好的信任关系。再如，有一些教师非常幽默，这样教师就可以运用自己的幽默来处理体育教学过程中的突发状况；还有的教师相对严肃，这样的教师可以从重点角度纠正学生的言行不妥之处。总得来讲，教师在选择教学方法的时候要考虑自身的条件和优势，选择更加适合自己的教学方式。但是，作为体育教师应该尽可能地提升自我，尽可能地克服自身缺点，提高自己和教学方法之间的匹配程度。

第五，根据各种体育教学方法的功能、适用范围和使用条件等来选用教学法。任何体育教学方法都不可能是万能的，都有各自的独特功能、适用范围和使用条件的限制等，有各自的优点和缺点。体育教学方法受教学过程中各种因素的影响，可能有时有非常好的教学效果，有时就事与愿违。例如，有的时候多讲是循循善诱，有时多讲是繁缛啰嗦；有时做游戏是生动活泼，有时则是无聊幼稚；有时用多个教学步骤是循序渐进，有时则是画蛇添足；有时组织比赛是兴趣盎然，有时则是尴尬无味等。这些变化取决于对这些教学法功能是否有深刻的理解，取决于对使用这些教学法的时机是否合适，取决于对这些教学法功能的使用范围是否有了解和运用准确，取决于这些教学法使用的条件是否已经具备等，离开了上述的条件，用任何教学法都不会取得好的效果。因此，选择体育教学方法时，必须要认真分析教学法的功能、应用范围和条件。

第六，参考教学时间和教学效率方面的需求选择适合的教学方法。不同的教学方法可以达到不同的教学效率，所花费的时间也有一定的差别，举例来说，发现方法要使用更多的时间，分解方法也相对浪费时间，在这样的情况下，如果教学可以利用的时间有限，那么使用这样的方法就可能达不到教学效率的要求。优秀的教学方法的教学效果比较好，与此同时它还应该消耗降低的教学时间，这样才能让体育教学在规定的时间内完成教学任务。但是，有的时候一些教学步骤是有价值的，这样的教学步骤值得花费时间去详细讲解，因为这可以让学生了解重要的体育原理。从这个角度来讲，即使这一教学步骤花费了很多时间，但是教学仍然是高效率的，因为它有非常重要的教学意义。但是，也需要注意有一些教学步骤没有过多的意义，这样的教学步骤应该选择比较节省时间的教学方法。

（二）小学体育教学方法选择的原则

确定教学方法并且明确教学方案之后还需要关注教学方法的运用问题，在运用教学方法的过程中需要遵循以下原则：

第一，教学方法的整体功能需要发挥出来。在运用具体的教学方法时，教师、学生以及课程的功能作用都应该发挥出来；除此之外，还可以将多种教学方法结合起来发挥教学方法的整体功能，不同方法之间的有机结合可以让教学质量、教学水平有整体的提升。

第二，使用启发式的教学思想。启发式除了是教学可以运用的方法之外，也可以用来指导教学。启发式的教学实践结合学生的具体情况，引导学生培养他们对学习的兴趣，让他们独立自主、积极主动地参与学习，让学生运用自己的方式去了解知识、了解技巧，这样的方式有助于学生身体和心理方面的健全成长。启发式的教学思想强调让学生掌握学习方法，注重学生形成更强的体育能力，提升学生的体育技能水平。但是，与之相对的注入式教学思想，更加注重知识的传授，注重学生对知识的理解吸收，而没有凸显学生在学习当中的主体地位。为了学生的更好发展，教学过程应该遵循启发式的指导思想。

第三，综合运用各种方法。无论是教学目标、教学内容，还是教师素养、学生的身心发展都是多方面的。教学手段、媒体也不是单一的，这就决定了任何一种教学活动都应综合使用各种方法，合理组合，提高教学效率。

第四，坚持灵活性、创造性地使用教学方法。任何一种教学方法都不是万能的，不是一成不变地实施于体育教学过程的始终，要因时因地因人而异。要求教师在教学方法的选择和使用过程中，灵活机智、创造性地运用和发现符合体育教学发展的新的方法，从而收到事半功倍的良好效果。

第二节　小学体育的课堂教学体系

小学体育课堂教学是在课前准备的基础上，按照班级授课的组织形式，实施教学设计方案的教学活动。由创设情境、引入新课、展开新课、巩固新课、反思教学等部分组成。它是实现体育学科教学目标和完成其教育教学任务的基本途径，是认识和把握体育学科教学过程及其实质和特点，提高体育教育、教学质量的基本保证，也是充分发挥小学生发展性主体的作用和教师主导性主体的作用、师生互动、多向交流、进行合作探究式学习的一种好形式。因此，“任何一名合格的小学体育教师，都应该重视体育课堂教学”[①]。

一、小学体育的课堂教学体系——引入新课

（一）引入新课的作用与原则

体育课对小学生而言是有兴趣的，但是由于体育课的教学内容和方法往往流于形式，内容单调重复，方法简单缺乏新意，学生渐渐对体育课的感受性降低，慢慢失去了兴趣，最后还可能对体育课产生一种厌恶心理。就体育课而言表现在：上课注意力不集中，畏难情绪较大，借故请假次数多，怕出汗，勉强完成任务，考核只求及格。针对这种现象，作为教师应想想办法，通过体育教学提高学生的体育意识，激发小学生的体育兴趣。而要上好一节课，一个良好的开端显得尤为重要。

1. 引入新课的重要作用

（1）吸引学生体育学习的注意力。好的新课引入能强烈地吸引学生的注意力。在体育课堂教学中，学生的注意力是保证听好课的首要条件。心理学认为：注意是心理活动对一定对象的指向和集中。人的注意力在高度集中时，大脑皮层上的有关区域便形成了优势兴奋中心，对所注意的事物专心致志，甚至会忘掉其他一切。如我们看电影时，看到精彩片断时会睁大眼睛，屏住呼吸，忘记周围的一切，好像身临其境一样。这说明人的注意力越集中，对周围其他干扰的抑制力就越强。因此，这时接受信息的信噪比特别高，信息的传输效率也最高，这时人对事物观察得最细致，理解得最深刻，记忆得最牢固。所以在教学中，教师应在学生上课后情绪尚未稳定、注意力尚未集中之前，运用适当的手段或方法使学生的注意力尽快集中到对体育的学习上来。

（2）激发学生的体育学习兴趣。学习兴趣是一个人力求认识世界，渴望获得文化科学知识的积极意向活动，只有对所学的知识产生兴趣，才会产生学习的积极性和坚定性。所以，要想巩固维持学生对学习的注意力，就必须使他们对所学的知识产生浓厚的兴趣。引课能使学生在上课的一开始就处于最佳的思维状态，带着对问题的浓厚兴趣进入新课的学习。

① 朱晓春．小学体育课程与教学论［M］．长春：东北师范大学出版社，2014：118.

（3）承上启下，使学生有准备、有目的的进入新课的学习。好的新课引入应该起到复习旧知识，引入新知识，在新旧知识之间架起桥梁的作用，从而为学生学习新知识铺平道路，明确目标，奠定基础。

（4）为新课的展开创设学习情境。良好的新课引入可以起到创设生动活泼的学习情境的作用，使学生的情绪愉快地进入学习过程，为新课的展开创设良好的条件。

2. 引入新课的具体原则

第一，思想上应该给予高度重视，只有思想上重视了，新课引入才能够更好地开展。如果教师思想上认为新课引入、不引入都可以或者认为新课的引入完全没有必要，那么就不会对新课引入产生兴趣，也不会认真地思考如何设计新课，如何真正将新课引入到学生学习中，但是，相反，如果思想上非常重视新课的引入，认为新课的引入可以提升教学质量、教学效果，那么便会重视新课的引入、新课的设计，认真选择新课的资料。

第二，应该充分准备备课过程。新课的引入需要提前做好充分的准备，需要对教材当中的内容进行深入挖掘，掌握教学的重点内容、难点内容，然后配合使用其他的资料，资料的选择应该结合学生的需求，与此同时，考虑学生的心理特点，明确最终资料使用的引入形式。

第三，平时注意资料的积累。要想做好每一节课中的资料引入，就要积累大量的资料，资料的积累并不是一朝一夕的，而是需要平时的努力，如关注体育杂志、关注各类体育书籍，摘抄知识，与此同时，教师也应该注意提高自己的表达能力，新课的成功引入需要教师的表达能力提供支持，只有教师演讲得好、板书书写得好以及其他的技能水平高，资料的引入才能是有效的，学生才能在活动中更有兴趣、更加积极，课堂气氛才能被调动起来。

（二）引入新课的教学情境创设

新课引入需要创设特定的教学情景。教学情景创设顺应了体育教学改革的发展方向，通过创设具有鲜明主题的情境氛围，激发学生的学习动机和求知欲望，使学生的学习动机与教师的主导作用产生共鸣、形成共振，从而有效地实现教学目标。教学情景在新课引入中有着广泛应用，贯彻整个教学过程。

1. 教学情景创设目的与意义

教学情景创设是指根据教学的内容和目标，运用多种手段创设问题情景，并通过启发讲授，充分激发学生的学习兴趣，使学生在高昂的求知欲中获取知识，增进技能的一种方法，有利于开发人脑的潜力，充分调动学生的积极性，最大限度地提高学习效率，并能创设一种有益氛围，使学习过程变得轻松活泼。

情景创设的过程一般是：引入新课—创设情景—启发讲授—学生练习、教师指导—归纳总结。由此可见，这种教学方法的关键是创设情景，重点是启发讲授。

2. 教学情景创设的设计原则

体育情境教学中融合了德育教学、智育教学和体育教学，这样的教学方法符合当下的教学改革需要，它关注学生的全面成长，它为学生提供了更为丰富的情境，学生在这样的情境下有更高的学习兴趣，学生会以更加积极主动的方式和教师进行互动，这有利于教学目标的更好实现。

（1）激“情”性原则。情景教学需要教师为学生的学习创设学习情境，教师可以借助于语言、生动的肢体以及音乐视频的方式激发学生的学习动机，让学生产生求知欲望，在学生渴求知识的过程中，教师可以积极地与他们进行交流和沟通，这样就可以形成教学的多边共振，而避免而教师的单方面输出，而且这样的互动可以更好地完成教学目标，可以满足学生提出的学习需求。情境教学在激发学生情感的时候是通过语言、情境以及目标的共同作用来实现教师和学生之间的共鸣共振的。

（2）创新性原则。教学情景创设就是创意设境。教师在教学中把教材练习游戏化、情境化、虚拟化。教师在教学设计中充分发挥自己的创造性思维，对传统教学框架进行一定的突破、创新，使综合性知识和思想品德教育与体育教材内容有机结合，在教学中做到因材施教、因时制宜、因地制宜。创新性是人的一种心理特征，在教学中要善于发现学生的创新萌芽，发挥学生的想象力、创造力来设计方案或提出创新性的建议，发挥师生双方的创造性思维。处处体现出一种崭新的师生关系与独到的教学方式，赋予体育教材内容更深、更新的教育寓意与练习情趣，才能使学生走进一种高层次的体育课学习兴趣中。

（3）综合性原则。教师应该考虑小学生的身体发展特点、心理发展特点，在此基础上，从教学目标的角度出发进行情境教学的设计，将学生需要掌握的体育知识、体育技能融合在情境当中。首先，这里提到的教学目标是整体的、综合的，教学目标涉及到德育、体育、智育以及美育等等方面的要求；其次，应使用更多元化的教学方式，让学生感受更热烈的学习氛围，体育教学应该使用更加多样的教学场地、教学器材，充分发挥各项体育器材的作用。

（4）虚拟性原则。教学情景创设把课堂教学内容融入要虚构的某个事件中（包括时间、地点、人物、情节），通过这种虚构的情境使学生宛如置身于真实的事件中，激发学生参与的积极性。

二、小学体育的课堂教学体系——展开新课

（一）讲解与提问

体育教学过程中教师需要利用好语言，教学语言也是引入新课时可以依托的重要手段，学生需要通过语言的方式讲出自己的疑惑，教师也需要通过语言的方式向学生传递新的知识和体育技能，所以，对于一节课的教学成果来说，教师的语言讲解技能水平有至关重要的影响，如果教师可以使用正确的语言表达，那么学生的思维和智慧就可以得到更好的启迪，对内容的理解也将更加深入，技能的掌握也将更加顺利，而且学生更容易养成自主解决问题的能力。除此之外，教师还可以借助于语言激发课堂活力，维持良好的师生交流。

在新课体育教学过程中，常用的方法有讲解与问答。

1. 讲解

讲解是教师运用语言向学生系统地传授体育知识、运动技能的方法。讲解分为直陈式、分段式、概要式、侧重式、对比式、比喻式讲解等。体育实践课“讲解”的特征是以学生身体练习为载体，是体育学科的特征。因此，在体育实践课教学中，“讲解”是伴随着学生身体练习的进程而展开的。它的主要目的是帮助提高身体练习的质量，这种讲解的逻辑性、系统性不强，且不是教学的主干。它与文化课讲解存在着较大的差异，它的主要功能体现在“帮助”“激励”“指导纠正”等多方面。这种讲解除“教学目标”“教学内容”“动作要领”等常规、可预见性讲解内容外，更多的是根据学生动态

的需要而不可预见的讲解——即兴讲解。因此要求讲解语言精练，甚至精炼到一个字，讲解的时机要准确，要追求讲解的及时效应。适时讲解、适当讲解、适度讲解是体育课讲解的基本特征，正确运用讲解技能，能产生画龙点睛、事半功倍的效果。

2. 提问

提问指的是在体育教学过程当中使用的一种以口头方式进行教学的方法，提问可以更好地激发学生的思考，让学生发挥自己的聪明才智，在提问的过程中，学生的思维能力、语言表达能力都可以得到较好的培养，学生也可以将注意力高度集中起来。从教师的角度进行分析，教师可以更好地掌握学生对体育技能的掌握情况，对体育知识的理解情况，可以借助于题目对接下来的教学进行合理的调整。

第一，传授新知式问答。这种问答方式当中，教师结合学生之前学习的知识提出新的问题，学生需要结合自己之前学习的知识回答教师提出的问题。

第二，巩固复习式问答。在这种问答方式中，教师需要通过提问的方式检查学生对之前问题的理解程度，帮助学生巩固之前学习过的体育知识。

第三，总结归纳式问答。在这种问答方式中教师需要对之前的一部分学习内容进行总结，然后将提问问题的权利交给学生，让学生针对学过的知识提出问题，教师给予解答。

（二）反馈与调控

1. 反馈与调控的重要作用

控制论中提出了反馈这一概念，具体来讲，它指的是在执行某一个指令的时候，指令又为接下来的活动提供了一个全新的返回信号，操作中心可以利用这一信号指导接下来的指令实施。控制论指出操作的执行需要借助与反馈才能执行的更为精准，也只有借助于反馈才能控制实施过程，保证最终目的的实现。体育教学也是一样的，在课堂中，教师除了按照计划向学生传授知识之外，也要从学生对知识的理解吸收中获得反馈信息，调整接下来的信息传输过程，保证学生可以有效地接收知识信息。

2. 反馈的主要类型与调控

教学反馈的形式和内容是多种多样的，学生在体育教学课上的表情、眼神、动作、生理反应等都可以是信息反馈的形式。测验、考察等又是教学中另外重要的信息反馈形式。教师要善于抓住各种各样表现形式不同的信息反馈，来优化教学过程，提高教学质量，获得良好的教学效益。

在体育教学中，根据不同的分类标准，可以将反馈分成很多类型，具体如下：

（1）根据反馈的性质可以分为正反馈和负反馈。如果反馈信息的作用与控制信息的作用相反，则这种反馈称为负反馈，反之为正反馈。

（2）反馈时间可分为预先反馈、及时反馈、延后反馈。在体育教学中，当一节课开始时，学生对自身的基本情况、学习状态的汇报叫预先反馈，教师可以根据这些信息对教学计划做出适当的修改。即时性反馈是指通过当堂的提问、讨论、演示、练习、小结等形式及时进行反馈，纠正学生的错误，鼓励学生的成功。延后反馈是相对于前两种反馈而言，主要是指课后学生通过作业、思想汇报、小结体会等形式反馈给教师的信息，有利于教师了解学生的情况、教学效果，从而改进下次教学的方法，组织等。

（3）从信息来源的角度进行分析反馈有两种形式，一个是教师反馈，另一个是学生反馈。教师反馈一般情况下指的是教师通过示范正确的动作、讲述正确的体育知识来指出学生动作或知识中的错误之处，教师可以根据学生的学习状况针对性地为学生提供信息，这样的方式加快了信息的反馈频率，能够有效提升学生的体育技能水平。举例来说，练习双手支撑倒立的过程中，教师可以根据学生的动作情况用语言的方式提醒学生动作的不足之处，让学生改善，这提升了学生对于动作的掌握速度，如果学生动作技能训练的相对完美，那么教师可以通过语言或者动作的方式认可学生的行为，激励学生，让学生获得更强劲的学习动力。

学生反馈指的是学生应该针对教师所讲授的内容动作给予理解或者不理解的反馈，或者针对教师提出的问题进行回答，也就是说，学生应该针对教师传授出来的知识给予理解或不理解、接受或不接受的信息反馈。

（三）演示与板书

1. 演示

演示是教师在体育教学中通过直观教具和模型的展示，即利用挂图、人体模型、战术板、图片等道具，另外也可运用电影、幻灯、投影、电视、录像、电脑等电化教学手段，显示练习动作的结构、过程、关键和时空特征，帮助学生获得感性认识的教学方法。

（1）直观演示。直观教具和模型往往是静态的，它能更长时间、更清楚地显示各个阶段的动作结构和整个过程。通过人体模型的演示，能帮助学生了解动作的技术要领；采用战术板来演示各种战术配合，有利于战术教学。

（2）动作演示。动作演示是教师或教师指定的学生以自身完成的动作为范例，用以指导学生进行学习的方法。轻快、优美的动作示范，不仅可以让学生建立正确的动作表象，了解所学动作的形象、结构、要领和方法，还能激发小学生的学习兴趣，增强学生学习的自信心。

2. 板书

板书是体育室内新课教学的重要组成部分，是传递教学信息的有效手段，是教师口头语言的书面表达形式。要上好一堂体育与保健理论课，板书设计是一个不可忽视的环节，好的板书不仅能够简明扼要地反映教学的内容和程序，引导学生理解和掌握知识，而且能激发学生的兴趣，启迪学生的思维，起到画龙点睛的作用。

（1）板书的形式。板书的形式多种多样，归纳起来大致有以下方面：

1）提纲式，这是一种提纲挈领展现讲授内容的形式，这种形式纲目清楚、排列有序，便于学生记录和复习巩固。

2）层次式，这是一种伴随讲授过程、有秩序的板书形式，这种形式层次分明，结构严谨，可以给学生留下完整的印象。

3）语词式，这是一种在讲授过程中，逐步写出重点句子和语词的形式，这种形式要求教师精选关键的句子和语词，以引起学生的注意，开拓学生的思路，增强对教学内容的理解。

4）对照式，这是一种运用纵向和横向比较来说明问题的形式，通过比较可以使学生了解事物之间的异同及其内在联系，加深对事物的认识。

5）贯穿式，这是一种线条贯穿教学重点的方式，这种方式一线贯通，直观形象，可以引起学生的注意和思索。

6）综合式，这是一种综合运用以上几种板书的形式，教师如能根据教学内容和教学对象的实际情况加以灵活运用，可以收到较好的效果。

（2）板书的设计。教师在设计板书时还应该注意以下方面：

1）注意目的性，板书要体现教学意图，落实教学要求，突出教学重点、难点。

2）注意精炼，板书要加工提炼，字斟句酌，使之简洁概括，言简意赅。

3）注意有序性，板书要随着讲述一次出现，讲写结合、边讲边写、配合默契，并注意位置排列，布局合理。

4）注意规范，板书字迹要清楚工整、美观大方，不要写草字，更不能出现错别字。

三、小学体育的课堂教学体系——巩固新课

（一）结课技能

1. 体育结课的重要作用

体育结课技能是教师在一个教学内容结束或一节课的教学目标终了时，教师有目的、有计划地通过归纳总结、重复强调、实践等活动。结课技能不仅应用于一节课的结束，一项技术的学习结束，也经常应用于相对独立的单元教学阶段的结尾。教师利用一节课最后几分钟对整堂课内容进行收尾处理，也包括教学过程中对不同教学内容承上启下的处理方式。结束时间通常在5分钟以内，虽然短暂，但却十分重要，它不仅对教学内容起着概括、提炼、升华的作用，而且具有促进学生对教学内容深入理解，培养学生思维能力，激发求知和学习兴趣的作用。

（1）完善认知结构。结束教学内容时，教师引导学生动脑、动手、动口，用简明的语言或文字、图表等形式概括新知识的结构和主线，强调学习重点、明确关键部分、揭示体育技术、知识的内在联系或逻辑关系，引导学生对所学体育技术、知识做简要的回顾与整理，弄清技术的关键，帮助学生加深理解、认识本质、掌握规律，完成一堂课的体育学习目标。

（2）突出学习重点。体育课堂教学中，学生容易产生练习疲劳，注意力涣散，在一段教学内容或者一堂课在临近结尾时，教师通过巧妙的结尾，可以激活学生的情绪状态，吸引学生注意力，使所有的学生都把注意力集中到一堂课最重要的教学内容上来，弥补中间学习过程的不足之处。

（3）消除学习疑点。在体育课的结尾，适时地对容易混淆的动作概念进行对比，帮助学生搞清楚不同动作概念的区别与联系，加深所学概念的理

解。充分暴露学生的学习疑点和学习困难，及时小结归类，对疑难问题做到节节清，减轻学生体育学习的负担。

2. 体育结课的具体方法

体育结课方法运用是否合理、科学，不仅是衡量教师教学艺术水平高低的重要尺度，更是提高体育课教学效果的有效途径。为此，体育教师应依据教学内容、教学目标和学生对知识、技能的掌握情况，精心组织并选用不同的结课方法。

（1）回顾纲要法。在讲课结束前，教师把当堂所讲的知识、技术动作、技能等，作以简要回顾，把重点、难点和要点等纲要性的知识拿出来突出强调，帮助学生把所学知识与技能进一步系统化。这种方法多用于新授的课目。

（2）归纳概括法。归纳概括方法侧重于帮助并引导学生用准确精练的语言或简单明了的图表等方法，对课堂教学的内容进行归纳、概括，突出重点，消化难点，以加深学生对知识和技能的理解与运用，起到突出主题的作用。采用这种方法可以是当堂课，也可以是有联系的几堂课。

（3）比较分析法。体育教师采用提问、列表等方法，帮助并引导学生将新学的体育知识和技能与原有的体育知识与技能进行比较分析。让学生明确它们之间的内在联系或相同点，进而找出其不同特点，使学生对课堂教学内容有一个更准确的把握与运用。这种方法多用于小结课或复习课。

（4）巧设悬念法。教师可以在一堂课程即将要结束的时候设置悬念，悬念的设置需要结合本节课的内容，设置悬念之后学生会形成一种想要知道结果、知道答案的探究欲望，在这种欲望的指引下，学生可能会在课堂后主动去查找资料，主动去探索和分析，这对于学生接下来的知识掌握技能学习都是有帮助作用的，而且在本节课设置悬念可以更好地开启下节课堂，构建不同课堂之间的沟通桥梁。

（5）首尾呼应法。在课堂教学结束时，呼应开头提出的问题，给学生一个清晰、明确的答案，使学生全面、准确地把握教学内容。

（6）以疑激趣法。在体育教学过程中，有时需要学生掌握一些机械动作或抽象动作，教师可以在课堂中为学生设置一些可疑之处，引起学生的注意，激发学生的思考，让学生有动力持续深入地进行探索，这样的方法可以更好地培养学生对问题的处理能力、思考能力。

（7）引导观摩法。在体育课堂教学中，有些教材尤其是球类的技战术配合与应用，光靠课堂讲授、示范与练习是不够的。教师在结课时，应引导、提示学生在课后积极观摩有关体育活动或体育比赛，并通过不断观摩与学习，培养学生的体育兴趣与体育锻炼意识，以及主动学习的能力。

（8）评价激励法。在课程结束的时候，教师需要对这节课的内容进行重点总结，概括学生应该掌握的重点内容，除此之外，还应该对这些课程当中学生的表现情况进行评价总结，让学生了解到自己在这节课中的练习效果，教师的行评论总结的时候应该使用积极的话语，更多的肯定学生的努力以及学生的积极性，关注学生取得进步的方面，与此同时该批评的地方也要进行批评，这样才能让学生更认真地对待接下来的学习。

（9）整理活动法。体育动作练习过程中可能会导致身体出现一定的疲劳，在一节课程结束之后应该紧接着进行一些适合结束运动的整理活动，如慢跑、深呼吸、小游戏等，这些活动可以让身心恢复到正常生活和学习的状态。

（二）练习课的教学

体育练习课的教学目标主要是在教师的组织和指导下进行分解练习和完整练习，发展学生的体能。体育练习课的特点是学习内容比较简单，学生常处于动态的锻炼过程中，其练习的密度高，学生承受的运动负荷较大，对学生的意志品质有较高的要求。在发展学生的体能方面富有成效，并有利于磨炼学生吃苦耐劳的坚毅品质。练习课的练习密度是衡量教学质量的一个重要方面，合理地安排体育课的练习密度十分重要。

1. 体育练习课教学的重要性

运动的乐趣在于练习的过程，练习可使不擅长的运动项目变成擅长的项目。但是，仅仅做一些简单的练习是不能提高运动技能的，应该考虑各项目运动技能的特点，加强练习。

（1）反复练习。参加体育锻炼在短时间内虽然会有助于运动技能的提高，但是如果不加以巩固，所获得的学练效果会逐渐消退，影响运动技能的形成和提高。因此，学练运动技能的基本手段就是反复练习，从而促进运动技能的形成和发展。

（2）完整练习与分解练习。运动技能简单易学时，可以采用完整练习，例如，跳绳、前滚翻，这有助于完整地掌握动作。运动技能复杂难学时，可以针对关键技术环节进行分解练习，例如，跳高的助跑起跳环节，同时结合完整练习来提高完整动作的运动技能水平。

（3）持续练习与间歇练习。持续练习就是练习之间几乎不休息的连续练习的方法，而间歇练习则是采取适度的休息再进行练习的方法。采用持续练习对掌握完整运动技能，或者在运动技能初级阶段比较有效。间歇练习有助于提高大强度条件下发挥全力的运动技能，但必须学会根据自身情况，掌握合理休息的时间和方法。

（4）想象练习。所谓想象练习就是不进行真正的实践练习，而是把想要掌握的技能或运动场面等在头脑中反复地呈现的练习方法。通过这种训练可以稳定和改善技能，并能防止技能下降，保证比赛时发挥出较高的水平。每次练习或比赛之前，在轻松的状态下进行短时间的想象练习即可。

2. 体育练习课的教学策略

（1）组织机构应该做到严谨。课堂中一共有 45 分钟，作为教师应该合理安排各个教学环节，科学合理地设置不同环节的时间，保证学生有充足的练习时间。所以，教师需要先了解教材内容，然将学生分成不同的小组或者队伍，在此基础上设计练习内容，不同的练习内容应该联系学生生活实际，与此同时，应该注意课程内容的衔接，保证一节课堂当中所有的课程内容可以有序地推进。

（2）注意精讲多练。精讲指的是将教学重点突出出来，按照知识的层次使用精炼的语言，将知识传递给学生，与此同时为学生留出更多的时间，让学生进行动作练习。教师在指导学生进行动作练习时，需要结合学生对动作的理解能力、接受能力，并且尽可能地使用形象的语言进行讲解。

（3）使用启发式教学方式。启发式的教学方法可以激发学生的主动性、积极性，在教师的启发下，学生对问题的理解更加深入，可以找到更多解决问题的方法，如果教师可以熟练运用其他的方式进行教学，那么学生可以以最快的速度明确要学习的内容和要掌握的动作要领，教师可以借助于教学工具、录音、录像模型等方式进行启发式教学。

（4）多采用连续教法。教师边示范，学生边练习，教师边提示，学生边纠正。这种方法既能提高学生注意力，又能训练反应。特别在准备活动进行徒手操练时，因动作一般比较简单易行，更显得实用。教师进行领做，学生跟练，不必进行示范讲解而后再做（个别复杂动作例外），既能节省时间，又能增加课堂的练习密度。

（5）合理运用循环练习。循环练习能解决器材不足、人数多的矛盾，加大了运动量和练习密度；动作多样，能激发学生兴趣，调动锻炼的练习积极性，并能调剂学生的生理负担，促使身体全面发展。

总而言之，练习密度并不是越大越好，而是要适宜。所谓适宜，就是要有利于全面完成体育课的教学。练习密度过小，学生在课上看的时间多，练的时间少，不利于增强学生的体质和掌握运动技能；练习密度过大，练习占用的时间过多，又会影响教学目标的完成，再者，小学生正处在生长发育时期，练习密度过大，缺乏必要的休息和恢复，就会造成学生身心过于紧张，对健康不利。

四、小学体育的课堂教学体系——教学反思

教学反思是教师以自己的职业活动为思考对象，对自己在职业中所做出的行为以及由此所产生的结果进行审视和分析的过程，是教师专业发展和自我成长的核心因素。体育教学历来重视反思，这种优良传统我们应发扬光大。新课程很强调理性思考，理性思考的一个方面来自于反思，也是我们在教学过程中对认识规律的尊重，特别是在人本教育思想的影响下，教学反思是我们教育教学成功的关键因素之一。因此，在教育教学中，对整个教学过程进行回顾、分析和审视，我们才能形成自我反思的意识和自我监控的能力，正确地总结教学的成败得失，减小失误，不断丰富自我，提升自我发展能力，逐步完善教学艺术，促进课改的发展。按教学的进程，我们可以把它分为“课前—课中—课后”三阶段的反思。

（一）教学反思的重要意义

教师对自己的教学过程、教学经验、教学观念进行反思的时候更容易激发教师对教学的创新，也就是说，通过适当的反思，教学水平可以得到更好的提升，教师自身也可以获得更快的成长。

第一，在反思的过程中，教师的教学创造性、教学主动性可以得到较好

的激发，这有利于教师的专业成长、专业发展，学校要求教师在反思自身的教学过程时应该从更多的角度去审视教学过程，从多方面评价自身在教学过程当中的行为是否合适，这样的反思行为可以让教师站在主体地位上去思考，有助于激发教师的积极性，有助于让教师主动进行教学创新。教师可以将自己的教学行为记录在教学日记当中，并且对各种教学事件活动进行分析，主动从学生以及同事那里获取教学的反馈信息，通过不断地反思来助推自己在专业方面的发展与进步。

第二，教学反思可以提升教师对实践的判断能力、思考能力、分析能力，可以让教师积累更多的实践知识，有助于教师系统性的掌握体育教学理论。通常情况下，教师知识涉及三个类别，分别是本体性、条件性以及实践性三个方面的知识，在教学反思过程中，教师可以不断地将之前掌握的理论知识和实践教学经验内化，在不断的内化过程中，教师对体育教学知识、教学活动都会形成更为系统更为深刻的理解。换句话说，教学反思的开展可以让教师从实践的角度出发去理解教学理论，研究教学理论，不断地专注自身专业能力、专业素质的提升。

第三，进行教学反思是沟通教育教学理论与教育教学实践，迅速提高教师专业水平的有效方法。教育理论有一个基本假设，即“知而后行”。一个教师在还没有获得教育教学实践经验之前可以拥有教育知识，而且必须先拥有教育理论，才能进入教育教学情境，进行教育活动。因此，教师要进行教学实践，仅仅学习教育理论和学科知识是远远不够的，还必须积极将理论知识应用于教学实践中，力求“知”和“行”的协调一致。因此，倡导教师进行教学反思，就是希望教师能通过对自己的教学活动以及学生的表现做认真的观察、分析和反思，尽量做到“知”“行”“思”三者一体化，从而有效缩短理论与实践的差距。

（二）教学反思的具体方法

教学反思符合人的认识规律，是从感性认识到理性认识的过程，是对体育教学规律的探索与发现，它为体育教学工作提供了“再创造”的可能，是教学创新的基础，教师自我发展的过程。

1. 课前反思

课前反思使教学成为一种自觉的实践，是教学的前瞻性行为，避免经验主义。在过去的体育教学中，教师往往习惯于自己的经验和现成教案，甚至有部分教师的教案与实际教学不相符，所谓“教案归教案，教学归教学”，其随意性大得惊人，这种现象在有一定教学经历的教师中居多，这是值得我们很好地反思和关注的。

课前反思包括我们在课前围绕体育教学工作的一系列行为，包括教学目标、计划的制订、教材分析、学生情况的分析、考虑教学环境因素、教学对象等。教师备课时先要对过去的经验进行反思，教学经验往往被看成是教师成熟的标志，是一个好的教师必备的条件。但经验对人又有很大的束缚作用，它让我们只看到过去，对未来缺乏展望，我们不但要借助于经验，还应把眼光更多地放在未来的课堂上。一是审视自己的教案设计思想是否与新的课程理念相适应，教学目标、内容与学生现在的实际情况如何，分析和把握该课堂的一般与个别、普遍性与特殊性，这是我们反思的重点；二是现有的教学条件是否适应教学，在我国很多的小学体育场地器材资源严重不足，教学班级与人数众多，这就要求我们在这些资源分配上反思与协调；三是对于教学策略，在对现有的教学策略的反思过程中，要求对实际课堂教学的适应性更大，因为体育教师的授课班多，相同年级的不同班有着不同的特点与差异，这就要求我们应有不同的应对方案；四是教学主体丰富多彩的个性差异，这是我们反思的重点和难点。

2. 课中反思

在过去的教学过程中，没有过多地关注课中反思，当时比较强调的是教师的随机应变能力。但是，通过体育课程改革，人们逐渐关注到了课中反思的重要作用，他们发现在提高教学质量方面，课中反思比随机应变更具价值。对教学过程当中的行为展开深度反思可以让教师主动思考自身在教学中使用的教学方法，可以让教师对自己的教学行为进行实时的监控，这有助于教师更快地发现问题，及时的调整教学方法、教学策略，对教学过程中进行反思也可以不断地强化理论和实践之间的结合运用。实践过程中可能会出现很多突发事件，如果可以充分的利用这些事件，那么教学效果会有明显的提升，在不断地反思课堂教学过程中的行为变化时，教师的随机应变能力也会随之提升。

3. 课后反思

课后反思有助于将教学经验转变成教学理论，体育教学一直非常注重课后小结，课后小结属于课后反思的一种，但是相比于课后反思，它的局限更多，分析二者之间的关系可以发现，课后反思完全包含了课后小结，课后小结仅仅是对总结课程进行一定的回顾和总结。但是，课后反思需要教师从课程开始之前就进行回顾总结，一直到课程结束之后为止。也就是说，它是对课堂全过程进行总体的认知。首先，教师要分析教学计划、课程设计，总结课堂开展过程中有哪些优秀之处、不足之处以及这些优缺点产生的影响；其次，教师要分析自身的教学态度、教学行为是否符合教学要求，是否符合学生当下的心理发展需要；最后，要对之前进行的课前反思、课中反思进行总结和反思，这能够在一定程度上提高教师对教学的认识程度。分析课后反思活动的本质，它其实是对教学的再认知过程，通过这一过程可以达到教学认知的最高水平，也就是可以实现教学经验向教学理论的转化，通过课后反思，教育教学工作可以得到更好的反馈和指导，可以不断地丰富教学理论。

第三节　小学体育教学内容与策略构建

一、小学体育教学内容

（一）运动参与教学内容

运动参与教学内容主要包括体育意识教育、体育个性教育和体育道德教育三个方面。

第一，体育意识教育。体育意识是指体育运动的现象、本质和规律在人们头脑中的反映，是人们关于体育运动的认知、情感、意志、价值观念和理想等统一的心理活动和认识系统。体育意识有着明显的导向性，它主导着人们的体育行为，影响人们参加体育活动的自觉性和积极性。

第二，体育个性教育。个性是人在社会生活中逐渐形成的比较稳定的、本质的、独特的心理倾向和心理特征的总和。它既是人的一种重要的素质，也是形成其他各种素质的心理基础。尊重与发展学生的个性是学校教育的职责，更是素质教育的关键所在和根本要求。体育教学中对培养学生的个性有着得天独厚的条件，如选择一些需要克服一定困难、有一定挑战性的活动内容可以使学生克服自己个性中胆怯、畏惧、怕苦怕累的不良品质，培养学生克服困难、积极进取的精神，从而使自己的个性品质得以提高。

第三，体育道德教育。体育道德教育是指为了使学生能遵守其道德行为准则，自觉履行对社会整体和他人应尽的体育义务而进行的有组织、有计划地施加系统影响的教育过程。道德教育是体育教学的一个重要组成部分，是我们每位体育教师所肩负的重要责任。对学生进行道德教育，教师要以身言教，让学生感受到一种无形的德育教育。同时要注意挖掘教材的内在思想教育性，并根据情况及时进行道德教育。

（二）运动技能教学内容

运动知识技能教育内容主要包括运动基本知识教育和运动技能教育。

第一，运动基本知识教育。运动基本知识教育主要是向学生传授体育基本知识、运动保健知识、身体锻炼与评价知识以及运动项目知识，通过这些知识的传授，使学生明确体育锻炼的重要性，了解各个项目的体育文化传统，为进一步学习体育技能奠定良好的理论基础。

第二，运动技能教育。运动技能教育主要是向学生传授基本运动技能、身体锻炼技能以及娱乐运动技能。这些技能的传授是体育课的主要内容，同时也是实现其他学习领域目标的载体。运动技能学习可使学生学习和掌握多种运动技能，并在此基础上形成自己的兴趣和爱好，较好地掌握 1 ~ 2 项运动技能，为终身体育打下良好的基础。

（三）身体健康教学内容

身体健康教学内容包括运动技能生活化教育、身体锻炼教育、身体养护教育、身体维护教育等方面。

第一，运动技能生活化教育。运动技能生活化教育是借助身体练习这一手段，把一些运动技能变为生活中常用的健身的手段和方法，是强身健体的方式。教师在教中应将那些抽象、生硬、难以理解的运动技能分解后融于具体化、形象化、生活化、游戏化的情景中去，并结合教学对象的生理、心理特点，通过创设适宜的教学环境，充分调动学生学习体育运动的兴趣，从而达到掌握运动技能、锻炼身体的目的。

第二，身体锻炼教育。身体锻炼是通过运动形成强身健体“诱因”的过程。身体锻炼是指运用各种身体练习的方法，结合自然力和卫生措施，进行经常的全面身体锻炼。经常进行身体锻炼可以达到增强体质，培养锻炼习惯，调节精神和丰富课外生活，促进学生全面发展的目的。因此，在体育教学中要培养学生进行身体锻炼的习惯，使学生形成良好的体育锻炼意识，以便使自己能够拥有一个健康的体魄。

第三，身体养护的教育。身体养护是根据身体锻炼的需要，有计划地采取补充营养、科学饮食、合理休息和养成良好生活习惯等措施进行健身的过程。一个完整的体育教学过程，只有教学过程和身体锻炼过程是不完整的，它还需要一个恢复过程才能保证体育教学最大限度地达到增强体质、科学养身的目的。因此，体育教学中更要重视身体养护的教育，要教会学生根据运动中负荷的性质和量的大小，采取有针对性的恢复和养护措施，如桑拿浴、按摩、心理催眠、营养滋补等手段，从而达到尽快恢复体力和增强体质的目的。

第四，身体维护的教育。身体维护是在身体锻炼、身体养护的基础上，通过讲究卫生、服饰和心理调适等获得健身“结果”的过程。因此，在体育教学中要使学生明白身体维护的重要性。

二、小学体育教学的策略构建

（一）核心素养及其小学体育教学策略

1. 核心素养的认知

“核心素养”是在时代与科技变革、经济与社会发展及教育自身的发展驱动下产生的。现代社会给现代人提出了各种各样的素养，如语言素养、学习素养、信息素养、科学素养、人文素养、健康素养、实践素养等。素养是在天赋的基础上，持续生命历程的人性、能力、品质的发展，是可以不断生成并扩张的，以动态的网络化的方式存在的，那么各种素养则是素养体系的网络节点。核心，即中心，是事物之间关系的主要部分。

从字面来看，核心素养即众多素养中最中心、最基础、最关键的素养。

由此可见，核心素养则是素养网络中最关键的节点，联通了素养网络中的其他节点。关于核心素养主要有以下不同观点：第一，核心素养是人适应信息时代和知识社会的需要，用以解决复杂问题和适应不可以测情境的高级能力与人性能力；第二，核心素养是学生在接受相应学段的教育过程中，逐渐形成的适应个人终身发展和社会发展需要的必备品格与关键能力。由此可见，核心素养的定义揭示了“核心素养”这个概念提出的时代背景，并且特别强调了复杂问题和不可预测情境。

综上所述，关于核心素养我们必须认识到：首先，核心素养是在先天潜能天赋的基础上，受后天环境和教育的影响逐渐得以形成和发展；其次，核心素养既要适应个人终身发展的需求又要满足社会发展的需要，同时具有个人价值和社会价值，是众多素养中的关键素养，具有基础性、关键性、连通性等特征；最后，核心素养是必备品格与关键能力。品格，体现了人的基本素质，是个人生命的品质和价值，体现了个人整体的精神境界和高度；而关键能力是面向不同岗位、不同情境都能能动的、富有创造性的分析、判断、决策并行动的能力。

（1）核心素养的理论观点。

1）核心素养的知识论。一个人的核心素养有着很大的发展空间，其中，教育以及自身的努力是最主要的，也是最基本的发展途径。对于核心素养的培养，通常以学科内容知识为基础和载体的。是在对知识的学习过程中，加强培养学科核心素养的意识，促进对学科核心概念、规律、原理的理解，并形成态度与能力，从而达到对学科核心素养的理解与构建。任何教学活动，都是以一定的知识的传授与学习为基础的，这也是学校教学模式的基本形式。

随着教育理念的不断完善以及教育改革的逐步推进，我国学科知识教学内容也发生了相应的变化，其内涵也更加丰富与多样化。而以学科本位到以素养本位的转变，是当前素养教育的本质特征。尽管素养教育被提升到了一定的高度，但这并不代表对知识地位的忽略。相反，传授学科知识仍被作为教学的最基本形式。

以学科知识为基础的核心素养的培养要注意以下两点。首先，通过课程化的知识教学过程，将以认知价值为核心取向的知识学习与智力发展相统一；其次，注重学生学科思维能力的培养。与此同时，还需要加强学生对学科特征的理解。在此基础上，促进学生学科核心知识、核心观念、方法等多方面的建构与发展。

核心素养与学科知识相互促进，互为统一。核心素养的培养以学科知识为基础，主要是对学科知识中核心知识的学习。同时，进行学科观念、思维、态度培养。从教学的任务来看，教学的一般任务是引导学生能动地学习，掌握基本的知识与技能，同时具备灵活运用的能力，这也是其他任务得以完成的基础和前提。因此，核心素养的形成过程，是学科知识教育价值实现的过程。没有基础知识的掌握，就无法获得以知识为基础抽象出来的方法、态度以及能力，核心素养的培养也便成为无本之木，效果可想而知。

2）核心素养的认识论。知识建构理论成为核心素养培养的理论基础。生活在社会中的人，或多或少都会有一定的生活经验以及所学知识的积累，并自觉或不自觉地将其运用于新知识的学习及能力方法的获取。对于核心素养培养而言，核心素养形成的过程，可认为是意义建构的过程。其中，已有经验或观念是基础。教师的作用不是忽略学生已有经验或知识，对学生进行新知识的传授，而是应该充分考虑学生对已有知识的掌握，并基于此，找到新旧知识间的连接点，建构新的知识。

由此可见，建构主义学习观强调学生的学习过程，是建立在已有知识或经验的基础上，进而对外部知识意义理解的过程；是已有知识向新知识的转化，不断调节原有认知结构，使其为新知识所接纳的过程。而新知识的形成，对于原有知识结构的改进与发展，同样有着积极的促进作用。建构主义指导下的核实素养的培养，可从以下方面实现：

第一，以学科问题情境为教学活动方式。核心素养是知识与能力的统一，而以学科教学为基础的核心素养的培养，重在以学科问题情境为背景，引导学生形成在具体情境中解决具体问题的能力，而非依靠传统的教师传授。而这一观点，恰好符合建构主义者所秉持的情境性认知观点（强调学习、知识、智慧的情境性，认为知识是不可能脱离活动情境而抽象地存在的，学习应该与社会化的情境活动结合起来）。传统的学校教育奠定了知识传授的基础，而能力的获取，以及思维能力的提升，仅凭教师的传授，无法真正实现。通过参与性的实践所获取的某种能力、方法等，远大于从书本或演示中所获。思维能力的培养与提高，取决于学生解决具体问题时方法策略的选择、应用以及对行为过程、行为结果的反思。无论是知识的获取，亦或是知识的运用，既来源于实践，也离不开实践过程的体验，是在具体情境中的反复尝试、小组协作以及不断地思考。同样，掌握科学的学习方法，也与实践关系紧密，也是在具体情境中，面对所解决具体问题时不断反思的结果。建构主义主张“抛锚式教学”，即在教学过程中，教师应善于创造与现实相似的情境，引导学生对相应的问题情境进行探讨，培养学生对问题情境的建构，促进思维能力的发展。

第二，以探究式学习为教学活动方式。在我国当前的学校教育中，课堂教学是学生学习知识内容最主要，也是最基本的形式。课堂能够为学生提供系统学习学科知识的机会，使学生掌握系统的科学知识。但是与此同时，我国课堂教学也存在以教师讲授为主，忽略学生在学习中的主体性，忽略对学生探究性思维能力的培养这一主要问题。教学过程不应该以知识传授的多少为衡量标准，而更应该以学生对知识的理解、吸收，乃至掌握程度为主，这一教学目标的实现，离不开探究式教学过程。建构主义指出探究式学习过程是以问题为导向，通过发现问题和解决问题而建构知识的过程。由此可见，探究式学习的开展离不开问题情境的创建，而所创建的问题情境必须是与所学内容相关的、有意义的。

另外，创建有意义的问题情境，与教师的探究意识及能力有着直接的关系。需要教师强化探究学习的意识，合理设计探究过程。既要结合学生的实际状况，以及知识水平，又要与生活实际密切相关。同时将探究活动的难度控制在合理的范围内，即要避免问题超出学生的能力，而让学生望而生畏，挫伤学生学习的积极性，也要避免问题设置过于简单，达不到提升学生探究思维能力的效果。在这个过程中，教师要设置一系列的合理问题，并以问题链的形式将这些问题串起来，用于指导学生的探究，促进学生核心素养的构建。

综上所述，探究式学习的过程，离不开与他人的互动与沟通。因而，探究的过程是合作交流的过程；是一种对话式的实践过程；是参与探究活动的学生，针对探究的主题或是某一问题，与同伴、老师展开合理的对话，促进问题解决的思维过程。对话的过程同样需要教师运用教学的智慧，进行科学合理的引导。在学校教育教学过程中，教师需要在程序性学习的基础上，对探究式学习方式给予适时引导，通过探究性学习，培养学生的问题思维能力及解决问题能力，从而增强了学生的学科核心素养。

（2）核心素养的基本原则。

1）科学系统设计的原则。在素质教育不断推进的时代背景下，核心素养的培养成为当前人才培养的一个重要方向，指导着学校教育教学的改革。培育学科核心素养贯穿于学科教学的始终，是学科教学的关键。学科核心素养培养的内容与学科内容以及学科目标有着直接的关系，学科不同，其核心素养也不同。但是任何学科的核心素养的培养，其大的方向是一样的，即聚焦学科最核心的知识、方法、思维。

教学活动是一项系统的过程，从课程标准的制定到学科知识的教学都需要以学科特点为基础，同时兼顾学科知识，通过由浅入深、逐步深化的方式来编排。学科核心素养对于学科教学有着重要的指导意义。因而，从核心素养层面进行教学设计是现代教学设计发展的必然趋势，需要立足于核心素养，进行课程知识的分析、学科内容的理解。在核心素养理念意识的指导下，进行系统的教学内容的分析，将核心素养的培养渗透于教学，并强化其地位，使核心素养的培养在教学的各个环节都得到落实。

核心素养的培养，不是一蹴而就的效应。对核心素养的培养往往需要以学期或学年为单位来建构，甚至有的学科核心素养还需要跨阶段来实现。这就意味着核心素养的培养，离不开科学内容的系统设计，促使核心素养的培养有计划、有步骤的实施。首先，需要在核心素养理念的指导下分析学科课程，确定以核心素养的培养为基础的课程主题。进而围绕这一主题，分析课程章节主题，进行逐一教学，这是一条从宏观到微观进行学科核心素养培养的系统化设计路线。其次，有针对性地对核心素养所集中的课程内容进行全面分析与系统设计，包括知识内容的分析、教学目标的设定、教学过程的设计等，这些都要围绕核心素养的培养理念。

2）发展性原则。人的存在具有双重性，即存在和发展。其中，存在是基础，发展是生存的保障。核心素养的各素养之间是相互联系、相互补充、相互作用，共同发挥整体作用。所以核心素养的培养要注重影响其发展的因素。

贯彻核心素养的发展性原则要注意以下几点。首先，必须坚持科学性。在教育教学的过程中要遵循学生的心理特点，遵循学生身心的发展规律，坚持以人为本，立德树人。在研究的过程中要有科学的方法，重视理论与实践的关系，确保研究过程的严谨与科学性。其次，要注重与时俱进，要具有鲜明的时代性。核心素养的发展要与时代相适应，人才的培养要与社会的发展相适应，要具有先进的思想与方法，与时代相一致。同时，在整个研究过程中要注重中华民族传统美德，弘扬中华民族优秀的传统文化，实现核心素养的研究与中华民族的传统相统一。落实社会主义核心价值观，让学生承担起社会责任，达到全面发展人的目的。

培养核心素养的最终目的就是为了社会的发展，发展核心素养的过程中要遵循共性与个性相结合的原则。“核心素养并非学生发展诸多能力要素的简单相加，而是在学生发展过程以及未来社会中能够有效适应和处理各种变革及其困境的基础性素养”。在培育核心素养的整个过程中必须要把握核心素养的基础性特点，这样才能最有效地实现核心素养的整合，发挥其育人的基础性和社会性价值，实现社会培育理想公民的教育目标。发展学生的核心素养要以“培养全面发展的人”为核心。全面发展的人具有多样性、丰富性与和谐性等特点。每一个学生都具有的。由学生个体身心差异和个体社性差异所引发的个体性特征。所以，学生核心素养的培育是基础性与个性的结合。在培育过程中要同中求异、异中求同，实行多途径多样化的培养方式，以多样性之教学应对差异性之学生，达到全面发展人的目的。

3）实践性原则。核心素养是课程改革的方向，学生核心素养的培育过程是一个不断发展的过程，这个过程也是一个实践过程。因此，学生核心素养的发展过程是一个动态生成过程；是一个不断地在生活与社会实践过程；是在实践中提炼与生成的理念，最后再回到社会实践中去的过程。因此，实践是发展学生核心素养的最终归宿，是培养学生核心素养的起点和终点。学生核心素养的培养必须回归于学生的学习生活中，并在实践中得以沉淀。所以，培育核心素养的关键在于实践的过程，要关注学生的体验与生成，关注学生整体与个体之间的交互融合。只有归于实践中，才能更好的促进与融合学生健康成长的可能性与现实性。最终使学生得到自身潜能的最大发展。所以，发展学生核心素养的培养必须遵循实践性原则。

落实培养学生核心素养的实践性原则，首先要体现在课程内容方面与课程组织形式上的课程改革上。根据学生发展核心素养的规律与特点，要求课程组织形式和内容既要兼顾学科知识体系还要兼顾知识的综合性、实践性与整体性。其次，在实践性方面，要让学生学到知识的同时又让学生实现自主发展；在参与社会实践的过程中，既要有责任担要又要有责任担当。最后，要体现在教学方面的改革，具体表现在教学目标、教学方法、教学组织形式和教学评价等方面。在教学目标方面，要以立德树人为根本目标；教学方法与教学组织要关注学生的主体性，给学生提供和创造更多的情境和机会；在教学评价上，采用多样化的评价方式，运用多元主体和多元标准进行评价，切勿单一性。

4）课时积累的原则。核心素养的培养离不开学科的教学过程，它贯穿于教学活动的每一个环节及每一个阶段，是一个系统化的过程。而学校教育的每一个阶段又包含着一系列课程，课程的教学是通过特定课时的累积而完成的。因而，基于核心素养培养的特点，它的形成也应体现课时累积的原则。如果将核心素养的构建视为一座大厦，课时便是建成大厦的砖瓦。只有不断累积，在每一课时中都强化核心素养的培养才能看到成效，核心素养的体系才能被成功构建。

需要强调的是，课时核心素养的培养，必须以整体素养的构建为指导。这就如同建构高楼大厦，只有明确大厦的规划，并以此为依据，指导砖瓦的摆放，才能保证所建大厦不偏离规划要求。对于教学过程中的主次重点，需要以核心素养的培养出发，来把握课时。课时的教学不是独立的，是在一个主题对应的章节中相互联系，促进理解与深化的。基于核心素养的培养，需要注重以章节为单位的课时教学，并将其视为章节目标达成的主要途径，通过课时学习的有效积累，促进核心素养的构建。

2. 基于核心素养的小学体育教学策略

体育教学是学校体育教学活动的基本形式，是体育教学目标的实施途径之一。为了达到培养学生体育核心素养的目的，小学体育教学要不断创新，取得实效。

（1）选择合理的教学内容。对于小学体育教学内容的选择，要因地制宜，灵活运用国家、地方、校本三级课程管理的弹性空间，充分发挥广大教师开发校本教材的主观能动性，不断开发校本教材，加大选修教材的比重，使之更加适应本地区、本学校的实际需要。如对现有教材内容进行改造：

1）降低动作难度。如在攀爬类的体育活动中，适当减低障碍物的高度，以方便学生跨越；加大栏架高度，让学生更容易钻过。在支撑跳跃类的体操中，不强调第二腾空动作技术。

2）简化、修改比赛规则。如在篮球比赛中，降低规则要求，对不明显的走步、二次运球和犯规动作等不予以判罚，使比赛能顺畅地进行，这样做的目的是既提高了运动负荷，也增加了练习的趣味性。

3）改造场地、器材。如在篮球投篮练习时，把篮筐加以改造，使之能够上下升降，便于学生练习扣篮动作；在篮圈摘套外放一个直径更大的篮圈，以增加投篮的命中率，提高学生练习的积极性。

4）创新民间传统体育项目和体育游戏。如抖空竹、轮滑、玲球球、投掷沙包、花样跳绳、球类活动、毽球、民间传统武术等，都可以进行改造和创新。依据学生的身心发展特点，采用游戏法、竞赛法、情景教学法、合作学习法和探究等教学手段，激发学生的学习兴趣和热情，培养他们的自信心和克服困难的心理品质。

值得一提的是，体育教学内容的选择应区别于学生日常的体育活动方式，只有对生活中的体育资源加以筛选、理性改造和加工，赋予体育教学内容以新内涵，如规则意识的培养、优良品质的塑造等，才能实现对生活的再超越，生成体育课堂的亮点。

2）利用现有体育场地与设施。不管是城市学校还是农村学校，由于受地理位置或校园场地、面积的制约，导致无法在短期内改善体育场地和设施。特别是城区学校，尽管有较为充足的体育器材，但由于校园面积小、在校学生规模大，导致现有体育场地和设施在短期内无法满足体育教学的需要。对此，学校只能面对现实，充分利用现有的体育场地和器材开展体育教学，充分发挥体育教师的创造力和想象力，上好每一节体育课。如在足球传球教学中，教师可以把学生分为几个小组，充分利用学校的各个角落空地，让学生围成几个圈，互相练习传球，这样既锻炼了身体，还提高了学生的足球基本功能。当然，所有的这些练习都要在教师可控和视野范围内进行活动，以确保运动安全。此外，教师还可以利用废旧材料，制作一些简单实用的体育器材，用来优化体育课堂教学。如自制沙袋、铁环、陀螺等，既丰富了教学设施，又培养了学生的动手和创新能力。

3）提介正确的体育教学观。广大小学体育教师要不断与时俱进，加强业务学习，转变思想观念。在教学设计中，教学方法的采用要围绕教学目标来设计，以保证技能目标的实现，如增加练习次数，保证学生通过多练习来掌握所学动作技术；提高运动负荷要求，保证体能目标得以达成。这样才能让学生在有限的体育教学时间内，既学会动作技术，又保证体能的提高。

核心素养强调的是要培养全面发展的人，体育教学中所传授的技能，要达到学以致用的目的。因此，小学体育教师要转变思想观念，多参加一些职业培训，针对学生的实际情况选用合适的教学方法，因材施教，帮助学生掌握几门终身受用的体育运动项目，切实提高学生的体能水平。

（二）基于寓教于乐理念下的小学体育教学策略

第一，运用激励性语言，激发学生的学习欲望。小学生比较关注教师对自己的评价，也有比较强的好胜心，喜欢和同学进行比较。教师在进行体育教学时，可以适当地使用一些鼓励性的话语来激发学生的学习热情。学生得到教师的鼓励和表扬之后，往往都会比较开心，而且也会喜欢上这门学科。需要注意的是，教师在进行评价鼓励的时候，一定要秉持公平、公开、公正的态度，不可对某些学生偏心。教师对学生公正、准确的评价和及时的鼓励，能够有效地帮助学生树立起信心，帮助学生喜欢上体育运动。

第二，设计游戏环节，鼓励学生积极参与。教师在授课的过程中，要主动地了解学生的学习情况，将学生的这些学习情况和体育知识联系起来，制订富有趣味性的游戏教学活动。小学阶段是学生个性发展的关键期，小学体育教师可以针对学生的身心发展规律和特点，设计新颖的教学活动，使学生乐于参与，给学生提供一个创新的空间以及个性发展的机会，达到寓教于乐的目的。学生通过手脑并用去完成游戏，可以达到体育教学的目的。

第三，设置教学情境，提高体育运动趣味性。体育活动的形式非常多，教师结合实际情况开展教学活动，能够有效提高体育课堂的教学效果，学生在增强体质和学习体育知识的同时，在智力思维上也能有所进步。因此，在实际的教学过程中，教师可以设置符合小学生特点的教学情境。同时，教师要注意将体育教学和现实生活联系起来，给学生创造良好的体验，让学生感受体育运动的快乐，培养学生勇敢、机智等良好的品质。

第四，采用直观教学，丰富学生的体验。在小学体育课堂上，教师一般会采取综合的教学手段来帮助学生感受体育活动的乐趣。不过，要进行有效的体育教学，过于复杂和多样的活动反而不利于学生的学习，学生会处于一个非常混乱的学习状态。因此，教师在教学过程中要注意给学生传授体育知识和技能，示范给学生看，让学生能够直观地观察和模仿，从而丰富学生的体验，帮助学生有效地掌握运动方法。

第五章　小学体育教学的多元创新模式

第一节　移动学习理论下的小学体育教学

“随着新媒体技术的发展，促进智能化课程的建设，新媒体环境也成为了教学的主流环境”①。在移动学习理论下的小学体育教学中，开展相关的体育教学能够有效地吸引学生们的注意力及学习兴趣，并改善传统体育课堂的氛围。

一、移动学习与小学体育教学资源

随着现代科学技术不断进步，网络技术也获得了长足发展，智能产品的通信技术不再受时间和地点的限制，加大了传播的快捷度与便捷性。正是这样的便捷性，为信息传播提供了更多、更大、更好的平台，这一传播方式也受到当代学生的喜爱。在教育领域，移动学习已经成为了当代比较普遍的一种学习模式，这也将有利于开展关于移动学习环境资源的研究。

（一）移动学习

移动学习是一种新型事物，由于专家学者在对移动学习的认识和定位上有着不同见解，所以目前关于移动学习还没有一个统一的、官方的、明确的定义。

1. 移动学习的理论依据

移动学习涵盖非正式的学习理念、混合理念和情景认知等学习理论。这些理论基础作为文化支持推动着移动学习的发展，而移动学习作为实践发

---

① 施利娟. 移动学习环境下小学体育教学“e”课型研究［J］. 武术研究，2020，5(10)：141.

展，也进一步推动了技术升华和文化储备。

（1）非正式学习理念。非正式学习理念是一种可以在正式场合之外的时间进行，由非官方教学机构和社会活动进行传递的学习理念。通常，这一过程是自发的，是学习者自行组织，并由学习者进行后期安排和调控的。移动学习开展的同时，学生可以借助移动设备，摆脱客观条件限制，创造更多元的学习环境，获得更有效的沟通方式，推动非正式学习的发展，丰富学习内容。

（2）情景认知学习理念。所谓情景认知理论，是根据实际情况模拟一种真实的学习环境，排除一些环境中知识被限制的情况。知识可以适用于每一个场景，是情景认知学习理论的标志。不同的情景能够反映出不同的知识内涵和意义价值。学习的本质意义在于对学习者的认知和情景交互，是对于知识框架的二次打造，只有在实际场景中运用知识，才能真正对知识进行了解。在不同的环境中，知识所蕴含的内容是不同的，情景认知学习理论是移动学习的重要基础。

（3）混合学习理论。混合学习理论是将传统的学习模式和现代化的数字教学模式进行有机结合，这样的学习理论不仅对学习者有影响，对教师也有很大影响。传统的教学中，教师总是扮演着传授者的角色，开展填鸭式教学，并不能主导整个学习过程。混合学习模式可以增大师生之间的黏合性，提高学生的学习积极性和创造力，使学生和教师之间的合作关系更加密切，可以提高教育效果。

2. 移动学习的特征

（1）移动学习不受时间和空间的限制，学习方式比较灵活。移动设备具有较强的灵活性，且便于携带，不管在什么场合，都能开启学习。学习的时间也不受限制，学习者可以根据自己的时间和需求安排学习时间和学习内容。相较于传统的学习模式，移动式的学习模式打破了空间和时间的限制，随时随地都能学习，并且，学习者还可以根据自己的学习情况将需要的知识下载保存，便于学习者掌握知识的重难点，在这种学习模式下，学习活动不再局限于某一段时间或者范围内。

（2）移动学习的学习内容比较碎片化，具有较强的交互及时性。学习者可以在移动学习的环境下随时随地展开学习活动，只要学习者有学习知识的需求，就可以通过移动学习的方式与他人快速地建立连接，然后在移动终端进行交流和学习。在移动设备中学习到的知识大多是碎片化的，且内容精炼、短小。移动学习的过程中，学习者可以运用移动网络技术实现最高效的知识沟通和交流，进而促进资源共享的优化和信息同步，达到面对面交流的效果。此外，这种学习方式使师生之间的交流更加迅速、有效，让学习者的困惑和疑问能够及时得到解决，进而实现高效学习。

（3）学习工具便捷多样。目前，市场中的移动电子装置是移动学习的主要设备。当代信息技术不断发展，电子设备不断更新换代，从老式手机到智能手机，从台式电脑到手提电脑，侧面反映出了移动学习在当前时代背景下的普及度。

（4）移动学习具有情境性和混合性。学习者可以借助自身携带的设备，模拟真实环境开展学习，在相对真实的环境下，学习者可以获得较为真实的学习体验，获得更为丰富的知识理解，也是移动学习的一种特点表现。

移动学习不是一个独立的环节，而是可以结合其他学习方式，通过有机融合，实现混合性学习。学习不只是一种被动的知识传出，更是一种知识的接受和理解，重点在于将知识内化于心，借助真实模拟的情景，加深对知识的理解，依托原有的知识，搭建一个新的理论知识框架。只有这样，知识才能真正地被吸收，知识才具备被运用的可能性，学习者也才能够更好地领会知识的内涵。

移动学习是数字化学习和计算机结合的一种学习方式，摆脱了时空限制，学习者可以随时随地获得学习资源。因其具备强大的知识库和搜索能力，有很强的交互性，也逐渐成为了现代学习的一种有力支撑。

（二）体育教学资源

体育教学资源是指为了保证体育教学工作的顺利开展需要的教学素材，具体包括相关的教育政策、教材、影视图片、教具、教师资源等。从宏观的认知层面出发，体育教学资源服务于教学工作，教学相关人员所开发的一切与体育教育相关的教学资源都属于体育教学资源；从具体使用层面出发，体育教学资源还包括教学环境和教学材料。

达成体育目标的重要前提和保障是运用和开发体育课程教育资源，科学合理地探索、开发、设计、拓展体育教程资源以及有效运用体育教程资源既能挖掘学习者的潜能，帮助学生达到体育教育目标，又能帮助教师拓展视野和提高教学能力，进而促进体育行业的全面发展。

不管是教学组织还是个人，在设计教学的时候都应该遵循教学设计的原理，都应该将培养人的才能作为教学的最终目标。一般情况下，教学系统是融合程序和资源的，因此，在设计教学的过程中，应该坚持系统、宏观的原则，合理有序地开展学习。并且，还应该完整、系统地设计教学任务。教学的主体始终是学生，所以，教学设计应该围绕学生的学习需求来进行。

教学设计和设计科学的特性是相符的，因此，在设计教学时应该遵循设计科学，以科学理论为基础，设计能够满足人们学习需求的教学内容，帮助学习者解决学习过程中遇到的问题。总之，教学设计的过程就是合理规划教学进程和帮助学习者解决问题的过程。

教学设计应该以提高学习成果为目标进行宏观的全面设计，是帮助学习者达到学习目标的过程，教学设计的好坏将直接影响课程内容的质量。教学设计应该遵循一定流程：首先，结合各个系统的理论方法；其次，结合客观实际与教学要求进行研究、分析、观察；然后，结合观察结果确立教学设计环节；最后，对教学设计成果进行考核和评价，形成完整流程。在以上解释中，指出了一个共同点——体育教学设计必须以学习目的为基础，要在尊重学生学习目的的基础上，通过教学设计环节满足学习者的学习需求，提高学习效果，发挥教学设计的最大作用。

因为教学资源设计的重要性，设计教学资源系统时，需要针对系统的有效性进行设计。首先，全面考虑体育教学资源的影响因素，进行完整、严谨、有效地策划；其次，以学习者的需求为核心，不论是教学资源设计的初衷，还是环节的设计，必须紧密贴合学习者的学习诉求，结合体育教学资源与实际情况，充分考虑多方因素，设计出符合学习者实际需求的教学资源设计系统；最后，应该给体育教学资源系统设计专门的管理部分，对可能出现的问题进行及时、有效地管理。

总体而言，体育教育资源设计的初衷应满足学习者的学习需求，以便通过系统设计不断提高学习者的学习成绩。

（三）基于移动学习的体育教学资源

基于移动学习的体育教学资源主要包括以下类型：

1. 按照来源划分

（1）校内体育教学资源。在校内体育教学资源的使用和开发方面，体育教师是主体。一方面，教师本身的职责是甄别、开发、累积、运用体育课程资源；另一方面，体育教师的教师素养是一部分体育教学资源，能够在授课解惑过程中不断对体育教学资源进行开发再利用，并在原有基础上进行资源升华，给体育教育资源创造超乎资源本身的衍生价值。

学校内的体育教学资源主要由学生使用，体育教师则主要负责对学校使用者、体育教学用品、体育教学场地等资源进行使用分配，并结合实际情况进行课程研发。在学校，学生和教师是体育教学资源的直接接触者，学生通过学习的方式与体育课程互动，教师通过教学的方式拓宽体育教学资源。如果校内教学资源丰富，能够满足学生全面提升体育素养的需求，且体育教学资源具有一定适配性，则适合大部分学生使用。因此，学生和教师的交流沟通无疑可以让体育教学资源发出挥更大的价值，甚至创造出新的课程资源。

（2）校外体育教学资源。体育教学资源不只存在于校内，在校外也有丰富的体育教学资源。校外的体育教学资源具有以下四个特点：第一，校外体育资源的涵盖面较广，包含社会组织、企业服务等教学资源；第二，校外的体育资源种类繁多，不同的种类，来源也不相同，种类多种多样；第三，校外的体育教育资源具有丰富的表现形式，比如，不同的体育项目，配备的体育器材不同；第四，校外的体育教育资源分类清晰，不同的项目分属于不同于的区域，好一点的还会配备专业教师和专业设备。

当下，校外的体育教学资源也能提供丰富的渠道给体育教学，在学习者学习体育知识的过程中，校外体育教学资源也属于重要的组成部分，并能够拓宽学生的知识维度，提供更多的选择给学习者。目前为止，很多校外体育资源都建在市区的郊区或者社区的空地，其主要原因是校园的体育教学计划并没有将校外的体育教学资源纳入其中。除此之外，校外体育教学资源规模小也是不可忽视的原因。随着全民运动的兴起，国家将全面开展健身工程，在国家的政策支持下，校外体育教育资源的发展更加科学化，校外体育教学资源的场馆设施都得到了逐步改善，由此，校外的体育教学资源为运动爱好者提供的服务变得更加全面和人性化。

2. 按照存在方式划分

（1）显性体育教学资源。显性体育教育资源指可以在体育教学活动中被直接使用的教学资源，呈现方式表示为肢体动作、语言等。例如，排球教师讲解如何发球、传球；足球教师讲授如何传球、射门。学生通过教师的语言、肢体动作等，可以习得体育动作的方式，方便学生学习体育动作的要领、规范等。

（2）隐性体育教学资源。相比于显性体育教学资源，隐性体育教学资源指不能直接通过教学课程传授，或者没有被规划进课程计划中的资源。虽然隐形教学资源不能直接传达，但是隐形教学资源对教学也有深刻影响。隐形教学资源通常在无声无息中自然而然地影响教学，如教师的道德修养、教学氛围、教学行为举止等。隐性教学资源与显性教学资源如影随形，密不可分。隐性教学资源虽然只表现为氛围、修养等，但是在教学中仍有着不可忽视的影响力，良好的隐性教学资源可以帮助显性教学资源更好地发挥作用。除了在课堂上，移动教学中也存在隐性教学资源，移动平台中教师的行为举止也会给学生带来不可忽视的影响。

3. 按照功能特点划分

体育教学资源按照功能特点划分，可以分为以下五部分：

（1）教学档案。即教师教学所用的资料库，用于帮助学生随时随地找寻资料。例如，学生可以通过登录移动平台找寻资料，辅助学习。

（2）教学课件。即教学过程中教师使用的授课课件。教学课件有专门的课件库，同教学档案一样，学生可以登录课件库学习。

（3）试题库。试题库的主要作用是学生通过做试题的方式，对所学知识进行检测巩固，寻找自己课程学习的不足，帮助学生及时纠正错误。

（4）论文库。论文库为学生学习提供了大量文献，学生可以通过查询专业文献，提升专业水平。

（5）数字图书库。数字图书库的建设，可以方便学生获取图书。在移动平台上，学生只需要简单地在数字图书库页面输入图书名称、作者等信息，便可以找到需要的图书，为其查阅文献资料提供了便利。

体育教学资源按照使用范围划分，可分为两部分：①教师专用资源。教师专用资源指教师日常授课使用的教案、课件、移动学习平台上的试题库等，教师可以通过移动学习平台自我学习、备课等。②共用资源。共用资源指教师和学生都可以使用的资源，公共资源可用于帮助教师和学生自我学习，可以帮助其丰富知识储备，提升能力等。

二、移动学习理论下小学体育教学的原则

（1）结合实用性、先进性的原则。在建设体育教学平台的过程中，最先需要考虑的原则是实用性和先进性。实用性能够保障体育教学和训练教学的顺利的进行；先进性需要不断创新教学思维，并且，先进性是建立在实用性的基础上的。只有充分结合两者的特性，才能最大程度地实现教学价值。在实践的过程中，应该运用科学的方法将两者结合，做到总体规划、按序执行，进而实现教学系统的独特性和整体性。并且，还可以通过美化用户界面、优化操作逻辑提高教学系统的吸引力，激发学生的学习积极性。

（2）结合具体性、系统性的原则。体育教学系统是否完善的标准是能否将具体性和系统性统一。经过长时间的实践，教学系统得出了一个重要的认知——教学实践一定要有目的、有序地稳步推进。在设计体育教学系统思路的时候也应该遵循这个原则，一定要先设定教学目标，然后将大目标拆分成多个小目标，一步一步实现目标。除此之外，稳步有序的教学方式还能够帮助学生形成完整深入的知识体系，能够帮助学生形成清晰的知识架构和认知能力。所以，将教学的具体性和系统性结合非常重要，两者是促进体育教学资源有效运用的保障。

（3）结合多样性、针对性的原则。学习群体的数量庞大，是一个庞大的群体，这就意味着会存在多元化的需求和特征，这种多元化也可以称为多样性。多样性有两个内在含义：一是强调个体学习者具有独特性；二是强调在这个大的群体中有各种各样的小群体，存在差异性。因此，在实施教学的过程中，也要充分认识这两种特性的作用。

多样性相对的是针对性。针对性强调的是在不同层次、不同群体中，学习者的个性化需求，针对性强调给学习者提供优质、有针对性的教学内容，进而真正做到因材施教。

三、移动学习理论下小学体育教学的策略

（一）教学内容设计的策略

（1）教学资源要以学习需求为基础进行设计。针对性是设计者在考虑提供哪些移动体育资源时的重要标准。系统所提供的资源，一定要能够解决学习者的需求，真正帮助学习者解决问题。为了达到这一目标，必须通过深入调研，清晰而全面地掌握学习者的学习需求。例如，在游泳课程中，应该对不同基础的学员设计不同的方案：对初学者，需要重点培养水感，先教会他们踩水、换气等基本技能；对有一定基础的学习者，则重点在于纠正他们的泳姿，改掉他们某些过时的技巧。总而言之，要做到具体问题具体分析。

（2）教学资源的设计应当符合体育教学大纲。虽然移动学习资源在许多方面都表现出不同于传统学习资源的独特性，但归根结底，仍是提升学习效果的一个手段，是为了提升学生整体素养，而不是为了自成门户。因此，移动学习资源的内容应该符合教学大纲规范。在此基础上，必须从大纲出发，思考教学资源的实用价值，根据大纲要求，选择能够使学生获利的教学内容。例如，在游泳教学资源方面，如果不能按照游泳大纲教学，则学生可能跟不上下一个阶段的训练。所以，只有严格遵循大纲内容，才能实现真正的进步。

（3）不同的学习内容应采用不同的媒体呈现方式。不同的媒体有不同的特性，能够适用不同的场景。例如，视频能够呈现连贯动作，而图片则适用于动作讲解。因此，在安排不同的教学资源时，要充分考虑每种媒介的使用范围，根据实际需要选择合适的媒体表现形式。此外，一些媒体，如超高清视频等，对手机性能要求较高，难以适应全体学习者的学习需求。所以，教师在选择媒体时，不仅要考虑对应的资源内容，还要考虑这种媒体应该以怎样的形式展现给学习者。只有这样，才可能使资源惠及更多的学习者。

（二）媒介方式设计的策略

（1）普适性媒介的选择。在传播移动教学资源的过程中，媒介的作用不可忽视，在实施教学的过程中，影响力大的媒介能够更加有效地传播教学资源。市场占有率高的媒介能够为学习者降低学习成本，更甚者不用支出额外

学习成本。

（2）内容丰富的媒介的选择。普适性的媒介很重要，但除此之外，内容的丰富也需要认真考虑。随着移动互联网的发展，移动媒介为不同呈现方式的移动资源提供了有效的传播媒介。所以，想要提升学习者的学习效率，最重要的是运用好内容丰富的传播媒介，通过丰富的传播媒介，可以将各种不同表现形式的教学资源进行整合，并在一定程度上打破传统的教学资源输出模式，让学习变得更有趣。

（3）便于交互学习的媒介的选择。最有效的学习方式就是学习交流。在交流的过程中，学生能够高效地发现问题、分析问题和解决问题。所以，在选择媒介的时候，交流也是需要重点考虑的，在选择媒介的时候一定要选择交流性强的媒介，如时下信息流量较大的 QQ 和微信等，另外，还可以建立学习交流的社群，将有共同需求的学生聚集在一起，便于他们的学习和交流，进而提高学生的学习积极性和参与度。除此之外，便利的交流还能逐渐弱化师生之间的界限，进而促进师生关系的良性发展。

（4）选择使用方便快捷的应用。无论是腾讯 QQ 还是微信，都有着十分友善的操作逻辑和操作界面。同样，在设计教学资源时，首先需要考虑的不是“炫技”，而是提高易用性，减少学习者的软件学习成本，让移动学习尽可能地适用于更大的学习群体。

所以，对时下流行的应用软件进行再开发，如使用微信小程序，比单独开发一个新软件要高效得多。首先，微信拥有庞大的客户群体，这一群体早已习惯在微信上分享各种信息；其次，微信小程序的存在给各类二次开发应用提供了极为友善的土壤，极大地提高了软件的开发效率，更方便资源设计者灵活地为学习者提供各类资源。

目前，终身学习已经成为社会的一个风尚，从某种程度上来说，终身学习是社会发展的必然需要。要实现终身学习的目的，必须依赖基于现代技术的教学资源设计，通过微信等媒介手段，将教学见缝插针地融入学习者的碎片化间隙中，从而提高学习者的知识接受效率。需要注意的是，现代社会的知识学习者大多习惯接受消息型知识，因此，建立科学的教学资源模型，推送适应现代学习特点的教学资源便显得非常重要。

（三）内容包装设计的策略

要设计出好的教学内容，最重要的是建立整体思维，整体思维需要教学资源的设计始终贯穿整体意识，搭建全局性的教学架构，然后再根据不同的节点设计不同的教学方案，进而确保学习者能够通过小的节点构建起自己整体的知识架构。发挥整体思维的优势需要将每一个节点都巧妙地融入整体的知识架构中，并以全局观呈现教学资源。在实际操作的过程中，需要注意以下几点：

第一，界面设计。界面是整个学习系统的“门面担当”，是唯一能够展示学习资源的平台。所以，界面的好坏直接影响学习的效果。一个好的界面能够给人带来愉悦的感受，还能够吸引学习者使用学习系统，进而提高学习者的学习效率。

第二，导航设计。导航设计能够为学习者提供系统化的指引学习。这个目标的实现需要让学生沉浸在整个学习过程中，通过导航的引导，学生能够在系统中一步一步找到自己需要的知识，进而提高学生参与学习的积极性。此外，通过学习导航，学生能够很清晰地看到自己的学习效果，并树立和提高学习的目标感。

第三，媒体设计。在教学的过程中，选择合适的媒介能够进一步实现教学效果。正确的选择能够将知识体系以更加有趣、更具吸引力的方式呈现给学生。

（四）课程编列设计的策略

为了完成一个大阶段的整体目标，必须设计每一个步骤要完成的小目标。尽管不同的课程总体要求不同，但在编制课程时，都离不开确定目标、实施计划和完成计划三个步骤。通过将学习目的与学习过程有机结合，再加上对学习者学习历程的记录，学习才能变成一件充满参与感的事情。在这样的持续学习活动中，学习者不仅可以直观地看到自己的学习进度、成长过程，还可以通过海量数据找到自己需要的学习资源。

（五）测评设计的策略

移动体育教学离不开考试，这也是对学生学习成果的检验。当然，移动教学的考试自有其系统，称为评测。评测的目的虽近乎于考试，但比考试更为轻松，甚至很多时候，这种评测需要依赖学生自主完成，且评测内容不像考试一样死板，既有系统性，又有随机性，还强调互动性。因此，评测比考试更能激发学习者的参与感。评测也在移动体育教学领域中扮演了重要的角色，若能善用评测，可以极大提高学生的体育水平。

第二节　多媒体技术下的小学体育教学

一、多媒体教学技术的特性

（1）多维性。多维性是多媒体技术处理信息和增大空间的能力。这种多维性可以加工和改变输入的信息，加强输出信息的表达方式，更加突出输出效果。在小学体育教学活动时，使用多媒体技术，不仅让学生学习到基本的文本知识，还能更加仔细地研究图片。在多媒体技术的帮助下，学生能够更仔细地看清体育教师的各种体育动作，使教学效果更好。

（2）集成性。集成性是指把不同的信息结合，如将声音、文字和图像等信息组合起来，从而促进多媒体技术的完整性，丰富信息内容。除此之外，多媒体的集成性还指对有关多媒体产生的信息进行处理的各种设备集成，会集成和视频、音响等有关的设备。总而言之，多媒体的集成性是在各种设备上组合各种多媒体信息，同时，处理复杂的文字、声音和图像等信息。

（3）交互性。多媒体教学技术的另一个性质是交互性，通常是指人与人之间或者人和机器之间的交流活动。交互性是一种人和机器之间的交流能力，也就是多媒体的用户和机器之间的交流能力。在这一方面，多媒体系统与传统的音响、电视机不同。在生活中，人们会有不同的需求，他们可以随时检查多媒体系统，与此同时，用户还能够参与播放多媒体信息中，可以自己组织多媒体节目。

（4）数字化。数字化是指各种多媒体产生的信息都会被处理成数字的形式，并且这些数字信息会被存储在计算机系统里。多媒体技术依托于数字化处理，如在处理各种信息时，可以用矢量方式存储图形，用点阵方式存储图像，还可以把要处理的音频和视频用数字编码的方式存储起来，从而使多媒体技术广泛应用、发展。

二、多媒体技术在小学体育教学中的表现

在体育教学中，多媒体技术可以与动画、视频等结合，更加生动地展示出体育教学课程的内容。

（1）更新体育教学观念。随着运用多媒体技术，体育教学过程中的人机交互活动和学生之间的交流也越来越深入，有效激发学生的体育意识，促进体育多媒体教学观念发展。多媒体技术的应用，是将教学基础建立在以学生为主体的层面上，为小学体育教学方法的多样化和实践化改革创造了有利条件，也促进了学生学习思路的改变和创新。

（2）提高体育教学质量。体育课程的传统教学过程中更重视教师的教，并辅以一定挂图展示教学方法，实践课中也是以教师的讲解和示范为主要教学方式。而且受各种主客观条件影响，技术动作的规范化和标注化示范难度较大，体育教师无法帮助学生在短时间内形成正确的动作概念。小学体育教学过程通过结合多媒体技术，将对以上现状有一定改善作用。体育教学可以借助文字和图片进行概念的形象化、具体化转变，并利用计算机完成高难度的体育技术动作示范和演练，从而有效解决体育教师在高难度动作上的标准化示范问题，提升教学效果和教学质量。

（3）提高学生的学习效果。利用多媒体技术可以调动学生的感觉器官，如听觉、视觉和感觉，使体育学习内容更加丰富化和生动化，也提升体育教学的直观性和趣味性，帮助学生了解体育技术动作。

第三节　微课理念模式下的小学体育教学

目前，小学体育教学方式在科学技术迅猛发展的引领下发生着重要的变化。作为新生事物，微课正在成为一种新型的教学资源或教学模式，它给小学教学方式带来更多的变化，也为小学体育教学提供了一种更高效的学习手段。

一、微课的分类方法与条件

（一）微课的分类方法

微课的分类方法并没有唯一的标准，按照不同的标准，微课可以有不同的分类方法，每种分类方法又可划分出不同的微课类型。下面探讨三种分类方法：

1. 按用户与主要功能分类

按照用户与主要功能进行划分的话，微课主要有学生学习微课和教师发展微课两种类型。

学生学习微课主要的用户是学生，一般是通过录屏软件来录制的，将各学科的知识点的讲解录制下来，一般每个知识点大概在十分钟以内。这样学生可以根据自己的学习情况，选择自己需要的微课视频来学习。这类微课是翻转课堂教学的重要组成部分，是微课建设的主流方向。

教师发展微课主要的用户是教师，这种微课包含的主要内容是教学理念、教学方法、教学评价机制等，主要是对教师的教学技能来培训，也是教师设计教学任务的模板。例如内蒙古鄂尔多斯市东胜区教研中心的李玉平老师制作的微课，其时间长度不超过 5 分钟，主要用于学校的教研活动或者教师的培训学习。教师发展微课用于教育研究活动、学校教师培训、教师网络研修等，这样可以提升教师的教育教学能力，改善教师的工作方式，促进教师的专业发展。

2. 按教学目的分类

从教学目的方向来划分，微课可以具有以下类型：

讲述型微课：这是一种通过口头传输的方式来教学的微课类型，教师在课堂上主要对重点和难点知识进行讲述。

解题型微课：这是通过对一些典型的例题进行解析，来对其中的知识点进行教学的类型。

答疑型微课：通过对学科中存在的一些疑点进行分析，然后获得答案来进行授课。

实验型微课：对自然学科比较适用，例如生物、化学、物理等学科，可以通过实验步骤来学习其中的知识。

3. 按微视频的主要录制方法分类

按照录制方式进行划分，微课主要有以下类型：

摄制型微课：这类微课是通过电子设备如录像机、摄像机等来录制课件的方式，可以将课堂上教师讲解的一些知识摄制下来，形成教学视频。

录屏型微课：这是通过使用录屏软件来录制微课视频的一种方式。例如，可以使用PPT、Word、画图工具软件等将教学内容整理出来，然后在电脑上讲解，在讲解的同时使用计算机上的录屏设备进行录制，可以将声音、文字、图画等内容收录进来，经过进一步制作之后就形成微课视频。

软件合成式微课：事先制作好教学视频和图画，然后根据微课的设计脚本，导入不同的内容，通过重组形成一个完整且系统的微课视频。

混合式微课：这种微课视频是包含以上几种类型，将之混合使用就成了混合式微课。

上述提及的微课视频类型都是初级的资料，要成为可以教学的视频还需要通过后期制作。

（二）微课教学的条件分析

1. 先进教育教学理念

基于信息化技术，各行业都开始了不同的变革，在教育领域也是如此。信息技术的支持，使我国的教育发展走上了快车道，各种信息技术应用在教育教学中，极大地提高了教育教学质量。信息技术使得各种教育设备具有了更高的可靠性，并且使用起来也更加便捷。网络技术的进步，也使得教育教学不再受到地点以及时间的限制。

先进的教育理论是实现信息技术与教学整合的必要前提，在教育教学中发挥着重要作用。从信息技术层面上看，信息技术在教育中应用的过程是信息技术手段在体育学科中的应用过程，而从教学改革上看，信息技术在教育中应用的过程则是教学改革的过程。理论与实践是相辅相成的，没有理论指导的实践是不会成功的，因此，如果没有正确的理论做指导，教学改革将无法成功。

我国对推进信息技术在教育教学中的应用制定了一系列政策，提出了一些要求，例如，必须将优质的数字教学资源完善起来，将信息技术深入应用到教学中去，在教育教学中使用信息技术进行创新，使用信息技术来解决教育教学中的难题等。

微课是在这种教育背景下产生的。信息技术使人们的教学和学习活动有了更加广阔的空间，不仅可以进行实时学习，而且可以进行异地异时学习。教师和学生之间不再是简单的课堂上的联系，而是借助信息技术开展远程教学、网络协作教学等，这些多种多样的教学模式将教育与教学引入了一个更加高效的阶段。

在信息化的教学环境中，教师和学生不再被动的讲解和学习知识，而是充分发挥网络的作用，教师可以在线指导学生开展学习，也可以学生自学然后将疑问传递给教师，这种教学模式极大地解决了教师和学生不同步的问题。并且，学生可以随时随地开展移动学习，充分利用自己的碎片化时间。

在微课模式下，教学变得更为简单了。对于学生来说就可以根据自己的步调进行学习，这样转了自己的学习状态，化被动为主动，学生显然可以根据自己的兴趣开展学习，在此种背景下，学生学习的主动性就会得到发挥，从而开展自主学习，从而提高学生的自信心。

微课具备短小精悍的特点。由于微课的时长较短，则它占据的内存就比较少，下载只需要花费很少的流量，方便了学生在移动设备上观看和下载学习。

微课视频还具有一定的其他功能，例如可以随时观看和暂停、随时快进和后退，这些都为学生的学习提供了很大的方便。学生观看微课视频之后，如果不理解，还可以反复观看，当看到有兴趣的内容时也可以再次观看。微课还方便了学生在任何时间和任何地点来学习，没有课堂上学习的时间和空间限制，真正实现了碎片化的学习。

微课打破了传统教学模式的限制，将各种优秀教师的教学课件、教学视频集中到微课平台上，使学生能够轻松地获得优质的学习资源，感受名师的教学课堂。微课拓宽了学生的学习渠道，丰富了教学资源，有助于学生掌握多元知识。这种微课视频学习方式，对教学和学习带来的变革是历史性的，也符合我国建设信息化教学的要求。微课真正将信息技术与教育教学结合起来，培养了学生自主学习的能力。

总而言之，微课利用现代信息技术实现了信息化教学，这种教学方式的更新极大地调动了学生的学习兴趣，也解放了教师的双手，使教师有更多的时间研究教学，而不是制定教学内容，这是时代发展的结果，也是教学的发展趋势。

2. 现代信息技术发展

信息革命浪潮的兴起，促进了互联网的全球化普及，让世界各地的人们可以更加近距离的交流。信息技术的发展同样也带动了其他技术变革，对社会发展产生了非常重要、深刻的影响。现代社会是信息化社会，所有领域都在试图利用信息技术进行变革，信息技术的快速发展对社会的发展产生了不小的影响，也提出了比较高的要求。在这一社会转型时期，人们必须要转变观念，用新的眼光来审视教育制度，对教学模式予以创新，并重点思考怎样在教学中运用信息技术，使信息技术成为教学改革的重要推动力。在这一高速前行的信息化潮流中，教育的目的也发生了变化，其中一个比较重要的目的就是，使人借助信息技术来丰富自己的知识，提高自己的专业技能。

信息技术对教育的变革体现在很多方面，一方面，它改变了人们的学习习惯与学习方式；另一方面，它改变了学校长期以来固有的教学模式。鉴于此，学校必须要转变既有观念，重新审视技术在教学中的重要性，要适当引入信息技术，使其可以在教学变革中发挥重要作用。

3. 学生的自学能力

在微课教学中，学生必须具备较强的自学能力才能顺利地完成教师提前布置的学习任务，这就要求每个学生不断提升自身的自学能力。对于学生而言，其自学能力的提升和很多因素有关系，学生不仅要端正学习的态度，还要加强自身专注力的训练、提升自制力以及积极地排除很多消极因素的影响。

在实际的微课教学中，教师可以从三个方面来培养学生的自学能力：第一个方面，教师要在教学中采用多样化的措施来提升学生的学习兴趣。众所周知，兴趣是最好的教师，学生只有对学习充满了浓厚的兴趣，他们才愿意投入体育的学习中去，他们才愿意花费时间以及精力来学习体育；第二个方面，教师在教学中要多多鼓励学生，要多给予学生一些积极的评价，从而使每个学生都能够对自己充满信心，自信心对于学生而言非常重要，它能够让学生不断认可自我，这也可能成为学生不断进步的动力；第三个方面，体育教师要和学生之间建立一种十分融洽、和谐的师生关系，这样在微课教学中，教师和学生是处于一种十分平等的地位，学生也能够在十分愉快的学习环境中学习体育知识，锻炼各项技能。总而言之，教师应该在潜移默化中培养学生的自学能力，从而为微课的教学做准备。

二、小学体育教学中的微课程

（一）微课程运用的可行性

（1）课程教学时间较短，利于学生反复学习技术要点。微课教学与传统课堂教学相比，摒弃了原本一节课必须完成复杂纷繁教学内容的形式，其所选用教学内容不仅更加鲜明，而且具有一定的目标性，同时在突出重点的情况下语言精练。将微课应用于体育教学中，小学体育教师应该将学生的身体素质进行了解，从而针对性地录制一些教学视频。如此，学生可以根据自己的短板选择合适的视频来反复观看学习，从而提升学生的体育水平和身体素质。

（2）有助于明确体育教学内容，因材施教。微课可以将网络中的教学资源浓缩进来，选取一些非常优质的教学内容呈现给学生，这可以极大地增强学生学习的针对性。教师在准备教材时，可通过搜索引擎输入关键词，访问相应的网站，轻松地查找到所需的资料。经过下载、复制、重新编排，形成富有个性的微课视频。体育教师可以针对学生的体育学习情况来制作针对性的微课教学视频，从而使体育教学主题明确，内容合理。这也是体育因材施教的良好办法。体育教师可以根据具体的教学目标，设计教学内容，体育主要是为了增强学生的体制，教师可以根据学生的体质情况合理的选择教学内容，从而更好地实现体育教学目标。另外，微课教学视频融合图片、文字、视频等不同的素材，教学内容变得立体丰富起来，可以更好地吸引学生的注意力，激发学生学习体育的兴趣，也可以使学生从多种感官来体验体育的乐趣。

（3）提高学生兴趣，激发积极性和自觉性。微课与传统课程区别很大，是一种新的教学方式，对于学生来说具有很大的吸引力。微课可以将学生的注意力快速地集中起来，使学生能够在微课平台中保持积极的学习态度。

微课可以帮助学生自主选择学习资源，因此有利于学生自主学习能力的提升，同时，学生这一能力的提升也可以使其更加自觉地学习，也能完成知识的内化。在微课教育平台上，学生一方面通过课前预习完成对自己学习的自我测评，从而在课堂上更有针对性地学习；另一方面学生还可以与同学互相讨论，充分发挥学习的自觉性，从而主动掌握自己的学习进度与学习状态。另外，微课还可以建立互动交流平台，使学生就在学习的过程中随时沟通和交流，也能让学习者根据自己的情况获取相应的学习资源，从而提高学习的自觉性，提升自己的学习能力；教师和学生可以利用互联网，保持学生与教师之间沟通的频率，确保学习者遇到问题时，教师可以迅速地给予其指导。因此，微课在小学体育教学中的应用能够改善体育教学的效果，使体育教学出现良性的循环，这对体育教学改革来说具有更大的价值。

（二）小学体育教学的微课设计

1. 小学体育教学中微课设计的目标

小学体育教学目标需要做出一定的标示，只有在一定的目标指导下，学生才能有较大的学习动机。学校应该设计出一些适合学生达到的微课学习目标，否则就不是科学的微课设计。

（1）体育教学微课设计需要围绕教学来开展。微课上的资源是非常多的，教师就可以根据需要利用这些资源，对于学生而言，也可以利用平台上的资源开展多元化的学习方式。在课程设计之初，教师就需要在微课平台上发布课程的要点以及各种课程资源等，将体育方面的知识全面涉及，学生可以在微课中找到所需的所有内容。教师还需要将学生感兴趣的内容放入微课中，从而激发学生的学习兴趣，从未提高体育微课教学的效果。

（2）微课的设计一定要紧紧围绕学科的定位来进行。对于学校的体育教学现状而言，只有紧紧围绕教学目标，才能够设计出符合学生发展规律的教学内容。

（3）体育微课的设计要求教师对搜集来的信息进行快速提取、加工与利用。教师在上获得的教学资源是必须符合市场发展规律的，并且切中教学的实际情况，从而为其提供可靠的资源环境。因为只有有大量的可探索资源为基础，学生的信息获取才能实现，后续的信息加工与利用也才能完成。微课的知识点并不是都可以进行拆分和重组的，只有在保证其系统性的基础上，才能使体育微课视频具有可使用的价值。

（4）创新是发展的动力。体育微课也应该做到不断创新，只有在创新的基础上，学生才能够获得更多好的学习资源。创新体育微课是十分有必要的，并且还要与终身体育结合起来，只有如此，才能够真正发挥体育教学的作用。

2. 小学体育教学中微课设计的核心

小学体育微课主要是实践为主，其微课设计一定要充分考虑体育微课的实践特点，一般是在室外开展的。教师应该根据体育实践教学的内容，用3 ~ 5分钟时间介绍相关的理论知识，便于学生更深刻地理解体育动作。教师选择合适的微课教学视频进行筛选和截取，选择关键信息展示给学生。教师根据体育实践教学的目标，布置学习任务，并规定学习任务的时间。教师在体育实践课堂上，将微课视频中的动作现场展示给学生，使学生通过亲身的模仿来观察具体的动作，从而将动作练习到位。但是，体育教师并不是所有的动作都会，因此这就十分需要微课的帮助，体育教师可以将体育微课与实践课程结合，将动作展示给学生，然后学生在短时间内可以学到更感兴趣的动作，从而提高体育微课实践教学的效果。在体育微课设计中，一定要将学习资源、教学方法、评价手段与学生的实际水平结合起来，从而在实践教学中可以发挥微课的最大作用。

3. 小学体育教学中微课设计的原则

（1）适时分解原则。微课具有可以随时随地学习的特点，因而它使用起来十分便捷。这也使得微课的容量都比较小，在一节微课中，其中的内容比较少，因而使用的时间也比较短。但是，微课的容量小并不代表它不能将教学内容讲解清楚，微课之所以小，是因为它将大的知识点分成一个个小的知识点，所以才形成微课内容量小的特征。因此，体育教师在设计体育微课时，应该根据教学目标、教学内容和学习条件等来对微课的内容进行适时分解。

（2）聚焦性原则。微课胜在其“微”，所以它的时长比较短。在设计体育微课的过程中，突出重点、简化内容是一大前提，也是一大原材。如果教学视频冗长复杂，就不能称之为微课。短短十分钟以内的微课如若包含过多知识点，必将像填鸭式教学一般达不到精心制作来解决实际教学问题的效果。每个微课的设计与制作都应该是为了解决一个知识点，可以是教学重难点，也可以是易错点、混淆点，这可以使微课聚焦在一个比较关键的知识点上。这个知识点就是微课的主题，微课所有的教学手段和内容都是为这个知识点而服务，从而达到重点突出的效果。因此，聚焦性原则是体育微课设计的一个重要原则。

三、小学体育教学中微课的应用策略

（一）精读文本，科学整合教学内容

对于小学体育教学而言，内容复杂性是其重要特征，体育教师要想达成教学目标，首先要意识到并非所有的教学内容都能借助微课呈现出来，如果生硬地开展微课教学，可能会对教学效果造成负面影响。基于此，体育教师要注重教材的作用，在精心解读教学文本的前提下，将教学内容加以科学整合，增强不同教学内容之间的联系。

在小学体育教学中，足球基本技术教学必不可少，为了促使微课模式更好地应用其中，体育教师可以按照划分具体项目的方式将足球基本技术的教学内容整合为：基本特点、基本技术、基本战术、基本规则，这四个项目又可以根据教学的难度分为三个层次，首先是基础层面，即运球、踢球、脚内侧接球、掷界外球、守门员接球等；其次是提高层面，即大腿接球和胸部接球、头顶球、守门员发球等；最后是拓展应用层面，即组织不同主题的足球对抗赛。将教学内容按照上述方式进行科学整合无疑能够为足球基本技术微课教学的开展厘清思路，从而保证微课教学方向的正确以及微课教学效果的取得。

（二）把握要点，确保微课设计质量

（1）凸显课程属性。大多数体育教师认为体育是一门实践性极强的课程，他们在进行理论授课时往往借鉴其他课程的模式，而很少关注课堂教学的创新。微课模式在体育教学中的推广无疑让广大体育教师觉得无从下手，尤其是在制作微课时，几乎体现不出体育课程的特质，也无法激发学生的学习热情。与一般课程不同，体育课程存在的意义是促进学生的身体健康、使学生形成健全的人格、让学生树立终身体育的意识等，因此，教师在制作微

课时，必须要将体育课程的这些属性渗透进去，从而实现体育教学的价值。

（2）简短有趣。学生在经过枯燥的文化课程学习之后，大多希望通过体育课愉悦身心，因此，微课一定要做到简短，时长最好不超过十分钟，以免给学生造成另外的压力。除此之外，兴趣是最好的老师，只有在兴趣的带领下，学生体育学习的动力才能被激发出来，所以微课的制作一定要遵循趣味性的原则，从而促使学生主动观看教学视频，主动开展体育学习。

（3）创新性。小学生是最乐于接触新鲜事物的群体之一，在这种情况下，体育教师的微课制作需要实现内容与形式的双重创新。在内容方面，切忌一个微课使用几年，而是不断根据时代的变化与发展加以更新；在形式方面，力求通过各种不同的形式将教学重点呈现出来，如故事阐述、动画分解等。

（4）系统性。体育课程的教学看似简单，实则内容繁杂，体育教师要通过微课帮学生建立起系统化的知识网络，让学生明确教学主线，并能够由此拓展出相关的知识点。

（5）实用性。体育课程的教学重点是各种体育技能，因此，体育教师在制作微课时应当突出实用性，帮助学生较为轻松地掌握各种技能的核心。

（三）团队合作，加快推进微课制作

体育课程教学内容的复杂性决定了其微课制作的难度，为了充分发挥微课的教学效果，广大体育教师应当群策群力，明确各自的分工，一方面灵活、有效地使用手机、摄像机等录制设备；另一方面对每个知识点进行深入剖析与讲解，齐心协力制作出符合学生接受水平的微课。

（四）整合资源，做好网络平台建设

在信息技术飞速发展的今天，微课应用于体育教学之中已经成为大势所趋，其作用的发挥则主要体现在学生的自主学习之中，因此，信息资源的整合与相关网络平台的建设十分重要。体育教师可以构建以班级为单位的微信群、QQ 群等，方便学生就学习问题展开交流；也可以充分利用信息化建设成果，完善网络教学平台的建设；另外，还可以将各种成熟的信息技术应用于体育教学改革之中，从而为学生自主学习奠定基础。

第四节 慕课理念模式下的小学体育教学

慕课是计算机网络技术迅速发展的产物，它具有大规模性、在线性、开放性、高效性等特点。正是因为如此，慕课在教育教学领域得到广泛应用。近年来，随着教育改革的不断发展，小学体育教学信息化改革也在如火如荼地进行着。小学体育慕课教学是学校体育教学信息化改革的重点，也是学校体育教学信息化改革的重要方向。与传统体育教学模式相比，小学体育慕课教学模式克服了传统教学模式单一的弊端，确立了学生的主体性地位。同时，不受时间和空间的限制，有利于学生根据自己的学习情况随时随地进行学习，更有利于提高学生的综合能力。慕课和体育教学的结合，是体育教学信息化改革的必然要求和发展趋势。

一、慕课的特征分析

“慕课是 Massive Open Online Courses 的英文首字母缩写”①。根据这四个单词的组合意义可以将其翻译为大规模开放在线课程。通常我们所说的慕课，就是通过音译的方法得来的。下面对这四个单词的具体含义进行简要分析：

Massive，可以翻译为“大规模”的意思，这里主要强调的是在这一平台上注册学习的人数很多，同时，也强调了注册人数不受限制。

Open，可以翻译为“开放”的意思，这里主要强调的是慕课这一平台没有针对性，它面对的是全世界任何一个想要学习的人。同时，提出了慕课这一平台对学习者没有任何要求，只要想学习就可以在平台上注册学习。

Online，可以翻译为“在线”的意思，主要强调的是利用计算机网络进行学习的一种方式，强调这一平台的网络性和在线性，强调学生者可以根据自己的时间来灵活安排自己的学习。

Course，可以翻译为“课程”的意思，主要强调的是一种课程学习

① 高林溪．慕课和微课在体育教学中的应用［J］．亚太教育，2015（27）：96.

资源。

综上所述，慕课，实际上就是大规模开放式在线课程，它不仅强调了参与这一平台学习的人数之多，也强调了这一平台的开放性，更强调了慕课是集世界各地的讲授者与学习者于一体的在线网络课程。除此之外，慕课为全世界想学习的学习者提供了丰富的资源和共享平台，只要想学习的人就可以在这一平台上进行注册学习，没有身份、地位、性别、种族、地域等的限制。由此可见，慕课具有大规模性、开放性、在线学习的特点。因此，慕课被形象地称为“教育史上的一次数字海啸”。

在了解慕课的定义之后，我们还需要明确慕课的主要特征，下面对慕课的主要特征进行探讨：

（一）优质性特征

与其他信息化平台相比，慕课具有优质性的特征。众所周知，慕课涉及很多的课程，无论是世界慕课平台课程还是当前比较流行的课程，都拥有着高质量的信息资源和学习资源。因为，这些慕课平台上的课程资源都是世界各校通过专门的技术团队进行合作开发、筛选、编辑、加工、整理、审核之后上传的。这些慕课资源不仅有代表性，还具有高质量性，这些都为慕课课程资源的优质性奠定了基础。总而言之，慕课是一种集代表性、典型性、高质量性、优质性等资源于一体，为世界各地的学习者提供了大量的优质教育资源。

（二）大规模特征

慕课是大规模的在线课程。因此，大规模性也是慕课的主要特征。众所周知，传统教学是有人数限制的，而慕课教学并没有人数限制，同一课堂上学习的人数可以达到数百万。随着信息技术的发展，信息技术在教育教学中得到广泛的应用。教育信息化是教育发展的主要方向。而慕课作为不限制课堂学习人数的信息化平台，在教育教学领域日益受到重视。慕课是信息化时代的产物，慕课为世界各地的学习者提供了信息化学习平台。在这一平台上，有来自世界各地数百万的学习者在同一课堂进行学习，从而体现了慕课的大规模性，这也是其他信息化平台无法比拟的。

（三）开放性特征

慕课作为大规模开放式在线课程，自然具有开放性的特征。关于慕课的开放性，可以从以下三个方面对其进行分析：

第一，教育教学理念的开放性。慕课平台注重平等性和民主性。同时，慕课平台上的课程资源是面向世界各地、各族人民的，没有任何人群的限制。除此之外，慕课平台提倡，只要想学习的人都可以在平台上进行注册学习，从而学习慕课上的各种资源。

第二，教学内容的开放性。慕课平台上蕴含着大量的网络在线资源，且这些资源的内容并不是封闭的，而是开放性的，没有时间和空间的限制。

第三，教育教学过程的开放性。讲授者与学习者的上课、交流、测试、评价等都是在慕课平台上进行的，教育教学过程是开放的。

综上所述，慕课有着优质的教育资源，同时将这些优质教育资源上传到慕课平台上，真实实现了资源的全球共享。慕课的开放性有利于促进教育国际化的发展，有利于实现全球资源共享，也有利于世界各地学习者树立终身学习的观念，更有利于促进教育公平化的进程。

（四）技术性特征

技术性也是慕课的主要特征。慕课是信息技术高速发展的产物，与其他的网络公开课程不同，慕课并不是教材内容到网络内容的简单搬移，而是充分利用信息技术的优势，实现讲授者和学习者之间的在线交流与互动。实际上，慕课是将整个教学过程从线下搬到了线上，真正实现了在线课程教学。同时，慕课作为信息化平台，它主要采用短视频的形式进行在线教学。通常情况下，在每一堂课中，慕课所涉及的教学短视频的时长是 15min 左右。在这些短视频中，不仅包括学习的课程内容，还包括一些客观题。学生要对这些客观题进行回答，而慕课平台中的系统将对学习者的回答进行评价，只有回答正确这些客观题，学习者才能在慕课平台上继续学习。

慕课不仅充分利用了信息技术，还将云计算平台融入其中，这样不仅丰富了课程资源，还促进了海量课程资源的全球共享。另外，慕课还融入了大数据技术，在一定程度上促进了个性化教学的发展。除此之外，慕课平台中的各个网站也是精心设计的，这些精美的网站设计不仅有利于提高学生学习的热情，还有利于提高学生的学习效率。

（五）“以学为本”特征

“以学为本”并不是慕课的表征特征，而是通过对慕课的系统分析，挖掘、归纳、总结出来的一种核心特征。“以学为本”强调的是以学生的学习为中心，也就是慕课上的信息和资源都要以学生为中心，为学生的学习提供丰富的资源。慕课将信息技术、云计算技术、大数据技术等计算机网络技术于一体，为世界各地想要学习的人提供了丰富的资源，打破了传统教学模式的时空限制，有利于世界各地的学习者根据自己的实际学习情况和需要，随时随地地进行学习，从而获得自己想要学习的知识。

总而言之，慕课是一种信息化的教学模式，它不受课堂人数、时间和空间的限制，有利于学生自主学习，有利于学生根据自己的学习需要有选择性地进行学习。同时，学生在慕课平台上学习具有很大的自由性，有利于调动学生学习的积极性。

二、慕课对小学体育教学的作用

（一）利于高效利用体育课堂教学时间

体育教学与其他的教学形式不同，它注重学习者的身体练习，强调身体活动在运动技能提高和学习者体质改善中的重要性。同时，在体育教学中，教师鼓励和引导学生进行反复的身体练习，只有这样，学生的运动技能才会实现由量变到质变、由泛化到分化再到自动化。另外，体质的改变也离不开反复的身体练习。

众所周知，学生反复进行体育练习是需要大量时间的，没有时间作为保障，学生的反复练习也无从谈起。而传统的体育教学课堂时间是有限的，这些因为运动技能的复杂性、学生学习和能力的差异性，需要教师在课堂上花费更多的时间进行讲解和示范。同时，教师还需要对体育竞赛规则、不同运动项目的发展历史进行讲授，这些也在很大程度上限制了学生在课堂上的练习。可见，传统体育教学模式由于课堂教学时间不足，会在一定程度上影响学生运动技能的提高和运动体质的改善。

而慕课融入体育教学，在很大程度上弥补了传统教学模式时间不足的缺陷。教师可以将体育教学的相关概念、基础理论、运动运力、技能训练方法等内容制作成短视频，并上传到平台上，鼓励学生在课前自己下载并自主学习。通过观看这些有关体育教学理论知识的短视频，学生就可以对这些理论知识有一定的了解，这样教师就不会像传统教学一样花费大量的时间讲解理论，节省了体育课堂教学上理论讲解的时间，为学生提供了更多的课堂练习时间。可见，体育慕课教学模式，有利于提高体育教学效率，有利于高效利用课堂教学时间，有利于学生有充足的时间进行反复练习，有利于学生在练习中体验运动的乐趣，同时还有利于提高学生的运动技能，改善学生的体质。

（二）利于体育学习过程更个性化

体育慕课教学模式蕴含着丰富的开放式教育资源，有利于学生随时随地进行学习，有利于优化学生获取知识的途径。如前所述，慕课课程资源具有优质性的特点，这些优质的课程资源有利于吸引更多的学习者来平台注册学习。实践证明，每个慕课课程都有数百万的学习者在线学习。由此可见，慕课有利于学习者的自主学习，有利于体现学习者的主体性。

同时，体育慕课教学模式注重学生创新能力的培养，重视学生的个性化发展。众所周知，不同的体育教师具有不同的学历层次、知识结构、教学经验，因此，即使面对同一个教学内容，不同的体育教师对其有着不同的理解和表达。这样有利于避免教学内容和教学过程的千篇一律化，有利于促进学生的个性化发展，还有利于学生根据自己的实际学习情况科学的选择体育课程内容。

另外，除了学校教材要求学生学习和掌握的内容外，学生还可以充分利用慕课平台，根据自己的特长和兴趣，结合自己的自由时间，自主选择一些适合自己个性化发展的学习内容，这样有利于学生在拓展学习中体验运动的乐趣，有利于全面促进学生的个性化发展。

（三）利于体育教学课程更加鲜活

小学体育慕课教学模式充分利用信息技术、云计算技术、大数据技术等先进的网络技术，将枯燥、艰涩的体育理论知识以信息化的形式呈现出来。这种信息化的形式避免了理论知识的艰涩难懂，从而使体育教学更加鲜活。

体育慕课教学视频可以在一个十分钟左右的课程中集中讲解某一体育技术问题或者体育理论知识，还可以在教学中设置一些师生互动活动，这种互动性的活动有利于激发学生学习体育的兴趣。学生通过慕课学习不仅可以将碰到的问题或困难在互动交流平台上向教师提出而教师则可以及时给予相应的解答。此外，学生还可以随时了解和调整学习进度，这样的新型学习方式有助于使得原本相对枯燥乏味的体育理论知识变得更加生动有趣，从而极大地提升学生的学习欲望和主动性。

（四）利于体育教学资源的共享

小学体育教学和其他学科教学活动的区别之处在于：体育教师在进行和组织体育教学活动时，必须创设出一种不同于其他学科教学活动的独特环境，进而使学生可以在这种为体育教学而专门创设的教学环境中学习和发展体育技能。然而，在现实中，由于各种主客观因式使得体育教育环境相对严肃且存在时间地点限制，难以有效激发广大学生参与体育课堂学习的主动性。而慕课引入学校体育教学则可以有效解决这一问题，学生可以根据自己的学习需要和实际学习情况，从慕课平台上选择适合自己的内容进行在线学习。同时，慕课平台上蕴含着大量的优质教育资源和体育特色课程。学生可以借助慕课平台，在线学习一些优质课程，这样有利于提高自己的自主学习能力，促进自己的个性化发展。

总而言之，体育慕课教学模式打破了传统教学模式受时间和空间的限制，丰富了体育教学的内容和方法，为学校体育教学资源的共享提供了网络载体。学校体育教学资源可以借助慕课这一平台，实现资源的全球化共享。

（五）利于培养学生自主体育学习意识与能力

体育教学的重要目标之一就是培养学生的自主学习意识和自主学习能力。关于学生自主学习意识和自主学习能力的培养，不同的学者有着不同的看法，比较统一的观点是注重学生的自主学习、合作学习和探究学习。这一观点强调了学生自主意识培养的教学方式。然而，体育教学与其他学科教学不同，它需要身体活动的积极参与。因此，并不是所有的体育运动项目都需要自主—合作—探究有机结合，因为一些体育项目中的复杂动作还需要教师的讲解、指导和示范。再加上自主—合作—探究的结合，也需要一定的条件——先前运动的经验与知识。由此可见，只强调教学方式，并不能全面促进学生自主学习意识和能力的培养。

基于慕课的体育翻转课堂教学模式与传统教学模式不同。传统教学模式注重先教后学，而基于慕课的体育翻转课堂教学模式注重先学后教。关于体育教学中的理论知识、健康知识、技能训练知识等，学生可以在课前通过观看短视频进行学习，从而对体育教学中涉及的理论知识有大致的了解。并在这一过程中，学生可以将遇到的问题提取出来，并通过网络平台与教师进行互动，从而解决在学习中遇到的问题。学生在慕课学习过程中，自主观看短视频，自主发现问题，并针对这些问题进行讨论，在交流和讨论中找到解决问题的方法。可见，学生通过慕课平台学习，有利于提高学生的自主学习意识。

与此同时，体育慕课教育模式注重先学后教，这种理念为新的学习方式的开展提供了保障。在慕课平台上，学生通过短视频先学习体育的理论知识，然后教师再在课堂教学中对体育动作进行讲解和示范。学生经历了这种新型教学模式带来的教学方式的变化，教师在实施自主学习、合作学习和探究学习时就会顺利很多。

由此可见，体育慕课教学模式的主要特征是先学后教。这有利于学生充分发挥自身的主观能动性，有利于学生自主学习意识和自主学习能力的提高。在体育慕课教学模式的影响下，学生也养成了自主学习的习惯，这种学习方式有利于学生以后的学习和发展，有利于学生树立终身学习的观念，有利于全面提高学生的综合能力，这是传统体育教学模式无法实现的。

（六）利于提升体育教学质量与教学效率

随着信息技术的发展，传统体育教学模式的弊端日益凸显，在一定程度上限制了体育教学质量和效率的提高，同时也在很大程度上制约了体育教学的发展。具体而言，主要集中体现在以下方面：

第一，动作的不清晰性导致学生对动作理解的不准确性。众所周知，体育运动涉及很多的动作，这些动作都是连贯而复杂的。在传统教学模式中，教师无法人为地将这些连贯的、复杂的动作进行停顿或有规律的分解。在此背景下，学生无法真正理解体育运动动作的真正内涵，只能在大脑中对动作有一个不清晰的概念。在这种不清晰动作概念的影响下，学生对一些动作的训练是凭着感觉进行的，这样很容易对动作要领理解错误。

第二，大班授课的影响和制约。在我国，教师在学校体育教学中大多数采用的是大班授课方式。这种授课方式涉及的学生很多，教师无法兼顾每个学生的学习情况，也不利于教师对学生的组织和管理。

第三，室外操场授课的影响。在室外操场上授课，体育教学容易受光线、天气、风向等因素的影响。在此背景下，教师无论怎样示范体育运动中的动作，都会因上述因素的影响而使一些学生看不清教师示范的动作，这样不利于学生正确理解动作，更不利于教学质量和教学效率的提高。

三、慕课理念下的小学体育教学模式与方法

（一）慕课理念下的小学体育教学模式

1. cMOOC 课程模式

cMOOC 课程模式是一种常见的体育慕课教学模式，它主要以连通主义学习理论为基础，该理论认为，知识与连接有关，确切而言是通过网络化进行连接的，而学习的过程就是连接节点与信息源的过程。

cMOOC 涉及的内容有很多，连通主义、协同建构、知识建构等都属于 cMOOC 的范畴。

cMOOC 作为慕课教学模式的重要组成部分，根据连通主义学习理论，以某一个共同的学习内容，将世界各个地区的学习者联系起来，不仅实现了资源的全球共享，还促进了学习者之间的交流与协作，有利于学习者根据自己的学习情况构建符合自己情况的学习网络，从而促进自身全面发展。

（1）cMOOC 课程模式中学习者的基本学习活动。

第一，对课程内容进行一定的浏览，并对课程进行注册。

第二，从网站上获取学习所用的材料，这些材料有着不同的种类。

第三，积极参与各种学习活动，积极参与问题的讨论，勇于发表自己的看法。

第四，结合自己已有知识，将个人的学习资源制作成音频、视频的形式，并将制作的学习资源通过网络平台分。

第五，意识到网络化工具在学习中的重要性，并充分利用这些网络化工

具进行学习，从而对学习网络进行建构。

（2）cMOOC 课程模式的特征。cMOOC 课程模式有着自己独有的特征，具体分析如下：

第一，cMOOC 课程模式与传统的教学模式不同。在传统的教学模式中，教师是权威者、主导者；而在 cMOOC 课程模式中，教师是组织者、协调者、指导者。教师上传到平台上的知识能够为知识的探究奠定基础。同时，教师所扮演的组织者角色，可以为学生的学习设置主题，引导学生对学习资源进行选择，鼓励学生与专家进行互动，从而在互动与协作中实现知识的分享。

第二，学习者角色由被动接受者转变为主动学习者，成为教学的主体。同时，cMOOC 有利于学生自主学习，有利于学生与教师交流与互动，更有利于学生根据自己学习情况自主构建学习网络。

第三，有利于拓展学生学习的范围。学生可以借助多种信息化平台，与教师和同伴进行交流和互动，从而分享自己的观点和经验，实现资源的多维度共享。

（3）研究者关于 cMOOC 学习的方法与策略。

1）柯米尔的策略。第一，根据学习者的实际学习情况，对学习目标进行确立；第二，充分利用社交网络工具来对自己进行介绍，并勇于在这些社交网络平台上展示自己；第三，根据已有知识，对自己学习的网络进行多维度构建；第四，积极参与小组活动和学习活动；第五，监控自己学习的进度，监督自己学习的具体内容。

2）克措普洛斯与豪格的策略。关于慕课的学习策略，克措普洛斯与豪格强调了三个环节，即课前环节、课中环节和课后环节。

第一，在课前环节中，学习者要充分利用网站，从中获取课程的相关内容，并结合自己的学习时间来安排学习。同时，从网站中了解在后续学习中会使用哪些学习工具。

第二，在课中环节中，应该勇于展示自己，积极与教师和同伴进行讨论。同时，利用好慕课平台，从丰富多彩的信息中筛选出有价值的信息。

第三，在课后环节中，要意识到交流与互动的重要性，并一直保持着与同伴之间的互动和交流。

2. xMOOC 课程模式

（1）对 xMOOC 课程模式进行分析。

1）需提前了解课程以及课程安排。在 xMOOC 课程模式开始之前，学习者就应该提前了解课程的相关知识，并知晓课程的具体安排，从而进行注册学习。

2）教师应定期发布课件以及视频。xMOOC 课程模式实施之后，教师应该结合教学目标、学习任务等定期发布一些教学课件，以及教学的短视频，以便于学习者学习。

3）课后作业应有截止日期。xMOOC 课程之后，教师应该布置相应的作业，并规定作业上交的日期，这样有利于督促学习者在规定的时间内完成作业任务。

4）应适当安排考试。在实施 xMOOC 课程模式中，教师应该适当安排一些考试，并鼓励学生积极参与考试。

5）开设讨论组以便交流。xMOOC 课程模式，注重讨论组的开设。在讨论组中，学生可以根据自己的疑问进行线上讨论和交流。如果条件允许，xMOOC 课程模式还将线下交流融入其中，从而将线上交流与线下面对面交流相结合。

（2）xMOOC 课程模式的教学原理。

1）对检索性学习与测验的分析。检索性学习与检索性测验对提高学生在线学习的注意力具有十分积极的作用。基于此，教师在对 xMOOC 课程模式设计时应该将互动性练习融到视频与测试中，从而及时对学生的学习情况进行检测。

2）对精熟学习的分析。精熟学习的分析通常从提出背景、建立基础、组成成分三个方面入手。只有这样，才能实现分析的准确性、科学性。

（二）慕课理念下的小学体育教学方法

1. 加大慕课宣传力度，促进优质资源共享

加大慕课宣传的方法主要有：利用网络平台、学校平台、教师等。除此之外，慕课平台还应该借助自我营销的方式，吸引更多的人注册慕课进行学习。在加大慕课宣传力度的同时，还应该注重慕课中优质资源的共享，从而

使世界上更多的人能够根据自己的特长、兴趣，科学选择适合自己的课程，以满足自己的学习需求。总而言之，加大宣传力度有利于更多的人了解慕课，使用慕课，有利于促进优质资源共享，促进教育的国际化发展，实现教育的公平性。

2. 注重顶尖团队培养，制作慕课特色课程

在体育慕课教学中，学校要注重顶尖团队的培养，从多个层面打造体育核心课程，并充分利用慕课平台实现体育资源的全球共享，从而吸引世界上更多的学习者进行体育特色课程和优质课程的学习。

除此之外，学校还要注重体育非核心课程建设。这是当今时代一专多能人才培养的要求。因此，学校应该充分利用慕课这一信息化平台，将世界上优质的体育课程资源融到本校慕课平台中，这样有利于拓展学生学习的范围，有利于激发学生学习的兴趣，提高学生的自主学习能力，从而为一专多能人才的培养奠定基础。

3. 加强教学质量监控，丰富慕课课程资源

（1）慕课的质量对教学效果有很大的关系。虽然我国对慕课的质量没有制定严格的标准，但是慕课的质量对教育质量有直接的影响，这就要求各个学校必须制作出非常优质的慕课视频，从而提升体育教学的质量。因此，学校、企业等需要制定出一套慕课的质量标准，从而提升慕课质量。教师是慕课资源开发与利用中的重要参与者，其能将慕课教学的作用发挥到极致。因此，学校在进行慕课资源开发时不仅要积极引入高质量资源，更是要重视教师在资源开发中的作用，鼓励教师与时俱进，把慕课教学模式引入体育课堂，以提高教学效率。

在具体的课堂实施中，教师可以将慕课与体育灵活结合起来，这样慕课就以一个新的、学生更能接受的形式参与到体育课堂中来，学生的学习积极性也能获得有效地激发。慕课内容的载体形式是视频，因此，这就要求体育教师在具备扎实的专业知识之外，还需要具备一定的信息技术能力，能够制作短视频。慕课视频要建立一套完整的制作、审核、评价机制，从而制作出一套质量非常优质的视频。

（2）实施慕课教学也是为了满足个性化教学的需求。因此，在制作慕课视频时，教师要充分考虑到学生的需求，打造出可以满足不同学习需求的多

层次慕课课程。一些一流学校的学生具有较高的认知能力，他们适合使用一些难度较高的慕课视频，而对于认知能力不那么强的普通学生来说，需要使用一些难度较低的慕课视频。当然，为了建设更高水平的慕课课程，学校可以引进国外的优质慕课资源，从而结合学校的教学实际情况，形成自己特色的慕课教学资源。

4. 借鉴慕课教学模式，改革教学方法手段

由于慕课是开放性很强的一种教学方式，因此慕课教学也有着比较多的选择性。慕课平台在网络上不受国界的限制，因此，它可以很好地将课程共享给世界各地的人，并且世界各地的人也可以将慕课视频上传到慕课平台，也使得慕课平台上的课程资源越来越多。因此，教师可以从慕课平台上会找到一个知识点的很多个慕课视频，他们可以选择性适合自己的慕课资源，从而分享给自己的学生。

教学方对教学效果的影响非常大，因此，为了保证教学的效果较好，体育教师可以适当调整教学方法。教学方法使用恰当，可以充分调动起学生的学习兴趣，并且教学内容也更容易打动学生的内心，从而使教学知识更快速地内化于学生的心中。慕课的教学模式就是很好的一种教学方式，小学体育教学可以充分借鉴这种教学模式，从而使体育教学收获更好的效果。

5. 开发体育精品课程，发挥课程资源价值

（1）学校、教师、学生等要多方宣传与推广运用体育类国家精品开放课程。由于我国的体育类方面的精品课程较少，学习的人数也较少，因此，体育类精品视频课程播放量较少。为了使更多教师和学生获得精品课程的好处，学校、教师和学生应该尽可能地通过多种手段宣传精品课程，从而发挥精品课程的最大价值。

（2）完善体育类国家精品资源共享课中体育专业课程的建设。体育类国家精品课程仍然存在一些不足，只有少数的体育课程建设精品课程，而一些体育与其他学科结合的课程还没有建设完善。各个学校还要对武术与传统体育结合的课程加强建设，申报一些精品课程建设项目，从而不断完善体育专业课中的精品课程资源。

（3）改善体育类国家精品开放课的视频内容，加强课程视频的后期制作。体育类国家精品课程是十分优质的课程，但也存在一些有待完善的地

方，例如，将视频内容的知识点进行展示，并且加入不同动作的示范画面。在视频的后期制作上，还有一些有待完善的地方。另外，在视频上还可以将重点内容进行着重提示，使学习者在遇到重点时可以集中注意力学习。

（4）开发体育类国家精品开放课程平台的多元化功能。体育类国家精品课程的平台还有一些调整的地方，在平台上可以增加一些答疑解惑的版面以及师生交流的模块。这可以使学生在遇到不懂的问题时及时向教师咨询，并且学生之间也可以就视频观看的理解互相进行探讨。再者，精品课程平台的开发者还需要设置一个建议模块，让使用这个平台的人有好的建议提交上去，从而帮助平台不断完善，变得更加功能多元。

第五节　翻转课堂模式下的小学体育教学

一、翻转课堂模式认知

（一）翻转课堂的产生背景

1. 信息技术的发展

第三次科技革命推动了信息技术的发展，随着计算机技术的推广应用，世界各国的生产日趋自动化，科学技术、国防技术乃至管理手段都越来越现代化，同样地，情报信息也在朝着自动化的方向发展。可见，第三次科技革命也掀起了一场信息革命，这场革命的突出表现就是互联网在全世界的普及。信息技术的变革辐射着人类社会的方方面面，其影响力巨大且深远。

教育作为人类社会中的重要领域自然也会受到信息技术变革的影响。在信息化时代背景下，人们不得不重新审视原有的教育教学制度，重新设计教学模式，从而让现代信息技术在教育领域发挥重要作用。因此，现代教育的目标也发生了一定的改变与扩充，即要求学生能够具备获取信息、分析信息、处理信息、加工信息的能力，具备较好的信息素养。

我国对教育信息化改革的重视程度可以从《国家中长期教育改革和发展规划纲要（2010—2020）》中看出，该纲要指出：“信息技术对教育发展具有革命性影响，必须予以高度重视。”信息技术在教育领域的渗透会极大地推动教育教学的变革进程，会在一定程度上改变教师的教学模式与学生的学习方式。这是一种必然的趋势，因此，我们必须及时更新教育理念，对现代教育技术予以足够的重视，积极地探索信息技术在教育领域的有效价值，充分利用信息技术的优势发展教育教学事业。

2. 亟待转变的教育现实

教育形式的发展可以从学徒制说起，在工业革命出现之前人们大多以这种形式开展所谓的教育活动。学徒制主要采用现场教学，教学场景基本是真实的工作环境，教学对象往往具有个别性，大多发生在代际间，教学方式就是师傅口述、示范，然后学徒在师傅的指导下进行实践。不得不承认，学徒制教学模式下培养出了许多技艺高超的手艺人。

后来随着工业革命的兴起，工厂日渐规模化，社会对于劳动力的需求增加，同时对劳动力的知识技能要求也有所提高。换言之，人们迫切需要普及推广教育，扩大教育规模，提升教学效率，从而在短时间内获得更多的能够满足社会需求的劳动力。显然，学徒制不再符合时代发展的要求，于是班级授课制就产生了。

班级授课制，顾名思义就是以班级作为教学单位开展教学活动的形式，通常，教师都会根据设置好的课程时间表，向一些固定的学生讲授知识内容，这些知识内容往往也是统一的。第一次对班级授课制进行理论的、系统的论述的教育家是夸美纽斯，他在《大教学论》中的论证明确了班级授课制的概念。之后，赫尔巴特对其予以了一定的补充，使这一制度更加完善。

之所以说班级授课制满足了工业革命的需求，其原因在于它具备一些不同于以往教育形式的特点与优势，而这些优势实际上一直在教育领域发挥着重要作用。具体而言，班级授课制的特点主要有以下三点：第一，班级授课制具有系统性，它能在规定的教学时间内让学生学到大量的知识，并且这些知识不是零散的，而是具有一定的系统性，便于学生建立知识体系；第二，班级授课制采用“一对多”的教学模式，一个教师可以向多个学生授课，与学徒制相比，其教学效率得到了极大的提高；第三，班级授课制以“课”为标准，设置好的“课”决定着教师的教学进程与学生的学习要求，因此教师在进行教学管理时也只需以“课”为中心，统一学生的学习步调，相对较为高效。由此可见，班级授课制符合工业革命在短期内需要大量人才的要求，其系统性、高效性是促进这一教育形式发展的重要优势。

随着计算机技术与信息技术的普及，人类社会再次有了突飞猛进的发展，信息化时代悄然降临。现代信息社会对人才的要求不断提高，要求人才具备一定的信息技术技能，还要具有应急处理能力，此外最好还具有一定的创新思维，勇于自主学习，具有探索精神，等等。由此可见，与工业革命时期相比，信息革命再一次提高了对教育的要求。于是班级授课制的不足也显现了出来，人们必须开始探索新的教育形式。

无论是工业革命还是信息革命，人们的思维观念都在这一次次的革命中受到了冲击，新的时代环境要求人们做出新的改变，终身教育与自主学习的理念成为人们推崇的新理念。终身教育要求人们终身学习，始终保持学习的热情；自主学习要求人们根据自己的需求和时代的发展，主动地、积极地开展学习，从而找到自己的价值。

通过梳理教育形式的发展变化可见，第一次教育革命发生在工业革命的浪潮下，教育形式从个别的、单一的学徒制转变为规模化的、系统的班级授课制。第二次教育革命则受到了信息革命的影响，教育形式开始逐渐由班级授课制转向更为丰富的终身教育、自主学习形式。时代的变迁、社会的发展影响着教育组织形式的变化，因此要想促进现代教育的良好发展，就必须把握时代的脉搏，分析教育发展的现状，找准教育变革的出路。

在教学内容方面，传统教学过度关注理论教学，而忽视了社会实践。这导致许多学生在毕业之后抱怨自己在学校学习的知识无法运用在工作与社会生活中。因此传统教育教学的变革势在必行。现代教育必须考虑学生长远的发展，必须将学校教育与社会实践、社会生活结合起来。

在教学进度方面，部分学习能力较弱的学生可能跟不上教师的进度，往往在一节课结束的时候还没有理解这些知识内容，这样容易造成学习上的疑难点，导致之后的学习进程与学习效果受到影响，这种疑难点会随着课程的推进越来越多，而这些学生就会逐渐丧失学习的信心，成为班级里的“差生”。还有一些学生接受能力较强，学习速度较快，他们能够比较快速准确地理解教师讲解的知识，但是由于教师需要照顾大部分学生的学习进度，他们就不能尽早地进入下一阶段的学习，并且还要重复听教师的讲解，这会阻碍他们充分开发自己的学习潜能，甚至还会降低他们的学习兴趣。基于此，现代教育应该努力做到让每个学生都能够进行个性化的学习，因材施教，尽可能地激发每个学生的学习潜能。

在教学侧重点方面，传统教学注重教学结果，不重视教学过程；重视技能的培养，却忽视了对学生意识、智慧的培养；注重知识的传授，却忽视了学生对情感、生活的体验。传统教学模式下，教师更关注学生的学习成果、习得了多少知识内容，教师只能通过学生的考试成绩对其展开评价，而这些成绩并不能体现学生的学习潜能，也不能体现学生的思维过程。实际上，这种教学模式恰恰忽视了一些非常重要的因素，如学生的学习习惯、学习方式、学习态度、学习意识、交流能力、独立思考能力等，这些因素是教育过程中更值得关注的因素，也是现代教育必须考虑的因素。

在师生角色关系方面，传统教学突出了教师的主导作用，但是没有重视学生的主体地位。通常情况下，教师只会根据教学计划按部就班地开展教学工作，学生则只能被动地接受，再被动地完成教师布置的作业，同时还要完成各种应试任务。学生的学习活动主要围绕“听课、作业、考试”展开，几乎没有自主思考、自主探索的机会与时间，长此以往，学生的学习热情会被消磨，学习兴趣会被打压，很难具备创新思维。因此，现代教育必须改变这一现状，充分调动学生的积极性与主动性，鼓励学生发散思维、创新思考，只有这样才能培养出个性完整、充满智慧的综合型人才。

综上所述，一方面，传统教学形式本身暴露出许多不足；另一方面，现代教育主张终身学习与自主学习等新的教育理念，由此可见，教育变革正面临关键的转折，现代教育事业必须把握时机，积极变革。

3. 求知发展的社会需求

现代社会发展节奏快，要求人们能够快速地接受、理解新鲜事物，具备较强的学习能力，拥有较强的求知欲。在飞速发展的社会中，如果不能持续地学习、不断地完善自己，就很难适应时代的变化，人们应该顺应时代、紧跟时代，保持求知欲望，不断在新的时代背景下反思自己的生活。在未来社会，高层次人才除了要具备专业的知识技能之外，还需具备一定的学习能力、创新能力和发展潜力，并且还要具备自我个性。这就要求现代教育关注社会的需求与人才的培养，努力培养出满足现代需求的优秀人才。

4. 学生学习的差异化需求

每个个体之间都存在差异，不同的学生也有着不同的学习需求。具体而言，学生在学习过程中的个体差异主要可以从以下方面进行探讨：

（1）学生的认知方式存在差异。不同的学生其认知方式是不同的，认知方式就是学生在组织信息、处理信息的过程中所体现的个体差异，通常每个学生的认知方式都是自己已经习惯了的学习态度与学习方法。例如，有些学生偏向于在安静的学习环境中学习，但有些学生即使身处嘈杂的环境也几乎不会受到过多的影响；有的学生喜欢思考探索问题，而有的人就偏好在合作讨论中表达自己、解决问题；有的学生善于使用逻辑思维思考问题，而有的学生善于使用形象思维分析问题，等等。每个学生都有着自己的认知方式，这些不同的认知方式在一定程度上造成了学生的差异化需求。

（2）学生的学习风格存在差异。学习风格是学生自我接受的、总体的学习方式，它是学生学习策略与学习倾向的总的体现。每个学生都有着自己的学习风格。有的学生接受能力强，学习速度快，可能会早早地掌握课程内容，之后有可能对教师的反复讲解感到厌倦；而有的学生接受能力较弱，学习速度较慢，可能会觉得教师进度太快，难以跟上课程进度，之后也有可能丧失学习信心。需要注意的是，学习风格没有好坏，也与学生的智力水平没有关系。另外，不同的学习风格还反映着不同的知识掌握能力。有些学生可能只是没有充足的时间来完成知识的内化，如果有了充足的时间，他们对知识的理解或许会比学得快的学生更加深入，对知识的掌握也更加扎实，对知识的记忆更加牢固。传统课堂往往忽视了学生学习风格的差异，导致学生的学习潜力不能得到最大限度的发挥。

（3）学生的学习动机存在差异。一般而言，学习动机包括学习兴趣、学习需求、情感、意志力等，学习动机是学生产生学习行为并维持学习行为的重要因素。学生的学习动机并不会对其学习过程产生直接的影响，它更多地表现为间接的影响，良好的学习动机能够有效增强学习效果。例如，意志力强的学生可以长期地保持一种积极的学习状态，从而达到预期的学习目标，而意志力较弱的学生则只能保持短时间的良好学习状态，容易半途而废。每个学生的学习动机都不同，教育教学应该关注学生的学习动机，为学生制定个性化的学习目标与合理的学习计划，为学生提供具有针对性的指导，从而帮助每个学生实现自己的学习目标。

（二）翻转课堂及其特征

1. 翻转课堂的界定

翻转课堂也可以叫作反转课堂、颠倒课堂，英语表述为“Flipped Classroom”，这里所说的“反转”主要是针对传统课堂教学而言的。“翻转课堂”是人们普遍接受的概念。不管是在国外还是国内，翻转课堂的定义始终在发生变化，不断完善，这也体现出教育教学研究者对翻转课堂研究的日渐深入。虽然人们对翻转课堂的概念还没有完全统一的界定，但是对翻转课堂内涵的分析研究从未停止。由于有些人还只能从表面的实施过程来理解翻转课堂，因此我们必须剖析翻转课堂的内涵，让更多人真正了解翻转课堂的实质。

界定一：翻转课堂就是一种教学形态，由教师创作录制教学视频，学生自己在课下观看视频，再在课上与教师进行交流，并完成教师布置的作业。此前，他们对于翻转课堂的表述大多基于其基本做法，如学生晚上在家观看教学视频，第二天在教室完成作业，如果有问题就与同学讨论或者向教师求助。可以看出这与传统教学模式完全相反，从这点来看就可以称其为“翻转课堂”。这种对翻转课堂的定义，主要是将翻转课堂教学与传统课堂教学相对比，由此突出其特征，帮助人们认识这一教学形式。

界定二：颠倒的教室，就是让教师给予学生更多的自由，将讲授知识的环节置于课下、教室之外，使学生能够自主选择适合自己的学习方式；同时把内化知识的环节放在课堂上，便于学生与教师之间、同学之间产生更多的交流，进行更多的互动。

界定三：翻转课堂就是学生利用课前时间借助教师给出的教学资源，包括多媒体课件、视频材料等，自主完成课程的学习，然后再在课中与教师进行互动，一起阐释问题、探究问题，并且完成作业练习的一种教学模式。

界定四：翻转学习改变了直接教学的空间，就是由群体空间转向了个体空间，使群体学习空间变得更具动态性与交互性，从而促进学生在学习过程中充分发挥自身的创造性与主动性，积极参与学科学习。

基于对翻转课堂研究的不断深入，乔纳森·伯格曼开始将研究重点引向“翻转学习”，换言之，他将研究目光从“教学”转向了“学习”，从强调“课前学习”转向了注重“课堂教学活动”，他探讨论述了群体学习空间与个体学习空间的关系与变化，这促进了翻转课堂实践研究的进一步发展。

上述四个关于翻转课堂的界定各有侧重，界定一与界定二主要强调翻转课堂的课前学习环节与教育技术的应用；界定三主要体现了翻转课堂在中国的本土化发展，注重课堂活动与作业练习，但没有突出对培养创造力的关注；界定四则关注了翻转课堂的动态性与交互性，强调了翻转学习的本质就是以学习为中心。

实际上，从字面意思上来看，翻转课堂就是将传统的课堂翻转过来。因此，翻转课堂最基本的界定可以是：将原来需要在课堂上完成的知识传授提前到课前，再将原来需要在课后完成的知识内化放到课堂中完成。至于翻转课堂的教学资源、教学信息技术以及具体的教学组织方式等，都不属于翻转课堂的原始要求，它们都是在翻转课堂实践发展的过程中延伸、演化出来的部分。

翻转课堂的本质是赋予学习者更多的自由，将传授知识的环节放在课前，是为了让学生自由选择适当的、舒适的学习方式；而将内化知识的环节放在课中，是为了让学生更多地、更有效地与教师及其他同学进行交流。

2. 翻转课堂的特征

翻转课堂在许多方面都对传统课堂教学进行了革新，作为一种全新的教学模式，它具有一些颠覆传统课堂的突出的特征，翻转课堂改变了传统的教学过程，对课堂的时间进行了重新规划与分配，在传授知识的方式方法上有所创新，并且促进了教师与学生身份角色的转变。

（1）颠倒传统教学过程。对传统教学过程的颠覆是翻转课堂最为突出的特征。一般而言，传统教学的过程就是“教师讲授知识—学生完成作业”，这种教学过程把讲授知识的环节放在了课堂上，将内化知识的环节放在了课下，主要由学生自己完成。翻转课堂的出现将这种教学过程彻底颠覆了，它将讲授知识的环节置于课前，将内化知识的环节置于课中，将巩固反思的环节置于课后。具体而言，翻转课堂要求教师在课前就做好相应的教学准备，按照课程目标搜索、整理或自己制作教学视频，为学生提供充足的学习资源，这样可以让学生在课前就完成基础知识的学习，让教师在课前就完成教学讲授；在课中，学生可以在课前学习的基础上提出自己的问题与困惑，教师则能够及时地予以解答指导，并且，教师还可以组织学生进行小组讨论、合作学习，让学生在课堂上就完成知识的内化；课后，教师同样可以为学生提供有针对性的学习资源，帮助其补充知识，巩固记忆，鼓励学生积极进行学习反思。由此可见，翻转课堂将传统教学过程完全颠倒了过来，并且对教学过程中各个环节的功能作用进行了重新定位。

（2）重新分配课堂时间。对课堂时间的重新分配是翻转课堂的重要特征，具体体现在对教师讲授时间的缩减以及对学生学习活动时间的增加上。在传统的课堂教学中，教师需要把大量的时间花费在知识的讲授上，学生就只能被动地听讲。翻转课堂则改变了这一局面，它为课堂互动、师生答疑、探究讨论等教学活动留出了大部分的时间，期望学生能够在相对真实的情境中完成知识的学习，并且能够学会交流与合作。由于翻转课堂将教师的讲授环节放在了课前，因此它既保证了教学内容的充足，也有效活跃了课堂氛围，提升了课堂互动性。这种对课堂时间的重新分配有助于加强学生对知识的内化程度，深化学生对学习内容的理解。并且课堂交互性的提升对之后教师开展教学评价也有一定的帮助，教师能够通过学生的互动表现了解学生的学习状况，学生也能在教师的评价中进行反思，更加主动地把握自己的学习。这显然从整体上提升了课堂时间的有效利用率。

（3）创新知识传授方式。翻转课堂的又一重要特征就是对教学方式的创新，其中最具代表性的就是短小精悍的课程视频。可见，教学视频是翻转课堂教学资源的集中体现。传统的教学方式较为单一，基本依靠教师的讲授，学生必须在特定的时间、特定的课堂上接受这些知识，比较被动。而翻转课堂中的教学视频则在一定程度上改变了这种被动的局面，学生可以通过短小但内容丰富的教学视频来接受知识，并且还可以根据自己的需求暂停、回放、慢速播放视频，这有助于学生把握自己的学习节奏与学习进度，充分鼓励了学生的自主性发挥。此外，在课前或者课下观看教学视频，也会让学生更加放松，在一个相对舒适的环境中学习，不需要神经过度紧绷，如果有不懂的地方还可以反复观看，强化记忆。在之后的复习巩固中，教学视频也发挥着重要的作用。

（4）转变师生角色。教学过程的颠倒、课堂时间的重新分配自然也影响着身处课堂之中的教师与学生，翻转课堂的特征之一就是师生角色的转变。在传统课堂教学中，教师几乎占据着“主角”位置，但是在翻转课堂中，学生成了课堂的中心。学生在学习过程中遇到了问题可以向教师寻求帮助，教师主要负责为学生答疑解惑，提供及时的、具有一定针对性的指导，可见，教师从以往的讲授者变成了学习资源的提供者，变成了学生学习过程中的引导者、帮助者。这也代表着课堂的中心不再是教师，而是学生。实际上，这种身份角色的转变向教师提出了更高的要求，教师除了要具备讲授技能之外，还需要具备收集整理教学资源、录制教学视频、组织教学活动的技能。与此同时，学生在这样的课堂上也需要充分调动自己的主动性，不能再被动地接受知识，而是要积极、主动地汲取知识、内化知识。

学生成为课堂的中心，就意味着学生将成为知识意义的主动建构者，他们可以按照自己的学习节奏、学习步调选择合适的学习时间与学习内容，遇到较容易吸收掌握的知识可以适当加快学习速度，而遇到较复杂的内容可以放慢学习速度，反复观看教学视频，仔细探究学习。学生不能再一味地等待教师给出答案，而是要通过自己的努力寻找答案。此外，师生角色的转换也有助于拉近师生关系，对营造良好的教学氛围有一定的益处，师生之间、生生之间可以交互协作，学生可以在丰富的教学活动中掌握知识内容。学生角色由“被动接受者”变为“主动探究者”。

二、翻转课堂模式下小学体育教学的策略

（一）注重学生自主学习能力的培养

自主学习强调的是学生独立学习和独立思考的能力。它有利于提高学生学习的主动性，有利于学生持续探索知识，更有利于学生的持续发展和终身学习。翻转课堂作为信息技术迅速发展的产物，它对学生的自主学习能力提供了更高的要求。可见，学生自主学习能力的培养在翻转课堂教学模式的实施中起着不可替代的作用。

具体而言，自主学习能力的培养应该注意：第一，注重学习动机，抓住影响动机的因素，并对其进行干预，从而不断激活学生的学习动机；第二，注重学生元认知发展，采用多种手段发展学生的元认知，并促进学生在这一方面的发展；第三，重视学习策略的讲授，提高学生的认知能力，鼓励学生

采用不同的认知策略；第四，注重学生环境利用能力及其培养，良好的学习环境有利于学生的学习和能力的提高，因此教师应该注重学生这一方面能力的培养。

由此可见，在体育课程教学中，教师首先应该意识到动机在学习中的重要性，并积极采取干预策略激活学生的内在动机，同时注重调动学生学习体育的积极性和主动性；其次，教师应该注重学生学习的策略，并采用不同的方式对其学习的策略进行指导；最后，教师要注重学习方法和技巧的传授，同时鼓励学生对自己进行科学、合理的评价。具体到翻转课堂的实施中，教师应该注重学生学习体育的主动性，并采取多种方式来调动学生学习的积极性。例如，教师可以将学生课前观看视频的时间和次数进行统计，并将统计的结果融入期末成绩考核中；在课堂上通过提问、作业检查等方式来考查学生课前观看视频的情况，并将这一考查结果融入日常的学习评价中；对没有按时完成课前观看视频任务的学生，教师也需要采取一定的措施，并对这类学生学习的进度进行及时监督。

总而言之，利用多种方式来促进学生的主动学习，是翻转课堂教学模式实施的关键。因此，教师应该根据学生的实际学习情况及任务完成的情况，选择恰当的策略，从而促进学生的主动学习。

（二）提升体育教师的能力与素养

众所周知，教师是教育教学改革的重要保障，无论是体育教学改革还是其他形式的教育教学改革，都离不开教师的积极参与。翻转课堂作为一种新的教学模式，在实施过程中也离不开教师的参与。可见，在翻转课堂教学中，教师扮演着不可替代的角色。例如，课前教学视频的制作、在线体育教育平台的构建、课堂教学氛围的营造及教学组织和管理、课后教学评价以及对学生具体学习情况的评价等都需要体育教师的积极参与。在翻转课堂影响下，这些教学内容也对体育教师提出了更高的要求。例如，教师的计算机操作能力、信息化教学能力、信息资源整合能力、教学组织能力、教学互动能力、教学评价能力等。因此，要想在体育教学中有效实施翻转课堂教学模式，首先应该意识到体育教师在体育教学中扮演的重要角色，其次从多个方面提高教师的综合能力。

由于体育翻转课堂教学模式，涉及的内容、范围更为广泛，涉及的工作也更为复杂，再加上每个教师的时间、精力等都是有限的。所以，除了提高体育教师的综合能力以外，还应该注重翻转课堂团队建设。随着教育教学改革的不断推进，教育教学改革也逐渐从精品课程建设向教学团队建设方面转移。基于翻转课堂的教学团队建设，是翻转课堂在体育教学中实施的重要保障。它有利于缓解体育教师的压力，有利于培养体育教师的合作精神。同时，还有利于体育教师在教学团队中不断学习、不断吸收他人的经验，不断弥补自己的不足，从而能够在很大程度上提高体育教学的质量，促进体育教学目标的实现。

（三）完善小学信息化教学的环境

随着网络技术、多媒体技术等信息技术的不断发展，教育信息化已成为教育改革的必然趋势。同时，教育信息化改革在很大程度上促进了教育教学的现代化发展。因此，高等院校在教育教学现代化建设中，十分注重教育信息化的融入。因此，如何充分利用信息技术，如何将教育信息化与教育教学现代化有效融合，是当今教育教学改革的重要内容，也是教育改革中教育者研究的重要方向。而翻转课堂是信息技术发展的产物，它充分利用信息技术与教育技术，实现多种资源的共享。翻转课堂作为一种新的教学模式，注重多媒体技术、信息网络技术的利用，注重在线教育、教育技术的融入，这是翻转课堂与传统教学模式的主要区别。由此可见，翻转课堂教学模式的有效实施离不开信息化教学环境的支持。因此，要想有效实施翻转课堂教学模式，就应该不断完善信息化教学环境。尤其是在当今信息化时代，以翻转课堂教学模式为典型代表的信息化教学日益受到重视。作为影响信息化教学的重要因素，信息化教学环境也日益受到重视。只有不断完善信息化教学环境，才能在一定程度上保证信息化教学模式的顺利实施。

（四）增强翻转课堂在小学体育教学中的实践

翻转课堂正式引入中国是在 2011 年，翻转课堂在中国的发展历史比较短，翻转课堂与教育教学相结合的研究都处于初级阶段，尤其是翻转课堂与体育教学相结合的理论研究和实践研究更是屈指可数。可见，翻转课堂融入体育教学，并没有充足的理论基础和实践保障。也正是因为如此，体育翻转课堂教学面临着很多的困难。

小学公共体育翻转课堂教学理论和实践研究是一个十分复杂的过程，并不是朝夕之间就能完成的。因此，为了更深入的研究小学公共体育翻转课堂教学理论与实践，体育教育工作者应该更新教育教学观念，意识到翻转课堂在小学公共体育教学中的重要性，并从多个维度研究小学公共体育翻转课堂教学理论，不断吸收前人研究的最新研究成果和实践经验。同时，体育教育工作者还应该根据体育教学改革的要求，不断提高自己的能力和水平，不断在公共体育教学中研究和探索，加强翻转课堂在公共体育教学中的理论与实践研究，真正实现翻转课堂与公共体育教学理论与实践的有效融合。

（五）重视小学体育教学的安全防范

小学体育教学是一种特殊的教学项目，它有着其他教学项目不具备的特点，融合体力与智力、需要运动者的身体参与、不同的运动者承载的运动负荷也存在着差异等。同时，不同的体育项目，也体现了不同的特点。无论是哪一种体育项目，都存在着运动的风险，体育运动中的安全防范是降低或避免运动风险的关键。因此，体育教学应该重视安全防范。

与传统体育教学模式相比，体育翻转课堂教学模式注重学生的课前学习。学生通常会在课前对教师事先制作的教学视频进行观看和学习。在这一过程中，学生可以从中理解体育项目中的各种动作，并根据视频中的规范动作进行模仿练习，这样能够为课中教学做好充分的准备。然而，这种课前观看教学视频的过程，是学生自主学习的过程。在这一过程中，教师并不参与其中，学生在模仿和训练动作时由于缺乏教师的监督和指导，出现运动损伤的情况也随之提高。针对这种情况，体育教师应该根据课前教学视频的内容做好安全防范工作。具体而言，教师首先应该提高安全防范意识，明确哪种体育内容存在着运动损伤风险，并在教学视频中特别说明。同时，教师还应该注重学生安全运动损伤风险的识别，提高学生的安全防范意识。除此之外，教师还应该充分利用翻转课堂平台，在教学视频或在师生互相交流的过程中对运动损伤风险进行分类，并给出相应的预防措施。

（六）避免翻转课堂教学模式的异化

众所周知，翻转课堂教学模式是一种新型的教学模式，它是对传统教学模式的改革和创新。翻转课堂教学模式在教学理念、教学目标、教学方式、教学结构、教学策略等方面都与传统教学模式存在着较大的差异。因此，在体育翻转课堂教学模式中，教师首先应该意识到翻转课堂在体育教学中的重要性，深入理解翻转课堂的相关理论知识，以及翻转课堂在体育教学中实施的具体条件、方法策略、注意事项等；其次根据学生的实际学习情况和学生的身心特点，结合教学的具体目标和体育学科的特点，科学地将翻转课堂融到体育教学实践中，从而真正提高体育教学的效果，避免翻转课堂在体育教学中的异化现象。

第六章　小学体育教育教学的实践创新

第一节　小学体育教育的身体活动教学

一、小学体育教育的身体活动教学——跑

（一）跑的教学策略

1. 与教学活动对话

跑是人体基本的活动方式之一，也是基本的运动能力之一，是儿童在日常生活、体育娱乐中最基本的一种活动能力。

（1）教学活动对跑提出的要求。“在小学不同的水平阶段对跑有不同的要求”[①]。具体如下：

1）水平一：

第一，运动参与：积极愉快地参加跑的练习，主动完成学习任务。

第二，运动技能：知道跑类项目或跑的游戏的名称或动作术语。体验跑的过程。了解跑的运水平运动现象。体验速度、节奏、力量、方向等。在跑中能够注意身体的姿态和动作，完成练习。学会一些跑类体育游戏。

第三，身体健康：在发展速度和力量的同时，发展柔韧性、灵敏性和平衡能力，全面发展体能与健身能力。

第四，心理健康：努力完成练习，体验跑的活动对情绪的积极影响。在新的合作环境中愉快地进行跑和跑类游戏，与同学友好相处，表现出对同学的关心和爱护，乐于帮助同学。

---

① 高俊霞．小学体育教学策略与案例分析［M］．石家庄：河北美术出版社，2017：2.

2）水平二：

第一，运动参与：积极参加多种跑类项目练习。乐于参加新的跑类活动和游戏。

第二，运动技能：学习奥林匹克运动中跑类项目的相关知识；了解跑的动作术语和名称含义，能够正确地描述已经学过的动作（如摆臂应该前后摆臂、起跑时重心前移）；提高跑的活动和完成跑类游戏的能力；初步掌握多种跑类活动的方法；重视跑类活动中的安全问题（如追拍的时候不能用力推搡），能够掌握跑类活动中的安全常识并表现出主动避免运动伤害和危险的意识与行为。

第三，身体健康：发展学生速度和力量，同时要兼顾发展学生的柔韧性和灵敏性。提高适应自然环境变化的能力。

第四，心理健康：培养坚强的意志品质，坚持完成有难度的跑类练习和游戏；学会控制情绪的方法（如在耐久跑中保持情绪饱满）；形成合作意识与能力，在跑类活动中能主动和同伴进行交流，乐于与同伴共同完成跑类活动和游戏；具有良好的体育道德，遵守跑类项目和游戏的规则。

3）水平三：

第一，运动参与：学会通过跑类活动进行积极性休息，认识到适当的体育活动是一种有效的积极性休息方式并付诸实践。感受多种跑类活动和比赛的乐趣。

第二，运动技能：丰富奥林匹克运动中的跑类项目的知识；了解跑类项目的名称和它基本的健身价值；掌握简单的跑步锻炼方法，运用已有的知识和技能，改善和提高跑步的质量；观看田径比赛中的径赛项目；完成有一定难度的跑类项目练习；掌握跑的技术动作和动作组合；初步掌握在跑类运动中损伤和意外伤害的预防与简易处理方法。

第三，身体健康：了解在跑类项目练习中遇到的运动系统构成（如有关的肌肉、骨骼、关节）；了解青春期的生长发育特点和保健常识（如女生了解经期体育锻炼的注意事项）。培养速度素质、耐力素质和力量素质，同时提高灵敏性兼顾柔韧性。全面发展体能与健身能力。

第四，心理健康：培养坚强的意志品质，在比较困难的跑类项目中表现出自信和克服困难的勇气；正确认识自己和他人的身体条件和运动表现差异，并对自己充满信心；在跑步项目和游戏中控制自己的情绪并表现出自制能力，同时形成合作意识和能力。

（2）教学活动中对跑与游戏教学目标的制订与分析。下面以水平三教学目标的制订与分析为例，制订和分析跑与游戏的教学目标。

1）根据活动要求，在认知方面具体的目标为：快速跑能够发展速度、力量、灵敏等身体素质；耐久跑具有改善呼吸系统和心血管系统的功能。十秒左右的全力快速跑练习可以提高速度素质，快慢结合的变速跑可以提高心肺功能，从而提高耐久跑的能力。跑的练习需要平坦、无干扰的场地。50米跑包括起跑，起跑后的加速跑，途中跑和终点跑。400米还包括弯道跑，在跑的时候注意呼吸节奏，一般在4步完成一次呼吸。男生50米要在10秒50以内，女生则在11秒以内，而400米都能在1分55秒以内。另外，学生应该知道学习文化知识也需要休息，而体育锻炼就是最好的休息方式。还应该了解更多的田径径赛相关知识，如100米起跑需要经过：各就位、预备到发令枪响进入起跑阶段。关于跑的项目还有：200米、400米、800米、1500米、3000米、100米栏（女）、110米栏（男）和400米栏等。了解在跑类项目练习中遇到的运动系统构成（如有关的肌肉、骨骼、关节）；了解青春期的生长发育特点和保健常识（如女生了解经期体育锻炼的注意事项）。

2）学生应该达到的技能目标：跑得轻松自然，跑姿正确；50米跑时，会站立式起跑，起跑反应迅速，加速有力，途中跑上身直立，前后屈臂摆臂，下肢摆动迅速，步频快速，上下肢协调，直到冲过终点线；合格的成绩为男生在10秒50，女生在11秒以内完成；400米耐久跑，仍旧采用站立式起跑，起跑后在30米内加速到适合自己的速度，途中跑上体直立，屈臂前后摆臂，上下肢协调，控制步频和步幅，会调整呼吸配合运动节奏，尽最大努力克服困难冲过终点。男、女生合格的成绩都是在1分55秒内完成；采用下压式传接棒技术，成功完成接力比赛；同学间相互配合，相互鼓励，同心协力完成任务；能够在30～40米内，安全、迅速地通过3～4个障碍物，抵达终点；按要求完成发展跑的能力练习，明白各项练习是为解决跑步当中哪些问题而进行的，利用自己的知识改善跑步动作。通过小学四年的学习和锻炼，学生对跑的动作技术已经比较熟悉。接下来的目标就是跑得更快又轻松、自然，对跑的技术不断地改进和提高。这时对短距离的快速跑和耐久跑都提出了时间上的要求，学生不仅要技术过关而且还要在成绩上有所进步。

3）在体能方面的目标是：发展速度素质，包括位移速度、反应速度和动作速度。进一步增强快速力量，并增强上下肢的力量。发展协调性、柔韧素质以及灵敏素质。注重耐力素质的培养，增强心肺功能。

第一，关于力量素质，女孩 11 ~ 12 岁肌肉质量变化加快，男孩则在 13 ~ 14 岁。所以小学阶段女孩的力量增长是很明显的，她们在 11 ~ 13 岁这三年中最大力量可以提高 40% 左右，男孩会增长稍慢一些。重点还是发展快速力量，以动力性练习为主。

第二，关于速度素质，其中位移速度在 12 ~ 15 岁（女孩 11 ~ 14 岁）增长最快，是最有效的发展时期，所以我们要抓紧机会发展孩子位移速度。而反应速度和动作速度的敏感期在 9 岁以前，但这并不表示现在我们可以忽略，还要继续地发展。

第三，关于耐力素质，9 ~ 12 岁都要注意一般耐力的发展，增强心肺功能。特别注意的是在小学阶段 400 米是作为耐力项目进行练习的，会达到一定的血乳酸水平，而且国家还要对这一项目进行测试，这就要求孩子们具备一定的抗血乳酸能力。然而无氧耐力的练习一定要适当，因为到了 15 岁左右才能逐渐地增加无氧耐力练习。

第四，关于柔韧性和灵敏性，柔韧素质的优越性在 11 ~ 13 岁消失，灵敏性发展在 11 ~ 15 岁也不是发展的敏感期，但这两个素质的训练需要在整个少儿时期重视它们的发展。

4）情感和态度目标：在运动中培养学生勇敢、吃苦耐劳以及团结协作等良好的心理品质。首先，由于 400 米成为测试项目，要想成绩优异，在练习中就必须表现出坚强的意志品质和克服困难的勇气；其次，同学间存在身体素质的差异，到了水平三变得更加明显，这种情况往往会让学生们产生一些自卑的心理。

2. 与教材对话

（1）教学内容在教材中的位置与关系。基本身体活动是指人们在身体活动中做出的走、跑、跳跃、投掷、攀登、爬越、滚动、支撑、悬垂等动作。完成这些动作的能力，称之为基本身体活动能力。

1）在水平一阶段所占的比重是总课时的 26% ~ 27%，它是占 1/4 以上的重点教材，跑与游戏占其中的23%左右。国家规定一、二年级每周要有4节体育课，按一学期18周来计算，一学期有72课时，全年则有144课时。如果按以上条件计算，水平一每年要求跑与游戏要有9个课时，18个课次，即每个学期要有4.5个课时，9个课次。

2）基本身体活动在水平二所占的比重为总课时的23%，和体操类、球类活动并列成为占比重较大的重点教材，其中跑占了总课时的10%，成为占比重最大的教材。根据活动要求，三、四年级每周会有3节体育课，每学期按照18周计算，2学期有36周，换言之，每学年将有108个学时，按上述条件计算，水平二将会有10个学时，20课次左右跑的内容。

3。基本身体活动在水平三所占比重提高到总课时的27%～28%，跑占其中的50%以上，如果按照18周一学期，每周3节体育课，跑在一学年需要有16个课时左右。同样，跑也是水平三占用课时最多的体育活动项目。

（2）小学三个水平阶段中跑的教学内容。

快速跑：水平一是30米；水平二和水平三是50米。

接力跑：水平一和水平二是对向的接力；水平三是4×50米的顺向的接力跑。

耐久跑：水平一是走跑交替；水平二是300米～400米跑；水平三是400米跑。

障碍跑：水平一没有专门的障碍跑的内容；水平二和水平三两个水平障碍物的数量逐渐增加，难度也随之增加。

除了以上内容，还有很多跑类游戏。

（3）跑的教学内容重难点分析

1）快速跑。

水平一的快速跑：30米快速跑与游戏。这是发展快速跑动作能力的教学重点之一。这项教学内容是建立在自然直线快速跑的基础上。

重点：从“站立式”起跑开始，跑出后迅速加速到极限，头要正，眼看前方，前后摆臂，快速冲过终点线。站立式起跑在小学阶段跑的项目里会频繁用到，水平也会有不同的要求，这里要求的站立式起跑就是自然的站立式起跑，没有过多的要求。起跑后要用最短的时间加速到最高速，这一点因人而异，先天条件好的同学，爆发力强，加速就快，反之则慢，主要看是不是能做到自己的极限。头正，眼看前方是跑直线的前提，所以必须强调。前后摆臂，防止力量的分散，而且这也是很多学生需要纠正的部分，更是从小就要养成的动作习惯。另外，学生也要养成冲过终点再减速的习惯。

难点：跑的动作协调，跑得直，快速冲过终点线。动作的正确并不代表动作间相互协调，如学生可以做到前后摆臂，但因为不习惯新的动作，上下肢就会不协调，所以要保证动作的正确，还要保持动作协调是比较难的。跑直线对于水平一的孩子并不是一件容易的事，多练习，多体会解决跑偏的问题。这里所说的“快速冲过终点线”，是指保持最快的速度冲过终点。

水平二的快速跑：50 米快速跑。随着学生的身体成长发育，快速跑的距离也增加到 50 米。

重点：起跑反应快，后蹬充分，前摆积极，上下肢协调配合。相对一年级，起跑有了新的要求，它不仅仅是一个姿势，更是一种提高自身快速跑成绩的一项技术，虽然在技术细节上没有要求那么细致，但是它已经为起跑后的加速跑阶段做好准备了，这里所说的“后蹬充分”当然不是鼓励孩子们“迈大步”，而是在高步频的前提下，加强后蹬的力量。然后积极前摆，意在让孩子们的髋关节“打开”，养成良好的跑步习惯。保持前后摆臂上下肢协调配合。例如起跑的时候摆臂动作幅度会加大，让自己尽快地发挥最大速度，进入途中跑。

难点：蹬摆协调，跑得自然。水平二的学生没有跑的专门性练习支持，所以动作一定不会很饱满，蹬摆协调的要求并不容易做到，主要依靠多次跑的全程练习中教师的指导和学生自身的体会来完成。

水平三的快速跑：50 米快速跑。对于进入青春期早期的学生，教材中对于快速跑的要求更高了。

重点：起跑有力，加速明显；途中跑时重心平稳，直线性好，蹬摆有力，自然放松。要做到起跑有力，就要求起跑时身体重心的前移以及起跑时敢于蹬地，加大摆臂速度和幅度，逐渐使重心抬起，这样才会加速明显。在途中跑时避免各种原因使重心不稳，例如左右摆臂使力量分散、核心区力量不足导致上体晃动等。这一阶段的孩子力量增长迅速，跑的动作会显得更加有力，但是不能过于紧张，那样会导致动作僵硬，从而影响成绩，该放松的肌肉需要放松。

难点：跑的各环节衔接紧密，途中跑动作协调、自然、有力。流畅的起跑、起跑后的加速跑、途中跑和终点跑是很多运动员都没有做好的事情，对于普通的学生就更有难度了。所以只要各环节的衔接紧密，清晰，这就已经难能可贵了。

2）接力跑。

水平一的接力跑：各种方式的接力跑与游戏。例如，迎面接力、往返接力、换物（或障碍）接力跑。

重点：发展自然奔跑能力，跑姿正确，直线跑进。加强对学生进行集体主义、遵守纪律、规则意识和团队意识的教育。最重要的是做到错肩交接棒。跑的练习往往会乏味，需要用比赛的形式提高学生兴趣，接力跑自然是孩子们喜欢的运动项目之一，我们要利用接力跑来强化跑的能力。接力的方式多种多样，水平一主要是面对面的接力，这里的重点技术就是错肩交接棒，既能提高效率，又能保证安全。

难点：在游戏奔跑中保持跑的正确姿势。激烈的比赛往往会让学生很激动，很兴奋。在这样的条件下，孩子很容易就忘记保持正确的动作，又变回原来习惯性的错误动作。

水平二的接力跑：30 ~ 40 米的迎面接力、20 ~ 25 米的往返接力。这里说的是重点教材，教师还可以发掘出更多的接力形式，以增加课堂的气氛。

重点：右错肩，立式传接棒以及合理的折返方法。既保证传接棒动作迅速有效，又能保证安全。对于折返时的减速制动，需要多体会几次，通过教师的指导和自身开动脑筋找到方法。

难点：传接棒的时机和配合。学生对于交棒的时机总是把握不准，找到交棒的最佳时机以及接棒队友的配合是比较难的地方。

水平三的接力跑：4×50 米接力跑。田径的比赛中接力项目的“缩小版”。

重点：传接棒的方法和传接棒的配合。由于顺向的接力和对向的接力有很大不同，对于很多学生而言，4×50 米接力跑是比较陌生的，他们需要认识新的传接棒技术和配合。

难点：在接力区内，快速跑动中完成传接棒动作。这一点是非常有挑战性的。大家都知道，高水平的比赛中也会有掉棒、出接力区这样的事情发生，所以小学生练习实践起来会很难。传接棒在慢速中容易做到，但是在高速的情况下就会比较困难，它需要孩子们之间的信任、他们自己的勇气以及正确的判断。

3）耐久跑。

水平一的耐久跑：300 ~ 500 米的走跑交替。

重点：呼吸自然，动作协调，保持正确的走跑姿势。速度较慢的走和跑更容易纠正错误动作，孩子们应该关注自己的跑姿，并且能找到呼吸的规律。

难点：体验距离与速度的关系，呼吸方法。在实践中体会口鼻结合的呼吸方法，并且能够熟练地掌握，对于低年级的学生而言，较为困难。

水平二的耐久跑：300 ~ 400 米的耐久跑。

重点：动作轻松、协调，呼吸节奏、方法和体力分配。这一阶段的学生初次尝试连续长距离的跑，它和短距离的快速跑有一个很大的区别，就是要注意呼吸的方法和节奏。在奔跑的过程中不再是一味地冲刺，而是在跑的过程中感受自己的体力消耗状况，调整自己的状态。

难点：呼吸节奏与跑的节奏配合。例如两步呼气、两步吸气，配合跑步的节奏进行呼吸。学生在挑战自己体力的极限时，一定要冷静地注意呼吸的节奏。

水平三的耐久跑：400 米耐久跑。和 50 米跑一样，它属于国家学生体质健康监测项目之一，有明确的评价办法。同时也是水平三跑的重点教学内容。

重点：跑时动作协调，呼吸自然有节奏，步幅均匀。其实，400 米属于短跑类田径体育项目，但是在小学阶段我们是作为耐久跑来进行教学和评价的。学生要调整呼吸节奏，在途中跑的时候保持一定的运动状态，更有利于身体进入工作状态，取得好成绩。

难点：动作协调，节奏稳定，合理分配体力。在 400 米的全力奔跑中，学生体能需要承受考验，在身体上会有一定的“痛苦”感受，学生需要用坚强的意志品质克服困难，来保持高速、稳定的运动状态，冷静地感受自己的体力消耗，控制调整自身的状态。

3. 与教学问题和策略对话

针对跑的教学内容，探讨三个水平阶段教学中的生成性问题的解决。

（1）快速跑。

水平一最初的练习速度和距离要适当，重点要求跑的姿势正确。快跑动作一定要用前脚掌先着地，跑直线，自然放松。然后再逐渐要求跑完30米全程并提高跑的速度。多采用游戏和比赛的方式进行教学，吸引学生参与跑的练习。也可以让学生相互提醒动作，同时也就巩固了自己对正确姿势的认识。还可进行30米的测试，既让学生知道自己的成绩并且能看到自己的进步，教师还可关注学生的成长，验证练习的有效性。在水平一中学生通常会犯几种错误。例如，两臂左右摆动，我们可以通过原地的摆臂练习，多次的强化正确姿势和动作；头后仰看天，挺腹，这往往会伴随脚跟先着地，我们可以利用台阶或者上坡跑来克服；上体不能保持正直，也就是腰挺不住，我们可以做背后夹棒的练习纠正；没有到终点就减速，这一点需要教师不断地提示来克服，养成冲过终点的习惯。除了以上容易出现的错误，教师还应注意提醒学生奔跑时的步频，强调快速的步频而不是大步幅，虽然二者都很重要，但前面提到过小学阶段是动作速度的身体发展敏感期，所以更注重步频的培养。

水平二的学生开始学习和体会50米跑的动作技术，这一项也是贯穿整个小学《国家学生体质健康标准》规定的测试项目。在对教学内容的处理和教学方法的选择上，要注意趣味性和竞争性，并通过一些游戏和比赛游戏或者比赛活动培养学生积极向上、奋勇拼搏的精神。教师不仅要讲解动作，还要做出高标准的示范，让学生模仿和体验，逐渐建立50米快速跑的动作表象。在课堂上可以让学生体验各种起跑的姿势，让他们讨论哪种姿势更好，更快。还可采用分组教学的方式进行，让他们相互下令，培养他们自主学、练的意识和能力。另外，教师要找到多种办法培养学生直线跑的能力，如把跑道变窄、沿着直线跑和对着标志物跑等手段。还有，学生们都喜欢游戏和竞赛的练习形式，并享受在反应、位移、奔跑中的乐趣，同时发展奔跑的能力，这就要求教师不断创新游戏，让学生更积极地投入练习。在组织形式上，亦可采用集体与分散学练相结合，个人与小组相结合的策略鼓励学生积极思维，主动参与，共同提高。

水平三的50米跑是此学段的重点教学内容。它既是考核项目也是《国际学生体质健康》规定的测试项目。它对学生的速度、力量、灵敏等体能具有积极作用。本学段在技术上主要帮助学生重点掌握50米途中跑的技术，在提高快速跑能力的同时发展体能，不要过于追求动作细节。同时在教学方式和方法、手段的设计上还是要多样化、兴趣化，适当引入竞争因素，培养学生敢于拼搏、勇于竞争的精神。另外，在起跑动作的要求上要进一步提高，由于学生的力量有所增长，可以采用身体重心充分前移，超过支点（前支撑脚），起跑时敢于发力，起跑后大幅度地摆臂以克服向前“栽”的力量，然后逐渐抬起身体，尽快将速度发挥到最大。还有，此阶段要加入跑的专门性练习，来进一步让跑的动作变得“饱满”。50米跑使下肢负荷较大，在教学设计时应搭配一些发展上肢、腰腹的游戏或练习，让学生的身体得到全面发展。例如，摆臂练习、直立提踵、斜身引体等。50米跑的练习相对比较单调和枯燥，教师要设计一些有趣味性，且能发展学生快速跑能力的游戏或者练习。50米跑的成绩更依赖先天的身体素质，但后天的技术学习和潜力的挖掘也同样重要。教师应关注个体差异，让学生关注自身的成长，建立自信。快速跑教学中也会遇到很多易犯的错误。首先是抢跑，可以用各种方式强化听信号行动的习惯，同时告诉学生抢跑是违反体育道德的行为，是投机取巧的把戏，不能存在侥幸心理；其次是起跑后的加速跑不清晰，也就是加速不明显，这种情况原因可能是心理作用，重心不敢前移，听到信号后又害怕栽倒在地，不敢大力地蹬地，还有可能是重心抬起得过早过快，就好像一起跑就先跳起来再加速一样，有条件的话，可以进行上坡跑的练习，或者用弹力带给学生一定的阻力让他们克服，体验蹬地的感觉，再经过多次的体验和练习逐渐改正错误；再次就是上体的前倾或者后仰，我们可以利用60米左右的中速跑来矫正。最后就是上体摇晃，强大的核心区力量配合后蹬跑和跨步跑的练习可以有效地纠正这一错误；还没到终点就减速或跳起，我们可以向学生解释计时的方法，终点跑的动作技术方法，或者在终点前放置标杆，要求学生体会保持最快速度冲过终点线前的标杆才能减速。

（2）接力跑。

水平一和水平二的接力比赛前，一定要先教会学生正确的立棒交接棒的方法，然后强调错肩交接棒，我们可以要求学生在交接棒时统一伸出右手，跑完交棒后的学生依次和每一位队友击掌直到队尾，既可以完成错肩交接棒，同时还能顺利地沿正确的路线回到队尾。在教学中，教师要强调几点要求，如：听到口令后才能开始比赛；起跑或接棒的时候一定要站在起跑线后面；传接棒的时候不允许抛接力棒，如果途中或传接棒的时候掉棒，必须由持棒者在掉棒的地方捡起，继续跑并完成交棒；往返接力跑的时候，必须绕过标志物才能返回交接棒。在活动中，要加强思想和安全教育，建立必要的教学常规和要求。注意表扬和激励学生团结协作、遵守纪律的好作风，引导学生积极思维，培养学生的观察能力、判断力和应变能力。在教学中教师还要提醒在激烈的比赛中的学生注意保持正确的跑姿。

水平三的接力跑是顺向的接力跑，在形式上和前两个水平有很大的不同。接力跑的教学重点应放在发展速度和同伴的配合方面，以及与人配合的意识和团队精神的教育。不要单纯地在掌握传接棒技术上下功夫，应该让学生在高速的跑动中体会和掌握传接棒的方法，以及传接棒的时机。采取多种练习方法组织学生练习。例如，原地传接棒，慢跑中传接棒，短距离的传接棒，快速跑传接棒等方式。在练习中让学生知道传接棒技术动作的完成质量直接影响全队的成绩，将动作技术的学练和培养学生的团队意识有机结合起来，鼓励学生之间交流，增强默契感。在练习中经常会出现无法交给接棒同学或者两人相撞的情况，通常是心理因素导致起跑时机不对或者是没有发挥好动作技术引起的。这时应鼓励学生总结经验，找到方法避免再次发生同样的错误，避免相互埋怨，认识到不论成功或是失败，团队中的每个人都有责任，引导学生树立共同承担责任的责任心，面对失败，分析原因、积极改正、齐心协力、再创佳绩。另外，学校的场地条件不同，教师就要根据实际情况安排适当的内容，如圆周接力，椭圆接力直道接棒，接力区交接棒等。

（3）耐久跑。

水平一的耐久跑是走跑交替，走和跑的距离应结合儿童跑的实际能力灵活掌握。开始阶段可以多走少跑，然后逐渐增加跑的距离，不能骤然增加；在跑的开始练习阶段速度都应慢些，以中速为主。在练习过程中随时提示跑和走的正确姿势和呼吸方法。

水平二和水平三的耐久跑内容就是全程跑。在教学内容的处理和教学方法的选择上，注意循序渐进逐步增加跑的距离（由 150 米、200 米、300 米逐渐过渡到400米）和速度的提高，加强教学的趣味性和竞争性，提高学生参与练习的积极性，在游戏和比赛活动中培养学生克服困难、顽强拼搏的优秀品质。还要注意对男、女生和体能强、弱的学生区别对待，对体能弱的学生应降低要求或改变练习方式。教师要巧妙地创设弯道跑的学习情境，例如“8字接力”“十字接力”等，在练习中体会弯道跑的技术动作。另外，耐久跑需要强大的心肺功能支持，教师可以利用变速跑、间歇跑等手段提高学生的心肺功能，提高耐力素质，从而提高成绩。400米跑的运动强度很大，教师要引领学生充分地做好准备活动和运动后的放松活动，同时400米跑的练习很单调也很枯燥，教师在教学中要注意方式和方法，手段的设计要多样化、兴趣化。

（4）障碍跑。障碍跑是水平二和水平三的内容，水平一中不作为主要内容。在教学中要引导学生思考、尝试练习，能够掌握灵巧的钻、跨、跳过障碍物的方法，同时教师要给予肯定、鼓励和指导。教师要根据学生掌握动作的程度适当提高要求，鼓励学生在高速中通过障碍物。课堂上允许并鼓励学生之间相互讨论、学习和分享经验，培养学生的创新意识、实践能力以及合作学习能力。教师可以创设障碍游戏或比赛的情境，提高学生练习的积极性。另外，教师一定要加强安全意识教育和防护措施，防止意创伤害事故的发生。例如，使用比较软的物体作为障碍物；在柔软的场地上进行比赛；让孩子们讨论可能遇到的危险等。随着年龄的增加，通过障碍物的难度也越来越高，这时有的学生会有一定的畏惧心理，教师一方面要根据具体情况适时加强对学生的心理教育；另一方面还要帮助学生克服畏惧心理。可以先让学生慢速安全地通过障碍物，熟练后慢慢加快速度，并给予及时表扬和评价，培养学生勇敢果断、勇于向困难挑战的意志品质。在障碍跑的比赛中，学生往往会更加急于通过障碍物，这就会增加出现意外的可能性，在比赛前一定要有充分的准备活动，并且有针对比赛障碍物充足的练习次数，在赛前要增加对学生的安全教育。

4. 与教学评价对话

教学评价是教育教学中的重要环节，它为教学提供反馈，同时还具有导向性，会直接影响学生的学习动机和兴趣。

（1）跑的教学评价的目标。了解学生对于跑已经达到学习目标的程度，为制订下一步教学计划做准备；判断学生在跑的过程中的不足之处及其原因，设计针对性的改进措施；鼓励学生展示自己的能力和水平，发展学生的学习潜能。

（2）跑的教学评价主体。为了更好地发挥评价的作用，不仅采用教师评价，还应该关注学生的自我评价、相互评价以及其他有关人员的评价。其中教师的评价起主要作用，它应当具有很强的权威性，要做到全面和准确。教师要用发展的眼光来评价学生，以表扬和激励为主，同时有具体的反馈和改进的建议。

（3）教学评价的几种评价语。

第一，表扬性评语。及时发现学生的优点，给予学生肯定和表扬。例如，在跑的练习中改正动作是比较困难的，因为孩子们已经有了多年的跑的习惯，他们积极努力改变旧的错误习惯的时候是应当得到老师的关注和表扬的。

第二，鼓励性评语。在跑的练习中会遇到很多困难，如难以通过的障碍物、耐久跑时身体上的痛苦感受等等，在这个过程中，如果有教师的鼓励性的评语，能让学生大受鼓舞，激发他们的积极性。

第三，启发性评语。如在障碍跑的练习中，为了让孩子探索自己的最佳通过障碍方式，教师可以提出一些引导性的建议。

第四，劝勉性评语。就是用委婉的语言提出自己的看法或建议，并指出一些学练的办法。例如，接力跑，学生经常会因害怕队友追不上自己而不敢加速，导致交接棒不理想。

第五，警示性评语。主要是提醒身体素质较好的学生，他们有时会骄傲自满，这时教师可以给予一定的提醒。

（4）教学评价的内容。评价的内容主要包括：学生的运动知识、运动技能的掌握、体能素质的高低。但现代的教学理论要求评价还应该包括：学生的学习态度、进步、合作交往能力。

（二）跑的单元计划

1. 水平一跑与游戏单元计划

（1）学情分析。水平一为一、二年级学生，他们模仿能力较强，活泼好动，好奇心强，自控能力差，这一阶段学生跑的特点是动作存在很大的差异，一部分学生上肢动作不正确且不能和下肢协调完成动作。快速跑距离短，既要逐渐发展速度，又要学会保持跑的正确姿势。因此，这一阶段的快速跑是以发展跑的能力和身体协调性为主，同时通过走跑交替、定时跑等练习发展一般耐力。这一阶段的学生活泼好动，对于比赛类活动更是积极主动，因此课堂上要利用体育游戏，增加学生的运动负荷，并在游戏中巩固动作要领，同时提高责任意识和合作意识。

（2）学习目标。

第一，认知目标：知道相关跑的主要身体部位的名称及跑的时候的正确动作。例如，前后摆臂，肘靠近身体，上下肢配合。跑的时候前脚掌先着地，脚尖向正前方，跑直线。距离长的跑要注意呼吸有规律。

第二，技能目标：能够在跑的练习中有意识地改正错误的跑步姿势；能够用站立式起跑姿势完成 30 米快速跑；会在长距离的走跑交替中调整呼吸。发展下肢力量和动作的协调能力，增强心肺功能。

第三，体能目标：通过每节课的体能练习，发展灵敏素质，柔韧素质，发展上肢力量，协调性以及爆发力。

第四，情感与态度目标：在游戏过程中表现出责任意识和合作意识。

（3）教材分析。跑是人体基本身体活动能力之一。在日常生活、体育娱乐中跑是常用的动作方式，是低年级学生学习的重要内容，深受学生的喜爱。一、二年级跑的教材为快速跑，接力跑，长距离的走跑交替以及相关的游戏。学习一些简单的跑动作方法和技能，发展下肢力量和协调能力，为以后学习跑的技术奠定基础。

2. 水平二跑单元计划

（1）学情分析。三、四年级的学生生性活泼好动，好奇心强，学习积极性高、勇于竞争、自我表现欲强等心理特点，但自我约束能力较差。想要让学生整节课都能精神饱满地投入到学习活动中去，就必须在教学中合理安排教学内容，要选择学生感兴趣的教学方法和手段，这一阶段的学生已经有了水平一跑的技术基础，他们身体正处于生长发育阶段，动作协调性较差，心肺功能还相对较弱，意志力有待提高。他们还处于动作速度的发展敏感期，因此跑的时候更应该注重步频的培养。

（2）学习目标。

第一，认知目标：了解正确的跑步动作以及一些身体部位的名称。知道步幅和步频一样重要，但小学生还是更加注意步频要快；明白400米跑要稳定住速度，匀速跑，同时调整呼吸，一般跑4步完成一次呼吸；掌握右错肩，立式传接棒；知道障碍跑的几种动作术语的概念。

第二，技能目标：能够做到在短跑（如50米）起跑时重心在支点前方，快速反应，加速时加快步频，途中跑蹬摆有力，轻松自然。能够在400米跑时动作自然轻快，速度均匀，呼吸有节奏，坚持到底。会在接力跑中与同伴协调配合，顺利交接棒。能够在障碍跑时保持高度顺利通过障碍物。

第三，体能目标：发展下肢力量特别是快速力量动作的协调能力、反应能力和上下肢协调用力能力，增强心肺功能。

第四，情感与态度目标：在运动中培养学生勇敢、吃苦耐劳以及团结协作等良好的心理品质。

（3）教材分析。跑是人的基本活动能力之一，是各项运动的基础，也是水平二的学生体育教学的主要内容和锻炼身体的重要手段。水平二的教材为快速跑、接力跑、障碍跑和耐久跑。学习一些跑的动作方法和技能，增强学生体质，提高学生力量、速度、耐力等身体素质和基本运动能力，提高神经、呼吸、循环系统以及内脏器官的机能，为水平三更进一步跑的学习打好基础。培养兴趣，养成敢于竞争、不怕困难、坚持到底的意志品质，在游戏中提高合作意识和对外界环境的适应能力。

3. 水平三跑单元教学设计

（1）学情分析。水平三为五、六年级学生，身体正处于第二次生长发育高峰的初始阶段，跑的能力增长非常明显，思维开阔，有很强的求知欲和表现欲。通过小学四年的学习和锻炼，学生对跑的动作技术已经比较熟悉了，而且身心发育发展已经接近青春期的早期，具有较强的竞争意识，而且在练习时的表现和生理变化更加值得注意。他们处于力量素质发展的敏感期，全身力量需要均衡发展。这个阶段的学生在做一些有难度的活动时仍然会有恐惧心理，需要教师引导和帮助。

（2）学习目标。

第一，认知目标：知道不同的跑步练习能够发展的身体素质。掌握50

米跑的4个过程，知道400米还包括弯道跑，以及跑的过程中呼吸的调整。了解50米、400米的评价方法。能够正确说出跑的动作要领。

第二，技能目标：能够做到跑得轻松自然，跑姿正确。发展下肢大肌肉群力量，发展小肌肉群和上肢，肩带以及腰腹肌力量。能够在要求的时间内完成测试或练习，会调整呼吸节奏。掌握下压式传接棒技术，能够在30 ~ 40米内，安全、迅速地通过3 ~ 4个障碍物。

第三，体能目标：发展速度素质，包括位移速度、反应速度和动作速度。进一步增强快速力量，并增强上下肢的力量。发展协调性、柔韧素质以及灵敏素质。注重耐力素质的培养，增强心肺功能和抗血乳酸能力。

第四，情感和态度目标：了解自己的跑的项目水平，在运动中培养学生勇敢、吃苦耐劳以及团结协作等良好的心理品质。

（3）教材分析。水平三要求对跑的技术不断地改进和提高，内容上还是以50米快速跑、400米耐久跑和一些接力跑、障碍跑的练习为主要教学内容。发展学生的奔跑能力，提高速度、力量、耐力等体能，提高心肺功能，为中学的耐力项目，也为未来长期进行体育锻炼打下基础。并通过多种跑的练习，培养学生积极向上、敢于挑战自我、克服困难的精神，以及相互合作、团结互助的团队意识和行为。

二、小学体育教育的身体活动教学——跳跃

（一）跳跃的教学策略

1. 与教学活动对话

教学活动主要分为四个学习方面，即运动参与、运动技能、身体健康、心理健康与社会适应。运动技能是体育课的重要部分，因此，根据运动技能的目标对各水平段的跳跃内容做出了要求。

（1）教学活动对跳跃运动各个水平段教学内容的要求。

教学活动中水平一运动技能的目标要求是，学生能够在游戏中自然地做出一脚踏跳、双脚落地的动作；游戏中完成双脚跳、单脚跳的动作等。

教学活动中水平二运动技能的目标要求是，学生能够做出单、双脚连续向高和向远跳，能够做出助跑与起跳的结合。评价要点是，完成动作的正确性、数量、速度。如立定跳远的正确性、完成的数量。评价方法举例，助跑

与起跳的练习中动作的连贯性。

教学活动中水平三运动技能的目标要求是，学生能够完成蹲踞式跳远和跨越式跳高的技术动作。例如跨越式跳高要做到助跑与起跳的连贯、起跳的有力，做到助跑步点准确；摆动腿内旋下压，多进行原地、上一步和上三步的起跳过杆练习；落地屈膝缓冲，落地时落在垫子上，减少过杆后对关节、肌肉的冲击。

（2）教学目标的制订与分析。教学目标的制订是以学生为主体而制订的，是学生学习的预期结果。下面根据对跳跃内容的目标进行分析：

1）运动参与。第一，让学生自觉参与跳跃和跳跃游戏。教师对课程的设计要新颖，并通过不断变化教学的形式来吸引学生。第二，体验运动乐趣与成功。学生在跨越式跳高时，能够根据不同高度的练习，让每个学生都能够完成挑战，体验成功的乐趣。

2）运动技能。第一，学生知道单脚跳、双脚跳、立定跳远、助跑、起跳等技术术语。第二，掌握运动技能和方法。学生可以做出跳远技术动作，完成跳远比赛、挑战等。第三，增强安全意识和防范的能力。如常见运动损伤的预防，运动前做好准备活动，不佩戴尖锐的物品等；出现扭伤时，进行冰敷等。

3）身体健康。全面发展学生的体能。在跳跃的练习中以下肢力量为主，如游戏“青蛙跳争先赛”、集体双脚连续向前跳、“快快跳起来”等。为了使身体得到均衡发展，体能练习多以发展上肢力量、柔韧性、灵敏性和平衡能力等练习为主。如俯卧撑、坐位体前屈、两头起、俯卧撑、高抬腿、绳梯、弹力带等练习。

4）心理健康与社会适应。

第一，培养勇敢、坚强的意志品质。如侧向助跑跳高，教师利用皮筋或降低高度的办法帮助学生克服恐惧心理，使其敢于挑战横杆，培养学生坚强的意志品质。

第二，学会调控情绪的方法。如学生能够说出参与“青蛙跳荷叶”游戏前后的情绪变化；在跳远擂台赛时被别人超越时的情绪状态。

第三，形成合作意识与能力。如在游戏“开火车”中，由开始的 4 人开火车，到最后 10 人开火车，学生在重新分组后能够很快地和新伙伴一起愉快地游戏。

2. 与教材对话

（1）教学内容在教材中的位置与关系。例如，跳跃在人教版《体育与健康》第三章体育运动技能中占主要的一项，是体育教学的主要内容和锻炼身体的重要手段，同时跳远、跳高也是田径运动会中最主要的比赛项目。

跳跃指两脚用力离开原地向上或向前跳。小学的跳跃动作简单易学，低年级的学习又与游戏相结合，符合低年级学生的身心特点。与此同时，这些跳跃内容又与中高年级学生继续学习跳远、跳高有着递进的关系，让学生进一步地学习与提高。例如，小学生每天坚持跳 100 ~ 200 次，可以使上、下肢肌肉变得结实、富有弹性，提高儿童肌肉的生长发育。跳跃练习促使学生的下肢肌肉、骨质、骨骼的加强，同时提高儿童的生长速度。但是，对于低年级学生，他们的骨骼、肌肉发育得还不完善，课上练习应减少次数和组数，否则会对学生的身高、发育造成一定的影响。因此，跳跃是小学体育教材的必修教材。

（2）教学重、难点分析。体育教学中的重点是跳跃教学的核心知识，难点是学生在体育教学中遇到的难以掌握的技术动作。因此，我们针对各水平段的内容选出模仿青蛙跳、立定跳远和跨越式跳高。从学生学习方面的重难点、教学内容的重难点、教学方法的重难点和教学组织的重难点四个方面来分析。

1）水平一跳跃与游戏重、难点分析。

水平一教学内容：①游戏：模仿青蛙的连续双脚跳、集体双脚连续跳、跳单、双圈的游戏等。②立定跳远和一脚踏跳、双脚落地等。如模仿青蛙连续跳，重点是上、下肢能够协调配合，两脚同时起同时落，维持身体的平衡；难点是各跳间的衔接。

第一，学生学习方面的重、难点是一、二年级的学生在上课时容易被外界事物所吸引，因此课上教师应采用形式多样的教学手段，丰富课堂上的内容吸引学生的注意力。

第二，教学内容方面的重、难点是学生的上下肢协调、平衡能力较差。练习手段上采用由易到难的顺序，逐渐让学生体会，去摸索，在轻松欢快的氛围下自然地做到上下肢的协调配合，维持身体的平衡。

第三，教学方法的重、难点是通过教师语言引导，学生延伸式的自主学习的教学方法。

第四，教学组织的重、难点是一、二年级的学生不喜欢被约束，喜欢在欢快、自然的环境中进行学习，课上教师应做到对学生收放自如，合理安排课堂的教学内容。

2）水平二跳跃重、难点分析。

水平二的教学内容：立定跳远、急行跳远和侧向助跑跳高。立定跳远的重点是弹性屈伸与快速起跳的结合；难点是上、下肢的协调配合。

第一，学生学习方面的重、难点是由于学生的个体差异导致学生的蹬摆配合不协调，影响蹬摆用力。教师应及时调整教学手段，降低对学生的要求。

第二，教学内容方面的重、难点是做到蹬摆有力、动作连贯、屈膝缓冲。教师安排教学时，立定跳远安排了三次课，每次课的教学目标不同和技术动作的学习遵循由分解到完整、由易到难的教学顺序，引领学生逐步解决重、难点。

第三，教学方法的重、难点是教学时采用的讲解示范法和分层教学法。教师在教学时先进行完整动作技术示范，然后让学生模仿练习，引领学生再进行分解练习，提高学生的动作技术。

第四，教学组织的重、难点是采用的班级教学和小组练习的手段，班级教学教师在做示范动作时的位置，要便于全班学生的观看。小组练习中教师要布置任务，组员之间互帮互助，共同进步。

3）水平三跳跃重、难点分析。

水平三的教学内容：蹲踞式跳远和跨越式跳高。跨越式跳高的重点是助跑节奏与起跳的连贯；难点是摆动腿的内旋下压，过杆动作协调。

第一，学生学习方面的重、难点是面对横杆的高度，学生心理有恐惧，教师安排学生练习以皮筋代替横杆和降低横杆的高度以减少学生的恐惧心理。

第二，教学内容的重、难点是学生起跳前迈大步和两腿过杆动作不协调。鉴于此，教学生测量步点，减少学生起跳前迈大步的行为；两腿过杆不协调，多进行原地两腿过杆的练习。

第三，教学方法的重、难点是降低难度法和不平等的竞赛法。针对学生的不同体质，采用了不同的高度进行练习与挑战，提高学生成功的次数，使其体验成功感。

第四，教学组织的重、难点是学生学习程度和身体素质的不同。在分组时，教师按照学生的心愿，自由结组，等到了挑战赛时可以自由分组来解决课的重难点。

3. 与教学问题和策略对话

（1）教与学活动设计。体育课上不能单纯以传授知识、教授技术动作为主，而应该积极引导学生进行自主、合作、探究的学习方式，发挥学生在课堂的主体地位。小学体育教学内容设计要丰富多样。根据教学计划安排进行教学，使学生愿意上体育课，积极学习。小学生本身活泼好动，身体肌肉、各关节发育不完全，课上安排多加人游戏，提高学生练习兴趣，在游戏中学习技术，营造良好的教学氛围。课上做到精讲多练，按照季浏教授的课程模式，进行完整技术的教学，让学生在练习中体会完整的技术动作。

（2）教学生成性问题的解决。教学生成问题是指教学过程中存在的问题，既不是教师预设的，也不是学生无目的的、自发的活动。它是教学中的突发状况，教师通过自己的智慧，潜移默化地进行解决并正常进行教学，而不影响课堂的效果。

4. 与教学评价对话

体育教学评价是按照教学目标来制订的，根据学科标准，使用全部有效的技术办法，对教学经过及后果进行测试，并给学生有价值的判断。

（1）体育教学评价的对象。体育教学评价的对象是学生和教师。教学评价是对学生在体育课上学习情况的总结，同时也是对教师怎么教学进行评价的过程。

体育教师的“教”，首先要看这一堂课的教学目标是否明确、切合实际，教学内容是否符合学生的生理特点和教育性；教学过程是否合理，组织有序；教学组织是否严密，课堂氛围如何，教师是如何应变的；教师是否关注了学生的个体差异；是否面向全部学生；做到言简意赅；场地、器材分布是否合理；动作示范是否准确，师生配合得如何。通过对上面内容的分析我们可以总结出，教学过程是有目标、有规划、有布局的教学活动。

学生是教学活动的主体，体育课堂的受益者，他们可以在体育课中纵情地游戏、竞赛。其个性、创造力和智力水平在活动中得到充分体现。在教学中，学生的主体地位是不是得到了尊重，还要取决于教师的准备和应变能力等。教师应该把学生的学习过程放在第一位，教师就是要教给学生更好的学习。

（2）跳跃教学评价的要点与建议。跳跃教学评价与建议在水平一、水平二中主要从知识、能力、态度和评价建议等方面来分析，在水平三中是从维度（知识、技能）、内容、评价要点、评价建议等方面来进行分析。

1）水平一评价要点与建议。

第一，知识：知道几种动物跳的方式；双脚连续向前跳的名称和动作方法；能够描述跳单、双圈的方法过程；单脚踏跳有力、双脚落地；立定跳远的双脚同时起跳同时落地；屈膝缓冲的动作术语和方法。

第二，能力：能够形象、协调地模仿几种动物的跳法；能够集体动作协调一致地有节奏地双脚连续向前跳进；能够协调、连贯地完成跳单、双圈练习；能够协调地完成上肢和下肢的锻炼。

第三，态度：出勤好，能够主动、积极、认真、刻苦地完成练习任务；能够愉快地与同学配合和比赛；能够帮助与评述同学练习情况。

2）水平二评价要点与建议。

第一，知识：能够说出立定跳远动作的术语，如前后“预摆”“展体”“收腹”“屈膝”等；急行跳远的动作术语，如“轻快”“节奏明显”“逐步提速”“积极踏板”等；侧向助跑跳高的有关动作术语，如“助跑有节奏”“积极踏跳”“起跳腿”“摆动腿”“依次过杆”等。

第二，能力：在立定跳远练习中，能够做到弹性屈身摆动，两脚用力蹬地，空中有展体、收腹动作，落地屈膝缓冲；在急行跳远中，跑得快而有节奏，踏跳有力，腾空停留时间较长，落地时屈膝缓冲；大部分学生成绩能达到合格水平；在侧向助跑跳高中，能够做到助跑有节奏，起跳快而有力，摆动腿积极上摆，两腿依次过杆，落地屈膝缓冲。大部分学生成绩能达到合格水平。

第三，态度：在学练与游戏过程中表现出主动积极参与，与同伴友好合作，积极进取等学习态度和行为；表现出主动积极参与学练，能与同伴合作、交流，不埋怨。

第四，评价建议：教师要以发展的眼光对学生学练的态度、练习质量、行为表现等给予客观、综合评价；目的是能够使学生在教师的辅助下完成技术动作，使学生更加积极主动地练习跳跃运动，自主练习。

（二）跳跃的单元计划

1. 水平一跳跃与游戏单元计划

（1）学情分析。一、二年级的孩子模仿能力较强，活泼好动，好奇心强，自控能力差。在日常生活中，已经接触过简单的跳跃类基本活动，对内容丰富、形式多样的体育课较为渴望。由于这个年龄阶段的学生肌肉、骨骼发育还不完善，因此在跳跃练习过程中，多以游戏的形式进行，练习的次数适中，并注重个体差异。

（2）学习目标。

第一，认知目标：学生知道几种跳的方法，说出“单、双脚跳”“立定跳远”等动作名称。

第二，技能目标：在游戏中让学生学会单脚、双脚起跳；能够连贯协调地完成立定跳远；跑几步，单脚踏跳，双脚落地的技术动作，提高跳跃能力。

第三，体能目标：通过折返跑、游戏、蚂蚁爬、摆臂等练习，提高学生奔跑能力、柔韧、协调、灵敏性等能力。

第四，情感与态度目标：在运动中培养学生勇敢、吃苦耐劳以及团结协作等良好的心理品质。

（3）教材分析。跳跃是人体基本身体活动能力之一。一、二年级跳跃教材是由一些不同方式的跳跃动作和游戏组成，学习一些简单的跳跃动作方法和技能，发展下肢力量和跳跃能力，为以后学习跳跃技术打下基础。

2. 水平二跳跃单元计划

（1）学情分析。三、四年级的学生生性活泼好动，好奇心强，具有学习积极性高、勇于竞争、自我表现欲强等心理特点，但自我约束能力较差。水平二的学生已经有了一定的跳跃基础，能够独立完成简单的跳跃动作。想要让学生整节课都能精神饱满地投入到学习活动中去，就必须在教学中合理安排教学内容，要选择学生感兴趣的教学方法和手段。从而使学生在轻松、愉悦的环境里达到“玩中学，情境中练”的效果。

（2）学习目标。

第一，认知目标：知道立定跳远、急行跳远、侧向助跑跳高的技术动作术语。

第二，技能目标：掌握立定跳远的技术动作，体验跳远和跳高的动作。建立“跳得远、跳得高”的意识，发展学生的跳跃能力。

第三，体能目标：通过各种练习提高学生的上下肢力量，发展学生的各个小肌肉群力量及协调能力，达到身体的全面发展。

第四，情感目标：学生能够积极主动地参加到各种跳跃的练习中，体验跳跃的乐趣，培养学生勇敢、克服恐惧、顽强的心理品质。

（3）教材分析。跳跃是小学三、四年级体育教学的主要内容和锻炼身体的重要手段，发展学生的跳跃动作，提高力量、灵活性和协调性等。三、四年级的教材主要以跳远和跳高为主，让学生体验结构化的跳远、跳高技术。在教学内容上，以发展学生的跳跃能力和游戏为主，教学形式多样，趣味性强，有利于激发学生参与跳跃的积极性和主动性，培养学生不怕困难、积极进取的精神。

3. 水平三跳跃单元计划

（1）学情分析。学情分析阶段的学生正处在生长加速期，有很强的求知欲和表现欲。这个时期学生的骨骼弹性好，关节活动范围大，神经灵活性高、反应快，容易接受、学会新的动作。跳跃内容在水平一、水平二中已经接触过，水平三更加明确跳跃对发展力量、速度、协调、灵敏等身体素质的健身作用。

（2）学习目标。

第一，认知目标：能够说出跨越式跳高和蹲踞式跳远动作名称及术语，了解其锻炼价值。

第二，技能目标：能够知道并做出跨越式跳高和蹲踞式跳远的技术动作，能够说出动作方法构成的四个部分。

第三，体能目标：在游戏和借助弹力带、软体的帮助下，锻炼学生的上肢力量、腰腹力量、协调力和平衡能力等。

第四，情感目标：通过跳跃的学习，提高学生的力量、速度、灵敏、协调等身体素质，培养学生自信、果断、坚强的意志品质。

（3）教材分析。跳跃类教材是发展学生下肢力量的重要手段，也是跳跃技能生活迁移的重要准备。水平三的教材主要以跨越式跳高和蹲踞式跳远为主，让学生体会多种跳跃的形式。这一年龄阶段的学生跳跃运动主要以完整的技术学练为主，以掌握助跑和起跳为关键，帮助学生解决助跑与起跳技术的衔接问题，更好地掌握跳跃的关键动作技术，为学生跳跃能力的提高奠定基础。

第二节　小学体育教育中体操与球类教学

一、小学体育教育中体操类教学

（一）体操类教学策略

1. 与教学活动对话

（1）教学活动中对技巧提出的目标。

水平一：在体操（技巧）方面要求达到该目标时，学生能够做出：一些体操类活动的基本动作。如正踢腿、侧踢腿、纵叉、横叉等基础性的体操动作。评价要点：所学的动作能够展示出身体的节奏性、协调性和柔韧性。

水平二：学生将能够初步掌握一些体操类活动的基本动作，如初步掌握山羊、垫上等体操基本动作。评价重点：学生能够展示出技术动作的节奏性、柔韧性、协调性等。评价举例：学生完成前后滚翻，能够体现出动作的连贯，身体的协调性与柔韧性。

水平三：能够做出运动项目的技术动作组合。达到该目标时，学生能够基本掌握一些体操类运动项目的简单技术动作组合，如能有节奏地做出分腿跳跃山羊和技巧的前滚翻接站立等可操作性强的简单技术动作组合。评价要点：前技术动作与第二技术动作的连贯性。评价方法举例：完成的技术动作能够展示出身体的节奏性、协调性、力量与柔韧以及组合动作间的衔接连贯性。

（2）教学活动中对技巧提出的要求。小学技巧按照运动参与、运动技能、身体健康、心理健康与社会适应四个学习方面进行设置，也就是每一个水平段都要有对四个学习方面的要求。

1）水平一：①在体育课程中设计多种形式的游戏完成攀、爬、钻、滚动和支撑等动作。②学习体操项目中基本的活动动作。如学习纵叉、横叉、手倒立、单臂摆动等动作。③注意体育活动和日常生活中的安全。

在学习生活中遵循学生身体发育规律，抓住柔韧性、灵敏性和平衡能力发展的黄金期。运动参与方面，主动快乐、热情高涨地上体育与健康课和参加课外体育活动，如主动积极思考问题、认真快乐地完成学习任务等。心理健康与社会适应方面，认真完成体育学习和锻炼任务，体验体育活动中的情绪变化，在新的学习合作氛围中愉快友好地进行体育活动和游戏，在体育活动当中同学之间应该表现出相互帮助、关爱，遇到困难时能在协同思考与探讨下完成。

2）水平二。①知道一些奥林匹克运动的相关知识。如奥运会体操类的平衡木、跳马等项目。②垫上等体操基本动作。如前后滚翻等动作的质量。③能做出一些体育活动中自我保护和相互保护的行为，并能根据实际意外情况做出简单的保护动作。发展身体的柔韧性、灵敏性、速度和力量。知道心肺耐力、力量、柔韧性、灵敏性等是体能的组成部分。运动方面，积极参与新的体育活动、体育游戏和竞赛。心理健康与社会适应方面，具有良好的思想体育道德，规范自己的体育行为。在学习有一定难度的技术动作时不要害怕要勇敢尝试，大胆去做，坚持去完成这组动作，表现出自己勇敢的一面。同学之间相互鼓励，相互学习。

3）水平三。①丰富奥林匹克运动知识，知道中国在奥运会上此类项目获得的成绩，优秀的运动员等方面的知识。②了解体操类项目的健身价值以及技巧的简单动作组合。③在运动过程中出现意外伤害时，懂得运用简单的自我保护和相互保护的基本方法与行为。不断提升学生身体的敏捷、力量、协调等能力。心理健康与社会适应方面，可以正确对待自己与他人的身体条件和运动能力差异，对自己的运动能力与身体素质充满信心，并乐于帮助比自己运动技能水平相对较差的同学完成学习任务，在体育活动时遇到困难能保持良好的情绪，表现出积极向上的态度带领团队完成体育活动的任务。

（3）教学目标的制订与分析。在教学活动中如何更好地顺利展开技巧这一内容。教师应完全理解教与学，它不仅是简单的教学，而是师生相互学习的一个过程，学生为学习主体、教师为导向，是教师根据实际的需求和学生身心成长的特征，合理巧妙地运用我们的教学器材，配上合适的教学内容以及方式方法，指导学生完成本节课的学习内容，提高学生对这项运动的认识，结合教育教学内容由易到难逐步地提高对实践活动整体过程的认识。教师在教学活动中，最常犯的第一个错误就是教学目标制订空泛，不具有可操作性和可评价性。技巧教学目标制订应注意以下问题：

1）以发展学生身体健康和掌握基本技能为前提和导向，兼顾学习过程中表现出的情感态度、认知方法和方式。

2）教学目标的设立必须遵循学生身体的实际能力，每个目标都应具体、明确，使学生能够清楚地知道自己的技术动作应达到怎样的程度。

3）教学目标的行为水平要符合学生实际，应表明要求学生完成的条件和达到的结果。

4）教学目标应考虑到在实际的课堂教学中学生的身体素质，已有知识等个体差异，允许学生在各自的目标程度上去展示自我。

教师在体育教学设计和教学实施过程中常犯的第二个错误就是教学内容单一、不全面，教学方法不够灵活多样。我们常见的体育课只有运动技术学习内容，而没有身体素质练习内容。尤其是像体操、武术等绝大部分时间在学习技术部分，身体练习量不大导致运动负荷较小，如果不增加一些有一定强度的身体素质练习，学生的体能水平提高不了，这些假设条件也是导致学生身体体质状况下降的间接原因。所以，体育课教学内容在设计上必须统筹安排，考虑内容的全面性、科学性等。一节体育课中，如果主教学内容是技术学习，辅教学内容应安排身体练习的内容；如果主教学内容是发展速度素质，则辅教学内容要发展力量（柔韧）；如果主教学内容活动的是上肢部位，辅教学内容则要考虑活动下肢部位。每节课要有十分钟的体能练习，体能内容的安排要注意全面性，另外对主教材的补偿性。

2. 与教材对话

（1）技巧在教材中的位置和关系。体操是小学阶段体育教学的重要教学内容之一，是全面达成课程目标的重要载体。技巧是体操类运动的一个分支，它不仅能够锻炼学生身体，开发智力，发展思维，而且还能培养合作、运动保护等意识，因此教师在教学内容的选取、教学方法的运用上要合理巧妙，引导学生积极参与。技巧是由滚、跳、翻等多种动作组成，发展学生的灵敏、协调、柔韧、毅力和进行思想教育都有比较高的价值。技巧在世界上已经拥有数亿的爱好者和观众，在我国开展也极为普遍，是深受广大学生喜爱的体操类运动项目之一。

（2）技巧的特点。技巧内容丰富，形式多样，实用性强，对场地器材的条件要求不高，在小学易于开展，是一项深受学生喜爱的运动项目。教师在教学中要遵循小学阶段学生身体发展发育规律与教学原则，以《小学体育与健康课程标准》的要求为导向，学习过程中充分发挥学生的主体性、能动性等，创造、灵活地制订适合所教年龄段学生的教学方法与策略，有计划、有目的地帮助学生养成坚持技巧练习的习惯，形成顽强坚韧的品质，为学生的终身发展奠定基础。技巧教学要抓住小学这个关键时期，针对不同阶段开展柔韧、协调、力量等项目为教学内容，更好地促进学生的身体素质，使学生快乐健康茁壮成长。

小学体育运动是学生提高兴趣进行体育锻炼的开始，是培养体育运动项目的爱好和运动习惯的关键时期，教师要始终依据教学活动要求，为学生身体的发展发育打下坚实的基础。在技巧教学中，教师要选择能激发学生兴趣的教学方法，循循善诱，使学生在积极参与的过程中获得愉悦的情感体验，主动地投入到体育锻炼中去并养成终身的爱好。

3. 与教学问题和策略对话

在教学活动当中老师和学生根据不同的教学情境合作构建教学活动，我们称之为生成性教学。

（1）技巧教学活动设计。在教学活动当中，老师和学生之间应该进行一些相应的互动，可以培养学生的能动性和独立创造性，发展学生的个性。学习内容是动态生成的，应该是由老师和同学之间相互讨论，相互合作构建而成的。学生在上课活动当中应该大胆表达自己的见解，认真听取其他同学的想法，取其精华，去其糟粕。在教学活动当中，教师的教学设计有的时候并不是那么完美，也可能存在一些漏洞。当出现这些问题的时候，教师如何进行处理，非常能体现出这个教师的自身素质和教学经验，还能反映出教师处理突发事件的能力。处理得当，本节课将能顺利地开展，反之则会影响教师的权威还有师生关系。

（2）技巧教学生成性问题的解决。

第一，教师要懂一些儿童心理学、学习心理学和发展心理学知识。技巧这个内容在三个水平段都有出现，孩子们注意力集中时间不是很长，如果老师讲得多了，可能有些爱动的孩子就待不住了，会开小差或跟别的同学说话甚至打闹。如果出现了这种情况，老师首先要反思一下，是不是自己的教学活动安排得不合理。如果是自己讲的时间长了，应尽快讲清楚，结束该项教学活动进入下一项教学活动，转移学生的注意力有可能就会改变孩子们说话的情况。如果自己的教学活动安排没有问题，就采用幽默的语言阻止其继续开小差。学生在上课的时候如果没有理解老师的意思，老师发觉后要以多种的方法、方式对学生进行引导，使学生能够以自己能够适应的方法进行学习。教师尽量不要采取强硬的态度、命令的态度阻止其发展，更不能用尖酸刻薄的语言打击学生的学习积极性。

第二，在教学过程中，教师可能没有充分预设到学生的个体差异性。例如，学习跪跳起这个动作时，学生的个体差异性表现为两种情况：第一种情况是，有的同学身体素质差、运动技术掌握慢，即使在老师帮助的情况下，也无法完成跪跳起动作；第二种情况是个别同学身体素质好、技术掌握快，如果安排的练习时间稍长，就会失去动力，不按照老师的要求继续练习。如果课上出现了以上两种情况，教师要区别对待。处理第一种情况时，帮助学生增加辅助性练习，包括增加助力，从高垫子上往低垫子上跳，同时要多运用鼓励性、激励性的语言，通过多种方式促进学生完成跪跳起，以评价学生进步幅度和克服困难完成学习任务为主，帮助学生建立完成动作的自信，帮助学生喜欢体育课，喜欢体育运动。针对第二种情况，千万不要限制和抑制学生向高难度动作挑战的热情，要通过启发孩子思考尝试新动作需要注意的事项，提问学生完成新动作的肌肉感觉，帮助学生建立正确的动作概念。还可以给学生向其他学生展示的机会，既满足他的展示欲望，促使他更喜欢体育老师、喜欢体育课、喜欢体育运动，也为其他学生做一个学习榜样，带动其他学生的学习积极性，取得良好的教学效果。

第三，也是技巧类教学过程中最有可能出现，也是教师最头疼的，就是出现意外运动损伤情况。如跪跳起动作，虽然说难度不是很大，可加保护帮助，也可不加保护帮助，但不论加不加保护帮助，都有可能出现意外的运动伤害情况。针对有可能出现的意外运动伤害，在教学过程中，首先，要充分做好准备活动，把完成所教技巧类动作需要动用的相关部位都充分预热；其次，在学生练习前、练习过程中，一定要重点强调注意安全问题；最后，一旦准备活动也做充分了，安全问题也反复强调后，还是出现了意外情况，这时教师要先冷静看学生损伤是否严重，根据损伤严重程度做妥善安排。如果严重，必须终止教学活动，对学生进行紧急救治。

教学生本身就是在教学过程中，针对突发事件进行的有效教育，虽然我们针对跪跳起内容进行了各方面的分析，试图从中发现可能产生突发问题，但毕竟教学活动是教师和学生组成的一个认知和实践活动，有很多事情真的是无法预知的。因此，这就需要教师在技巧类教学过程中，一旦遇到突发事件，以降低对学生造成的身体伤害、最大限度地对学生进行心理健康与社会适应教育为原则，随机应变，运用教育机智，采取果断行为应对教学过程中的突发事件。

4. 与教学评价对话

（1）教学评价与教学过程的关系。在学习完成后教师应及时给学生的学习情况给予评价与指导性建议。教学的评价不仅是对学生以后学习动作技术的引领，也是对老师自己本身教学过程的一个检验。

（2）如何进行技巧教学评价。教学活动中建议采用多样化的体育与健康学习评价方法。常用的方法有以下方面：定性评价与定量评价相结合、形成性评价与终结性评价相结合、相对性评价与绝对性评价相结合。

（二）体操类单元计划

1. 水平一技巧单元教学计划

（1）学情分析。一、二年级阶段的学生，活泼好动，自控能力差，主要是以模仿练习为主要学习手段，这一阶段是儿童身心发展的重要时期，特别是刚刚入学的孩子，从幼儿园到小学，自己的角色在发生变化，一时还不能很快适应新环境。就水平一的学生而言，学生在日常生活中经常涉及模仿、滚动、纵叉、横叉、弯腰等身体活动，对于这些活动男女生存在一些差异，男生对于滚动类比较擅长，而女生对于柔韧类比较擅长，所以在教学中要注意个体差异，区别对待。

（2）学习目标。

第一，认知目标：能够说出所学动作的名称，了解所学技巧的方法及实用意义。

第二，技能目标：初步学习技巧单个动作和联合动作的方法和技能；能够模仿做出技巧单个动作和联合动作。

第三，体能目标：通过体能练习发展学生柔韧、灵敏、协调、平衡速度、力量等身体素质。

第四，情感目标：体验仿生动作游戏的乐趣，体验柔韧练习的辛苦，培养学生互相帮助、团结合作、果敢、坚毅等良好品质。

（3）教材分析。技巧内容的学习在日常生活中经常用到，贴近儿童生活和教学需要并适合儿童接受能力。技巧的学习还能提高学生柔韧、灵敏、协调、平衡、节奏、速度、力量等身体素质，增强内脏器官功能，起到健身的作用；培养学生勇敢、机敏、果断、顽强等心理品质和互相帮助、团结合作等集体主义精神，促进学生身心协调发展。

2. 水平二技巧单元教学计划

（1）学情分析。三、四年级水平二的学生正处于向青少年过渡的儿童期的后期阶段，大脑发育正好处在内部结构和功能迅速发展和完善的关键期，学生的学习能力和情感能力快速发展，是培养学习能力和情感能力的重要时期。在水平一阶段已经学习过一些简单的技巧动作，但都是以模仿为主，现阶段的学生相对于水平一的学生身体素质有所提高，但是还存在动作不够准确、下肢的灵活性较差、小肌肉群不灵敏的现象。此阶段学生思维能力在逐渐加强，因此要在课堂上留充分的时间给学生自己练习，让他们在练习中得到启示，得到锻炼。

（2）学习目标。

第一，认知目标：能够说出所学动作的名称，了解所学技巧的方法及实用意义。

第二，技能目标：初步学习技巧单个动作和联合动作的方法和技能；能够模仿做出单个技巧动作和联合动作。

第三，体能目标：通过体能练习发展学生柔韧、灵敏、协调、平衡速度、力量等身体素质。

第四，情感目标：体验仿生动作游戏的乐趣，体验柔韧练习的辛苦，培养学生互相帮助、团结合作、果敢、坚毅等良好品质。

（3）教材分析。教材分析阶段技巧教材内容丰富、形式多样简易便行、实用性强、贴近生活，深受学生喜爱。技巧练习是人体的基本活动，对于提高人们的生活和劳动的质量有积极作用，对发展学生灵敏、柔韧、协调等素质，加强肌肉力量以及空间感，提高平衡能力都有明显的作用；还能培养学生自信、勇敢、坚毅、顽强和克服困难的意志品质。

3. 水平三技巧单元计划

（1）学情分析。五、六年级的学生心理逐步趋向稳定，随着个人能力的提高，自信心不断增强，竞争意识也比较强烈。这个时期的学生已进入小学高年级阶段，学生正处在提高身体素质及运动能力的敏感时期，同时也是学习掌握动作技术最好的时期。男、女生在生理和心理上有了差异，但肌肉力量相对薄弱，身体易疲劳。此阶段的学生在各个方面的运动能力都有了一定的基础，对技巧中的滚翻等技术也有了一定的掌握，有一定的自我保护能力。

（2）教学目标。

第一，认知目标：能够说出滚翻组合动作、脚蹬墙手倒立、侧手翻动作的各个名称，掌握在技巧练习中保护与帮助的方法。

第二，技能目标：技巧组合动作（男生）后滚翻—跳起转体 180°成蹲立—前滚翻成并腿坐—肩肘倒立；（女生）前滚翻起立—单腿前滑成纵叉—后腿前摆成并腿坐—肩肘倒立。质量好，呈直线，动作稳定性高，动作连贯，节奏感强，动作优美。

第三，体能目标：通过折返跑、跳绳、蛙跳等动作，增加腿部的弹跳力及耐力水平。

第四，情感目标：正确对身体条件和运动能力差异，能根据自身特点努力做出滚翻、倒立等技术动作。

（3）教材分析。五、六年级的技巧教材，在水平二学习的基础上，根据水平三学生的发展实际情况特点，教学内容的技术因素增多，更强调动作的连贯和节奏感及美感；教学内容的针对性更强，关注男、女生在生理及心理上的差异发展，分别安排了男生后滚翻跳起转体 180°成蹲立—前滚翻成并腿坐—肩肘倒立，女生前滚翻起立—单腿前滑成纵叉—后腿前摆成并腿坐—肩肘倒立的教学内容，更能激发学生的学习兴趣；教学内容与生活更加贴近。学生可以把技巧教学内容灵活地运用于现实生活和体育锻炼中。

二、小学体育教育中球类教学

（一）小学体育教育中篮球教学

“小学篮球教学作为篮球训练的基础，不但对学生身心发展和教育有积极影响，同时也是为篮球专业梯队挖掘、培养、输送人才做准备”①。

1. 篮球的教学策略

（1）与教学活动对话。小篮球是体育与健康课程的重要组成部分，小篮球是以“手与篮球结合”为主的运动项目，依靠篮球器材进行活动，锻炼身体、学习篮球运动知识、技能和动作方法。为学生掌握篮球运动技能打下基础，以篮球为切入点培养终身参与体育活动锻炼身体的意识和能力。

1）教学活动中对篮球运动提出的目标。

水平一运动技能为次要目标，主要是体验运动方法和参与游戏。学习目标要求：学习不同的体育活动方法。完成该目标时，学生能够初步学会常见的小篮球类游戏，如小篮球、小足球等。评价要点：主要观察学生在参与游戏活动时的表现。

水平二初步掌握运动技能和方法。学习目标要求：初步掌握多种体育活动方法。完成该目标时，学生能够初步掌握小篮球活动的基本方法，能够完成简化规则、降低难度的教学比赛。评价要点：完成动作的熟练程度。

水平三掌握运动技能和方法。学习目标要求：学生能够熟练做出小篮球运动的单个技术动作，能够模仿做出小篮球运动简单的技术动作组合。如学生能够做出小篮球运动的运球三步投篮、行进间传接球等简单的技术动作组

① 张兴梅，刘诚香，刘林．小学体育篮球课教学模式探讨［J］．内蒙古师范大学学报（教育科学版），2013，26（10）：150.

合。评价要点：基本技术动作衔接的连贯性。

2）教学目标的制订与分析。

水平一的教学目标制订与分析。随着校园篮球的开展，发展学生常见的球类游戏，逐步成为学校体育教学的重点之一。教师要设计有趣的篮球游戏吸引学生，让学生“积极愉快地参加篮球活动游戏，主动完成学习任务”，达到锻炼身体的目的。根据教学活动要求，学生知道所学篮球项目或篮球游戏的名称和动作术语，并且了解手拍球时力量大小、方向变化、速度快慢等现象。所以在认知目标让学生知道篮球是以手为主，身体协调配合的一项集体团结的运动，能够说出一些最基本的篮球活动知识，知道篮球的各种型号和自己使用球的型号，然后知道身体处于怎样的状态能更好地做出要球、拍球、抛接球、投球进筐等篮球衔接。如果学生能够说出来，那么他们就理解了篮球活动的动作方法以及正确的动作要求。

在技能方面，让学生尽早体验完整的篮球运动，淡化一些单项活动的教学，把对球性的培养贯穿至整个小学阶段。让学生在整体篮球游戏活动中学会拍球、抛接球、投球进筐和速度、力量、方向对篮球活动的影响。尤其是一年级的学生，他们对篮球活动的动作是天然的，思想上没有意识，存在很多的动作问题。必须让他们知道，例如，手的拍球与打球，抛接球把握球抛上的方向、力量与接球的准确、稳定等，改掉以前自己玩球中养成的动作习惯。

教学活动中身体健康方面要求的几项内容，恰好也是水平一学生的身体发展敏感期。所以我们就要有相应的体能目标，发展下肢力量和动作的协调能力，增强心肺功能。篮球与游戏所能达到的体能目标并不全面，所以在每一节课的最后，要进行 10 分钟的体能练习来补偿。篮球活动练习主要发展空间感、距离感、上下肢的力量、协调能力等，所以在篮球活动练习中要注意学生综合素质的发展。灵敏性和协调性正是 7 ~ 8 岁孩子的发展最佳时期，要更加用心地设计练习项目，既要达到目的，还要提高他们对篮球活动的兴趣。

水平二的教学目标制订与分析。水平二篮球与游戏教学内容有所提高。在运动参与方面，还是要求学生积极、愉快地参与篮球运动练习和游戏以及在当中的表现。此外，学生须知道篮球运动是奥林匹克运动会一项比赛运动以及相关知识，体验篮球的整体运动，了解各个技术动作术语和动作名称。关于运球—原地运球分为高、低运球，前、后运球，左、右运球，胯下运球等，行进间运球是原地运球的升级版，结合身体的移动进行运球。传、接球——原地和行进间的胸前、击地反弹传接球等，传接球需要两名学生之间的配合协作，两者的角色在不断转换。在练习的过程中结合身体的移位，传球学生要把球传到有利于或方便接球学生位置，接球的学生应积极准备接球，如果传球的方向出现偏差要及时移动调整自己位置进行接球。投篮——原地抛投篮、双手胸前投篮，由于三、四年级学生上肢力量较差，抛投篮成为学生自学成的一种投篮方式，要引导学生双手胸前投篮利用蹬地，双手用力一致向前上方推拨。

技能方面，水平一篮球活动——运球、传接球、投篮、教学比赛或游戏比赛。水平二运球、传接球主要以行进间展开走—慢跑—快速跑，逐步提升运球、传接球的技术动作。不同速度与方式的行进间运球凸显身体移动与篮球技术的结合，身体移动速度的快慢时刻关系到手的触球点不同，触球点不同，运球的速度、节奏、方向就发生改变，但这些因素是学生自己来改变的，需要思考之后做出不同的运球动作，这样就能把篮球控制在自己的手中。行进间传接球——两者的角色不断转换，学生观察和感知篮球的移动速度与自己本身的移动速度相结合。传球者要根据接球者的能力进行传球，使接球者更加方便或有利于把球接稳、抓牢。双手胸前投篮——考虑学生上、下肢力量程度，充分利用蹬地与投篮协调配合。两腿前后或左右自然开立微屈，瞄准篮筐，两脚蹬地，上体伸展，两手均匀用力，两臂伸直，推拨篮球手腕外翻。教学比赛或游戏比赛以巩固学生学会的各个技术及灵活运用。在实际的比赛或游戏中，深化认知篮球规则，篮球运动的集体团结性和比赛、游戏的协同配合。

在练习篮球运动技术时渗透体能，从体能观点来看，体能的水平是“不进则退”，所以对于速度、力量、协调和灵敏的发展一定要持续地发展，只有对体能和技能不断地提升，才会逐渐完成更高水平的篮球运动。

根据心理健康方面的要求，学生在篮球对抗和比赛游戏中表现出坚强的意志品质，能够坚持完成。在篮球运动和比赛游戏中懂得控制情绪，克服困难。例如，遇到防守队员时鼓励自己能够突破对方，被对方防死、传接球失败或投篮不中时，做到不受外界的影响仍保持高昂的情绪和良好的球德；成功做出投篮得分，懂得这是大家努力的结果，懂得分享积极的态度，相互鼓励坚持良好的比赛或游戏精神。

水平三的教学目标制订与分析。

技能方面：能做出两个或随意两个以上的技术动作组合，在动作的衔接上连贯、协调，顺利为最后的投篮奠定基础。依据学生不断学习篮球运动，身体体能不断发育发展，能够顺利做出运球传接球，运球三步投篮等。动作技术的组合确实有助于提升摆脱防守和投篮得分。在练习中顺利做出 5 ~ 6 次运球、传球的组合，运球有节奏，球随人走，衔接传球准确、快速；整个篮球场 30 秒完成往返运球三步投篮，三步投篮做到“一大、二小、三起跳”，投篮要命中。教学比赛过程中遇到防守，突破或摆脱不了能及时传球给队友，通过移动跑位获得有利进攻，三步投篮是投篮得分的杀手锏，具有稳定的得分，强力的突破等，碰到时机有信心地运球三步投篮。

身体健康方面，篮球运动发展身体机能是全面性的，它在发展速度、力量、耐力、协调、灵敏等方面都有其重要价值。

情感和态度目标：在篮球比赛中培养学生勇敢、吃苦耐劳以及团结协作等良好的心理品质。首先，篮球项目具有集体性，要取得最终的胜利，在练习或比赛中就必须表现出友好的配合、协作。其次，由于学生在身体素质、技能技术方面的差异，出现了失误不要去抱怨，配合协作，成功要分享。例如，比赛中因一次的失误相互抱怨会分散整个队伍的凝聚力，使每个队员都不能积极比赛，从而输掉整场比赛。反之，整支队伍会越战越勇，越成功越有自信心，把整个比赛掌握在自己的队伍中。

（2）与教材对话。

1）小篮球在教材中的位置。小篮球运动在小学教材中占有重要位置，它是学生非常喜欢的几大球类运动之一。小篮球运动对于发展学生的体能、智力和通过小篮球教学、比赛对学生进行思想教育都有很高的价值。经常参加小篮球运动能够提高学生速度、力量、灵敏、耐力、协调等身体素质，还对提高学生中枢神经的灵活性，促进学生肌肉和骨骼的生长发育有很好的作用。

2）小学篮球运动的特点。篮球运动具有观赏性、娱乐游戏性，是一项深受学生喜爱的运动项目。教师要遵循小学阶段教育规律，发挥学生的主体作用，制订相应的教学方法和教学策略，培养学生对小篮球运动的兴趣，为学生的终身发展奠定基础。具体运动特点包括：第一，小篮球运动具有空间对抗性，这是由小篮球运动的形式规则形成的。例如，比赛当中不得侵犯对方圆柱体空间等。第二，多变综合性，技术动作繁多，小篮球运动不单单是个人技术，个人技术只是一方面，它还有综合技术，如队员配合、篮球示意、战术阵型等。第三，健身增智性，小篮球运动是一项集体运动，是集体项目就需要配合，不像是个人赛，只要单个人的身体素质好就能取胜；小篮球运动则不然，它不仅仅需要个人的身体素质和技术水平，还需要队员头脑灵活聪明，一个人是打不过五个人的，只有五名队员之间协调配合，才能够取得比赛胜利，所以有头脑是必须的。第四，启示教育性，小篮球运动最主要的特点就是集体配合，所以在对学生进行集体主义教育层面上，这项运动是非常适合的。

小学阶段的小篮球教学，是培养学生终身篮球运动的开始，也是最佳时期，教师要在教学过程中激发学生兴趣，体会篮球运动的快乐，使学生通过小篮球运动投入到体育锻炼中去，为终身体育活动打下基础。

（3）与教学问题和策略对话。

1）如何进行小篮球教与学活动设计。首先要考虑学生小篮球运动水平情况，也就是这一阶段学生的学情，根据这阶段学生的具体情况安排教学内容，制订教学目标和学习目标。因此教学过程中，要了解学生对小篮球运动的实际水平，才能制订出因材施教的学习目标。

2）小篮球教学中生成性问题的解决。小学阶段有很多体育教学内容，其中小篮球运动就是里面很重要的一项。小篮球运动内容在教材中占有一定的比例，而且小篮球运动也是这一阶段孩子们最喜欢的运动之一；篮球运动在我国非常普及，群众基础好，基本上谁都能够拍几下球，投几个篮。这是由篮球运动性质决定的，篮球运动是靠手为主要媒介进行运动的，所以每个人都能玩几下。其中小学生对较为模式化的篮球技术教学不感兴趣，甚至不耐烦、不想学；学生总是想着玩篮球游戏或打比赛。虽然有些学生有一些基础，但是他们是处于玩耍的阶段，对于学习单个技术动作表现得很没有兴趣和耐心，他们的心思一直在篮球游戏和篮球比赛上；教学也往往受到这些因素影响难以顺利进行。所以在教学过程中，从一开始就要让学生体会完整的篮球运动，这样能够更好地激发学生学习兴趣，使所学技术动作在比赛中应用的同时得到提高。

（4）教学评价对话。教师根据教学目标和要求，对教学过程和学生学习结果，进行的有价值的判断就叫教学评价。通过评价，得出教与学的效果，把本次课或单元课老师的教与学生的学，更好地呈现在大家面前，也为今后进一步提高教与学提供参考。因此，教学评价对教师与学生都有实际的重要意义。

教学效果是教师和学生在整个教与学的过程中的表现。在整个篮球运动中教师的师德、专业技术水平、教学水平等形成的人格魅力；学生的体能、领悟能力二者之间相互联系、相互影响。师德是一种职业道德，就是教师的职业道德，简称“师德”。它是教师和

从事一切教育工作者的道德规范和行为准则。良好的师德会让教师更加负责任，去认真评价每一节课。专业技术水平上教师对篮球运动的熟悉程度深，能把篮球各个技术动作更直观地展示给学生，使学生从内心深处喜欢上篮球运动，结合教师的人格魅力让篮球这项体育运动改变学生的情感价值观。

教学水平是教与学的行为，包括知识的获得、知识的应用和教学评价，教师的教学水平能够直接作用于教学过程中，对于学生学习有很大的影响。学生是教学过程的主体，体能、领悟等能力与小篮球紧密相连。在课中，体能、悟性好的学生能够积极参与，在较短的时间内学会小篮球的技术动作，在实践的过程中运用动作技术，经过反复练习很快悟出该技能的要点或技巧，在教学比赛或游戏的过程中把所学技术灵活展示。从而享受小篮球的成功，始终保持一种兴奋的态度，引领整个班级认真练习，呈现出优秀的学习氛围或效果。

总而言之，教学评价是双边的一种关系，教师与学生，学生之间，小组之间等。教师及时的引用评价，指明学生今后学习的方向，为学生课后练习提供动力；小组或学生间的评价促进学生更快地领悟技能动作，形成积极参与或竞争的学习氛围，分享学习经验；学生评价教师能让教师准确地去修改教学方式或方法，为教学水平提供直接的依据。

2. 篮球的单元计划

（1）小篮球单元计划。小篮球活动是学生非常喜欢的体育项目，它能够使学生更积极地参与篮球运动，促进速度、力量、灵敏、协调、平衡等身体素质的全面发展，增强内脏器官功能。根据学生的身心特点，小篮球体积小、重量轻，方便学生学习、游戏，它主要以耍球、拍球、抛接球和投球进筐等游戏内容为主，让学生在游戏中团结配合，体会快乐，体会成功，培养兴趣爱好，增强身体素质，强化学生遵守游戏规则、表现优秀的球德。

（2）篮球运动单元计划。小篮球是小学三、四年级球类教材的主要内容，是深受学生喜爱的体育活动内容，篮球教学不仅可以培养小学生的学习兴趣，发展体能，提高对球体的感知能力以及人与球体的距离感、空间感、速度感等能力，培养果敢、机敏、顽强等心理品质，提高抗挫折意识和调节情绪的能力，以及使团队协作等集体主义精神具有重要价值，而且突出篮球运动的游戏性、竞争性和集体性，激发学生参加篮球锻炼的兴趣，提高篮球活动能力，为篮球运动技术的学习和运动能力的提高更好地打下基础。

（二）小学体育教育中足球教学

1. 足球的教学策略

（1）与教学活动对话。

1）教学活动课程目标体系的设置。教学活动是按照目标体系构建的，分别从运动参与、运动技能、身体健康、心理健康与社会适应四个方面进行设置，即每一个水平段都有对四个学习方面的要求。从纵向上说，按照水平一、水平二、水平三不同的学段进行划分，不同的水平段具有不同的要求，体现了层层递进的关系。这样就构成了纵横交叉的课程目标体系。

2）教学目标的制订与分析。

水平一的教学目标制订与分析。

认知目标方面。在认知目标中让学生知道小足球运动是以脚为主，身体协调配合的一项集体团结的运动项目。能够了解一些基本的小足球活动知识，可以在小足球游戏中体会基本动作和同伴之间的协同配合。

技能目标方面。让学生尽早体验完整的足球运动，淡化单一技术动作的教学，把对球性的培养贯穿至整个小学阶段。让学生在小足球游戏活动中体验和学习颠球、踢球、运球和速度、力量和方向对足球活动的影响。低年级的学生普遍喜爱足球活动，教师可以设计一些无球的活动和结合球的游戏，让学生可以在玩耍中培养足球兴趣，加强对足球活动的喜爱，并能从中发展学生的协调、灵敏、速度等素质。

体能目标方面。根据教学活动中身体健康方面要求的几项内容，相应的体能目标：“通过体能练习，发展学生身体灵敏、协调、速度、力量等基本能力。”小足球与游戏活动主要发展空间距离感、下肢的力量、协调能力等，所能达到的体能目标并不全面，所以在每一节课的最后，我们要进行 10 分钟的体能练习来补偿。

情感态度目标方面。在足球活动中，表现出认真学习、刻苦锻炼的精神品质，初步形成团队观念。在小足球游戏中会有身体冲撞的发生，这就需要游戏中的相互帮助、交流。有了合作意识才能够共同努力完成练习，提高学生学习热情，使其做到积极参与。

水平二的教学目标制订与分析。

水平二小足球深受学生的喜爱。在运动参与方面，还是要求学生积极、愉快地参与小足球练习和游戏。

认知目标方面。依据教学活动方面的要求，学生能够说出小足球的动作名称及术语。知道世界杯的相关知识，体验小足球的运动过程。如：知道世界杯是世界上最高荣誉、最高规格、最高竞技水平、最高知名度的足球比赛，和奥运会一样是全球体育两大顶级赛事之一。能够说出技术动作术语“踢球、接球、运球”等，知道同类动作不同方式的变化。关于踢球分为脚内侧踢球和脚背正面踢球。接球分为脚内侧接地滚球和脚底接地滚球，接球需要两名学生之间的配合协作，两者的角色在不断转换，在练习的过程中结合身体的位移，传球学生要把球传到有利于或方便学生接球位置，接球的学生应积极接球准备，如果传球的方向出现偏差要及时移动调整自己位置进行接球。运球分为脚内侧运球和脚背正面运球。

技能目标方面。教学活动要求初步掌握小足球活动的基本方法，提升小足球技术的熟练程度与质量。学生初步学习颠球、拨球、拉球、盘球的动作方法，体验用脚内侧踢球、接球、运球和脚背正面踢球的基本动作。同时通过教学比赛或游戏比赛，既巩固学生所学的各个技术，又可深化认知小足球规则，学会简单的战术配合。

体能目标方面。学生的体能方面，要求发展学生速度与力量素质，同时也要兼顾发展学生的协调性和

灵敏性。在小足球技术教学时渗透体能训练，发展学生的速度、力量、协调和灵敏等素质，促进学生身体机能水平的提高，逐渐完成更高水平的足球运动。

情感态度目标方面。根据教学活动中心理健康方面的要求，学生在小足球比赛和游戏中保持积极稳定的情绪，并能够坚持完成有一定困难的活动。培养学生勇敢顽强、机智果断、遵守规则、互敬友爱等优秀品质。在小足球比赛和游戏中懂得控制情绪，克服困难。例如，遇到防守队员时，鼓励自己能够突破对方；被对方防死、传接球失败时，做到不受外界的影响仍保持积极的情绪。

水平三教学目标制订与分析。小足球是小学五、六年级小球类教材的主要内容，也是深受学生喜爱的体育活动内容。在学校开展小足球活动可以不受场地、器材、人数、季节等客观条件的限制。

认知目标方面。根据教学活动在运动参与方面的要求：学生能够在足球活动中感受比赛的乐趣，体验成功。如体验小足球比赛中射门得分的乐趣和成功感。学生能够说出小足球运动简单的动作名称与术语，知道简单的竞赛规则，了解其锻炼价值。

技能目标方面。依据教学活动中掌握运动技能和方法的要求，水平三技能目标：能做出两个或两个以上的技术动作组合，在动作的衔接上连贯、协调。在小足球比赛和游戏中逐渐掌握各项技术的综合应用，提高学生的实战能力。同时注意简单规则的学习，应用于教学比赛或游戏中。

体能目标方面。小足球包含了跑、跳等多种身体运动形式，运动强度较大。因此通过体能练习提高学生的反应、奔跑、观察、移动、空间感知能力及身体的协调性等能力。为学生未来的身体发展打下坚实的基础，从而提高生活、学习的质量。

情感和态度目标。通过小足球活动来表达想法、展示自我，树立自信心，培养学生克服困难的品质。在足球比赛过程中体现团结协作、尊重对手、遵守规则等的意识和能力，树立良好的集体荣誉感，培养学生的体育道

德。小足球运动是一项的集体性活动，要取得最终的胜利，在练习或比赛中就必须表现出与同伴间默契的配合、团结协作。

（2）与教材对话。

1）小足球在教材中的位置。小足球教材是九年义务教育全日制小学《体育与健康教学大纲》中必修教学内容。根据课程内容划分为“基本身体活动、体操类活动、球类活动、武术、民间体育活动、游泳”六大类教材。在球类活动教材里又有“小篮球、小足球、软式排球、乒乓球”这四个内容。

2）开展校园足球的意义。足球运动是全球最具影响力的单项体育运动，被称为“世界第一大运动”。在比赛当中剧烈的身体对抗对运动员的身体、心理和道德都是一种考验，观众也可以得到感官上的娱乐享受和思想意识上的潜移默化的教育。开展校园足球运动能够促进学校教育工作，对学生的全面发展具有重要的意义。足球运动只有在公平竞赛的基础上竞争才有意义，运动员们才能保持和加强团结和友谊的关系。足球运动过程需要进行加速跑、急停、跳跃、变向跑等动作。学生能够从中得到适宜的运动刺激，促进力量、速度、耐力、灵敏、柔韧等身体素质的全面发展。体育比赛的魅力在于表现人的勇敢、果断、不断挑战人体的极限，在于团结拼搏的集体主义和团队协作精神。学生在参与校园足球活动中与队友之间通过相互配合、相互协作，逐渐认识到依靠团队和集体的力量才能取得胜利。

（3）与教学问题和策略对话。

1）如何设计小足球教学活动。体育教学设计是运用系统方法分析教学的问题，确定体育教学目标，建立解决体育教学问题的策略方法，试行解决方案，评价试行结果和方案进行修改的过程。

第一，认真分析教材确定教学重、难点。教学重点是学生必须掌握的知识与技能，是基本概念、规律及由内容所反映的思想方法，是学科教学的核心知识。教学难点是指学生难以理解的知识点，或者是难以掌握的技能技巧。难点和重点不一样，有个别的内容既是难点又是重点。难点有时要根据学生的水平来定，学生有个体的差异，理解能力不同，实际水平不同，就不一定对于所有学生而言都是难点。一般情况下，大部分学生感到困难的内容，教师要想出各种有效办法来加以突破，否则不但大部分学生听不懂学不会，还会为理解新知识和掌握新技能造成困难。

第二，教学方法的选择与运用。教学方法是为实现教学目标和内容服务的，有怎样的教学目标和内容，就应该有与之相对应的教学方法，教学方法是否得当，影响着教学效果的好坏。有效的教学方法，能够使学生真正融入体育与健康的学习中去，为其今后的学习、工作、生活等方面的发展打下基础。在教学方法设计中，应该根据小足球的项目特点和学生的学习特点，多选用小型竞赛、分层次的教法手段，把课堂留给学生，让他们自己去发挥，让每个学生都能够体验完整的小足球运动，并得到充分的、和谐的发展，这正是我们新课改所需要的。

2）小足球教学生成性问题的解决。所谓“生成”是和“预设”相对应的。预设是对教学过程的预先计划、设想，生成是指在教学过程发生的，可能是教师期望的那样，也可能是超出教师的想象，甚至可能会超出教师的承受能力。预设是教师在教学之前经常做的，是对教学目标、学情、教材、教法等的分析和设计，属于是教师期望学生达到的目标。

小足球教学中经常采用游戏与竞赛方法，可能产生教学生成的时机有以下方面：

第一，游戏活动中有学生受伤。在小足球游戏中，由于小学生争强好胜，对自己的身体的认识不足，在比赛中会全力以赴，此时很容易有学生会在游戏中摔倒，此时教师要及时地对学生进行救护，有些学生会积极地围在受伤学生周围，关心受伤学生。教师在进行积极救助学生的同时，还要关注对于积极帮助同伴的同学，此时也是对学生进行各种安全知识教育的最好时机。教师要依据具体情况，利用好这些教育生成资源，对学生进行教育。

第二，游戏比赛总是有一定的规则，这是保证游戏顺利进行的前提。每个学生都要遵守游戏规则，这些好的品质对学生走向社会，对学生的成长是有益的。然而在游戏中，由于小学生对于比赛胜利的渴望，有些学生会在活动中违反游戏规则以求得在比赛中获利。如果教师没有注意到这些学生，在进行成绩判定的时候，就可能引起其他学生不满，也容易产生一些同学之间的争吵。此时是对遵守规则进行教育的好时机。

第三，小足球是集体性项目，在游戏活动中也经常进行分组练习。学生可能会在分组时产生一些分歧，这就对合作意识的培养提供了良好的契机。

第四，一些学生在小足球游戏活动中遇到困难时，可能会产生自卑心理，不愿练习，逃避参加体育活动，教师要善于观察和发现这类学生，为他们提供帮助。

第五，在小足球比赛中，尤其是在胜负关键的时刻，学生之间的对抗达到白热化的时候，由于一个犯规动作会导致学生之间发生激烈的冲突，甚至是大打出手。教师要观察学生在活动中的表现，语言引导学生，调动学生积极性。

第六，有些学生由于各种原因，提不起对小足球游戏的兴趣，这对高年级的女生来讲会更普遍一些。教师要注意积极引导，通过有趣的练习方式，适合学生心理需求的活动来调动学生学习的积极性，提高学生的运动参与热情。

（4）与教学评价对话。采用多种评价方式对教学进行评价，并要求全面综合地评价学生的体育学习。在具体的评价时，可以采用即时评价、口头评价、理论考试、即时展示、表演、技能评定、体能测试、课堂观察量表评价、成长记录袋等方式。凡事要评价就必然要有测量，所以要保证测量的信度和效度，既要注意科学、公平、准确，又要注意简单、实用、方便。

多年来教学评价的主体一直是教师，在改变过去教师对体育课的预先评价单一性指标的界定，因为这样往往忽视了不同学生的真实表现。这种课型的推广实施评价标准始终以学生的身心表现为主要评价指标。如：心率变化，我们不能用预先设定的指标衡量教学效果，因为学生的反应因人而异，所以建立以学生自身确定评价指标的方式，学生自己最清楚自己学习的情况，学生的自我评价、学生互评也可以促进学生发现问题、分析问题、解决问题的能力，学生也可以成评价的主体。

2. 足球的单元计划

（1）小足球单元计划。

1）学情分析。一、二年级的学生主要是以模仿动作为主要学习手段，这一阶段是儿童身心发展的重要时期。他们在幼儿园时期已经玩过很多种“球”，对“球”有浓厚的兴趣。小足球游戏非常适合这一时期的学生，通过足球的基本活动和游戏来加强学生身体的锻炼。

2）学习目标。

第一，认知目标：知道小足球颠球、踢球、运球等基本动作方法及名称，了解小足球场地的简单知识、球性、特点以及简单的比赛规则。

第二，技能目标：学会颠球、踢球、运球等小足球基本动作方法，学习和体验简单的小足球游戏。

第三，体能目标：通过体能练习，发展学生身体灵敏、协调、速度、力量等基本能力和素质。

第四，情感目标：通过简单的小足球游戏吸引学生积极参与足球活动，体验足球运动的快乐，培养学生对小足球的兴趣和爱好，为今后参加足球活动打下基础。

3）教材分析。当前体育教学改革在全国顺利进行，足球是同学们最喜爱的项目之一。足球体积小、重量轻，方便学生学习、游戏。一、二年级主要以球感的练习、用脚的不同位置触球和游戏内容为主，通过初步体验和学习足球的基本动作方法和基本技能，让学生在游戏中体会快乐，体会成功。

（2）水平二小足球单元计划。

1）学情分析。三、四年级学生，该阶段的学生动作不够准确、下肢的灵活性较差、思维能力在逐渐地加强。课堂上充分留出时间给学生自己练习，在练习中得到锻炼。好动是学生的天性，他们对球类充满兴趣，渴望学会一项自己喜欢的球类运动，经过水平一的学习，学生对足球有了一定的基础，在水平一原有的基础上进行了加强，由原来的原地动作变成了行进间进行和需要简单配合。教师要准确地示范讲解，可以改变规则和难度从而让学生都参与进来，使其在活动中增强自信心。在练习难度上充分考虑到男、女生的差异，在教学过程中，教师可以适当降低难度和简化规则，来提高学生的学习兴趣以达到教学目标。

2）学习目标。

第一，认知目标：知道足球场的界线区域名称以及足球运动动作名称与术语，了解足球简单的竞赛规则。

第二，技能目标：能够把所学的足球基本技术动作，进行组合运用。学会简单的战术配合。

第三，体能目标：通过体能练习提高学生的反应、奔跑、上肢力量、跑跳及身体的协调性等能力。

第四，情感目标：足球运动中培养勇敢顽强、机智果断、遵守规则、互敬互爱等优秀品质。

3）教材分析。足球教材内容融合了球类活动的趣味性、游戏性、竞争性和集体性等特点。足球教学有利于学生逐步了解和掌握一些足球基础知识、基本技术和技能，发展速度、灵敏、力量等身体素质，促进身体机能的健康发展，激发学生对足球进行体育锻炼的兴趣。培养学生顽强机敏、果敢等心理品质及团队协作精神和良好的体育道德意识，提高抗挫折能力和调节情绪能力。

（3）水平三小足球单元计划。

1）学情分析。五、六年级阶段的学生，他们有了一定的足球知识积累，生活经验也有了一定的基础，身体正处于第二次生长发育高峰的初始阶段，身体的各项能力的增长非常明显，思维开阔，对于足球运动有了更高的追求。在水平一、二阶段也初步学习了足球的基本知识和技能，有了一定的基础，在此基础上学习更深一步的足球技术技能、配合进攻会比较容易接受，对足球比赛的渴望会更加强烈，所以教学比赛更能吸引他们。

2）学习目标。

第一，认知目标：说出所学足球运动的动作名称与术语以及竞赛规则，了解锻炼价值。

第二，技能目标：学会踩拉球、跨球、拨球组合练习，脚内侧接控空中球、头顶球等技术动作。

第三，体能目标：通过体能练习提高学生的反应、奔跑、观察、移动、空间感知能力及身体的协调性。

第四，情感目标：通过比赛培养团结合作、尊重对手、遵守规则的意识和能力、树立集体荣誉感，培养良好的体育道德。

3）教材分析。足球运动是深受学生喜爱的体育项目之一，尤其是男生对足球更是感兴趣。小学阶段开展足球运动，不仅有助于增进学生身体的生长发育，增强体质，而且有利于身体素质的全面发展，对培养勇敢、顽强的意识品质，团结合作的集体主义精神，建立自尊与自信，促进心理健康等方面都有重要的作用。

第三节　小学体育教育中武术教学的实践

“学校武术教学改革是从事武术教育工作者永恒的关注，学校武术教学改革研究是多年来武术理论研究中的一个热点论域”[①]。武术乃一种独特人文教育资源的视域，以武术学、人文学等相关学科的理论知识为依托对小学体育教育中武术教学进行分析。

一、小学体育教育中武术教学策略

（一）与教学活动对话

1. 教学活动对武术教学内容的具体要求

武术运动坚持“健康第一”的指导思想，促进学生健康发展成长，努力优化运动负荷、体能练习和运动技能三个关键点，把学生的现有基础素质和课程目标有机地结合，在学习武术运动知识与技能的同时融合学生自身成长的相关知识。通过武术运动教学，使学生发展体能，养成良好的武德，掌握武术运动技能，将武术精神运用到学习和生活中。

武术运动课程简化难度，目标设定明确、合理。激发学生参与武术运动，养成健身习惯，促进学生终身体育意识。

武术项目教学根据学生的发展需要，沿着课程设计到学习评价，始终把学生的身心发展放在首位。在教学中充分发挥教师的引导、辅助作用，高度重视学生学习的主体地位，注重学生自主学习、合作学习和探究学习，促进学生学会武术运动的方法。

2. 教学目标的制订与分析

（1）水平一的教学目标制订与分析。教师要整合学生常见、有趣的体育游戏，运用到武术课教学中，激发学生学习兴趣，让学生积极愉快地参加武术活动游戏，达到引导学生主动完成学习任务的目的。

---

① 刘文武．武术教学与体育项目教学的区别［J］．北京体育大学学报，2015，38（10）：98.

在认知方面，学生需要了解武术的发源过程及学习武术的目的。知道所学项目和游戏的名称及动作基本术语，并且了解拳、掌、勾等手型和弓、马、扑、虚、歇等步型以及正、侧、外摆、里合等基本功动作。认知目标让学生知道武术是全身协调配合的一项运动项目，能够说出一些最基本的武术活动知识。通过阶段性的学习使学生能够说出武术的发展过程和部分武术动作名称。

在技能方面，通过阶段性系统练习，要让学生知道武术项目将贯穿至整个小学阶段。让学生在有趣的武术游戏活动中学会冲拳、推掌、弹腿、踹腿的动作路线，及认识各种步型。让武术中各种练习方法成为提高身体素质的重要因素。最终达到“知道武术名称和基本动作术语，了解武术现象。体验冲拳、推掌、踢腿等武术动作的运动轨迹。在武术活动中能够注意‘精、气、神’的配合，同时学会一些关于武术项目游戏”的目的。

水平一后半段是学生的身体发展敏感期，武术课中的游戏都是特意选择和武术动作类似或者接近的活动。可以弥补身体发育过程中其他体育项目的不足。而且武术练习中有专门发展平衡、力量、爆发力等多方面素质的专项动作。所以我们将“发展身体柔韧、灵敏、协调等素质，提高速度和力量素质，增强免疫力”作为健康目标。

武术游戏和练习中有着特殊性，如接触性游戏、距离感游戏、勇敢性游戏等，这些游戏是有针对性地选择。而且这些游戏可以激发学生的训练兴趣。所以“练习中体验武术活动对情绪的积极影响，在新的合作环境中虚心向同学学习、互相帮助，愉快地进行武术活动游戏”是心理健康目标。

（2）水平二的教学目标制订与分析。水平二中根据学生的发育和学生基础程度不断提高。在运动参与方面，还是要求学生积极地、愉快地参与武术套路组合的学习和游戏的练习。

认知方面，要求学生知道武术的构成动作，能说出武术基本手型和步型的名称及攻防含义。知道攻击目标和着力点，进攻和防守的方法及部位。例如，拳可以在不同时机击打侵犯者的任何部位，而且可以练习用一种方法或多种方法连续攻击。

技能方面，要求“不但知道动作组合的攻防含义，而且做出简单的武术套路组合。”武术完整套路是由多个连续的动作组合而成的。而水平二中的动作组合起到巩固练习和衔接新动作的重要作用。练习中，首先练习者应该知道攻击目标和用哪些部位攻击，其次根据实际情况选择攻击路线，另外了解所用招式的意图和作用。例如，五步拳中的第一个动作，搂手弓步冲拳。这个动作中通过左腿向左跨出成左弓步，过程中有身体躲闪的作用，另外是接近对手。

身体健康方面，要求提高学生身体的柔韧、灵敏和协调等素质能力，促进身体发育。在练习武术运动技术过程中本身就是在不断地提高身体的灵敏和协调，随着练习时间的增长和训练强度的增强，灵敏和协调性会进一步提升。柔韧性则会伴随着基本功练习的增多而提高。另外，科学合理地安排适当锻炼会对儿童身体正常发育起到一定的促进作用。

心理健康方面，要求学生在武术的对练过程中学生能表现出坚强的意志品质，能够坚持完成，并且要控制情绪来克服困难。例如，队友无意中踢打到自己的身体，会不会控制情绪，不激动并鼓励队友继续练习。或者无意中击打到队友后马上道歉并关心对方，不被刚才的“事故”影响到接下来的练习。

（3）水平三教学目标制订与分析。在认知方面具体的目标为“制订自己有规律的练习计划，并严格执行。了解武术更多的拳种，知道比赛的类型，影响更多的人练习武术”。

由于水平三的动作难度有所增加，所以学生除在课上认真主动地练习，还要适当利用业余时间加强训练。这个年龄段的学生已经对事物具有一定的认识，形成自己的意识。可以通过不同途径和媒介了解更多的拳种，如太极、南拳、八卦等拳种，拓宽知识面。适当时机参加社区或协会组织的比赛，对自己的水平做一个鉴定。可以通过自己的表演影响周边人群认识武术项目。

技能方面：“丰富武术知识，知道武术动作组合的编排原理；了解武术运动项目的名称和它基本的健身价值；运用已有的知识和技能编出简单套路组合。学会欣赏武术比赛的整体过程；完成有一定难度的技术动作组合。”此阶段的学生认知能力逐渐提高，应该知道武术不仅仅包括徒手，还有器械。不只有单人，还有两人或多人对练。通过持续的练习学生水平的不断提高，有能力加强难度动作的学习，并且学生有继续学习难度动作的欲望。“少年拳”将是本阶段学习的重点内容之一。在教师讲解动作组合编排原理后，学生可以根据事实情景编排简单的武术套路组合。如根据《中国功夫》歌词中的动词“站、卧、走”等编排动作组合。

身体健康方面，武术动作中有上肢、下肢和全身发力的动作。包含了踢、打、摔、拿等多种身体运动形式，且运动强度较大，因此，可以全面、有效、综合地促进身体素质和人体机能的全面发展，为身体继续发育打下坚实的基础。但此阶段男女生开始发育，练习的强度应适当区分。

心理健康方面，“培养学生对武德的认识，磨炼坚强的意志品质，传承武术的内涵，将武术发扬光大。”武术道德博大精深，可以影响当代儿童的大义之气，对学生的人生观和价值观会有一定影响。练习过程中可能会出现一些伤病，经过老师的鼓励和引导，学生努力克服种种困难，最终突破心理阴影迈出更坚强的一步，使学生的“逆商”得到提高。

（二）与教材对话

1. 武术在教材中的位置与联系

武术项目在小学教材中出现是不可代替的，因为它是人类生存的产物。在原始人类时期，人类为解决温饱问题，猎杀动物时经常与动物展开激烈的搏斗，形成的一些技巧就是武术项目的雏形。武术是中国上下五千年的历史的结晶。早在夏、商、周时代，人民为保护自己的家园，抵御外敌入侵而总结出防身本领，是武术运动的延续。中国武术是具有中特色的体育项目，从小习武，以武养德是历来中国的传统。

2. 武术运动的特征表现

武术运动具有三个特征表现：健身娱乐性，修身养性，技击性。

第一，健身娱乐性：武术的内容和形式丰富多样，运动负荷可调节，练习者可以根据自己身体条件选择不同的套路。而且武术不受时间季节场地等条件的限制。武术套路动作舒展优美，具有一定的表演性。

第二，修身养性：武术项目练习中根据动作的快慢，静动结合、聚神调气，是一项对调节身体健康和心理健康具有一定作用的体育运动项目。

第三，技击性：武术项目中虽然拳种不同，但是都有着共同的特点，都是以踢、打、摔、拿、击、刺等攻防动作构成主要内容的。

3. 武术教材的重、难点分析

武术教学中重点是使学生了解武术的基本知识和运动特点，学习和初步掌握简单的武术基本功、基本动作和武术健身操；增强肌肉、韧带的伸展性和弹性，加大关节活动的灵活性和幅度；发展身体柔韧、灵敏、协调等素质，体验动作的速度、力量和节奏感；培养学生认真学习、刻苦锻炼、与同学友好相处、以礼相待、相互交流与合作等行为习惯。激发学生学习武术的兴趣，促进身体健康发展，为进一步学习武术打下基础。

由于武术教学模式是环环相扣、循序渐进的模式，所以奠定坚实的武术基础是尤为重要的。根据动作要求练习时学生会出现枯燥乏味的感觉，这时需要教师在教法中多下功夫，灵活运用教学方法，从而达到让孩子寓学于乐的效果。如果教学中出现学生之间互相打闹现象，教师应多加强对学生谦虚礼让方面的教育培养。

（三）与教学问题和策略对话

1. 课前对课堂中可能会出现问题的预判

为了更好地达成目标，教师应在课前对学生情况进行分析，以便于做足充分的分析，找到应对策论。课前可预测到问题：武术项目是一项竞技性项目，学生会出现学完一个动作后迅速运用（踢打同学）。这时教师应在宣布本课内容时提出要求，申明踢打同学会对课堂造成影响，也会对同学造成伤害。另外，教师在学习前把学生间的距离调整成比体操队形稍远的距离，以便于学生有充分的活动空间（器械练习时应把距离调到更大）。其次，为了方便学生更清楚地看清示范动作，教师应调整队形成弧形，做出三面示范。

教学方法的选择：由于武术项目特殊性，对于教学方法的选择也不同于其他项目。设计与武术动作相似的游戏动作，可以作为武术项目的热身活动。建议采用主题式教学法：教师语言设计情节，引导学生开拓自己的思维，找到解决问题招式；分层次教学法：根据学生学习能力的表现，教师可以对学习进度不同的学生进行分层次教授动作。这种方法也可以达到关注个体的效果，还可以激发学生的竞争意识。

2. 提高生成性问题解决的能力

如果课堂中出现不可预测的问题，教师应根据自己的经验和对项目的了解随机解决，并将问题转化为有利的案例。建议各位教师树立终身学习的理念，提高生成性问题解决的能力。

（1）在实践教学中，提升处理生成性问题的操作能力。教师一方面要重视“预设性教学”的课堂设计、重视课堂“生成性问题”的处理、重视课后的教学反思；另一方面，教师应积极参加观摩教学、专题研讨、说课评课等各种形式的教学科研活动，通过自身参与、专家点评、同行评议，不断提升自己处理生成性问题的应变能力和操作能力。

（2）向同行前辈学习，提升处理生成性问题的经验。前辈们具有一定的教学经验，在教学过程中能很好地把控课堂中出现的一些问题，我们应寻找机会向优秀教师主动学习更多的教学经验。

（3）向书本学习，提升自己生成性问题的理论水平。一个具有一定专业水平和业务能力的教师，必定是一个勤于学习的读书人，只有不断地学习，把读书作为生命的一部分，每天不断地读书，跟书籍结下终生的友谊，特别是多读一些有利于丰富自己专业知识和提高自己业务技能的书籍，才能在课堂教学中真正把握和处理好生成性问题。

（四）与教学评价对话

为了能更好地达成教学目标，提升教师的教学水平，评价是最为行之有效的办法。教学评价可分为教师评价、学生评价、其他人员的评价。

教师在教学过程中巧妙地运用语言或者动作，对学生的行为进行表扬或者激励，是调节课堂气氛、学生学习状态有效的方法。课的结束部分中对学生进行评价和鼓励是下节课的良好铺垫。“当局者迷，旁观者清”，可能教师在教学过程中会出现一些“盯点忘面”的现象。这时候参观课的老师应课后对授课教师进行评价，以便于教师及时修正自己的教学方法。

学生的评价方式有自评和互评。学生对自己在课堂中的表现做评价，可以锻炼学生的语言表达能力，又能使学生加深对技能的分析。学生间互相评价可以使学生对自己在班级中的学习能力和对知识的掌握结果有真实的了解，从而达到正确树立近期目标的效果。总之有效地进行评价可以对教学教研活动起到一定的促进作用。

二、小学体育教育中武术单元计划

（一）水平一武术单元计划

（1）学情分析。本阶段教学对象是一、二年级学生，该阶段的学生注意力和记忆力不太稳定。身体发育较快，精力旺盛，活泼好动，模仿能力较强。在媒体和生活中接触过类似武术基本手型和步型的动作。因此教师在教学过程中应以兴趣培养为主线，多方位考虑学生自身感受，达到最佳教学效果。

（2）学习目标。

第一，认知目标：学生能认识武术中出现的基本手型和步型。

第二，技能目标：学生能在游戏中做出三种手型、五种步型和简单的武术操。

第三，体能目标：通过教学中的游戏提高学生的力量、柔韧、协调和灵敏性。

第四，情感与态度目标：在学习中培养学生对武术的兴趣，崇尚武德，礼始礼终的道德品质。

（3）教材分析。防敌侵害是人体基本反应之一。低年级学习武术基本功会对将来学习深度的武术动作奠定坚实的基础。练习内容形式多样，既有健身作用又有竞技功能，而且可以提高练习者的柔韧性、协调性和灵敏性，增强身体素质。武术项目崇尚武德，对培养学生勇敢顽强的优良品质和勇于面对竞争激烈的现代社会起到不可代替的作用。学习中充分发挥主体作用，以自主探究、合作学习为重要学习方法。武术基本功练习为提高学生学习兴趣，丰富体育课奠定坚实的基础。

（二）水平二武术单元计划

（1）学情分析。本阶段教学对象是水平二小学三、四年级学生，该阶段的学生认知和自控能力有显著提高，记忆和模仿能力也有显著提升，想象力从模糊向着正确、完整的映像过渡，意志力随着年龄的增长逐渐稳定。在水平一阶段已经对武术有所了解，并且学习了基本的手形、步型和武术操，有进一步学习武术的欲望。此时教师要准确地去引导让学生都参与进来，使其在活动中得到成功感、增强自信心。教师应该适当降低难度来提高学生的学习兴趣，以达到教学目标。

（2）学习目标。

第一，认知目标：能够用正确的术语描述学过的武术动作，知道动作组合的意义。

第二，技能目标：能够轻劲连贯，形神兼备地完成五步拳的完整套路，并能单独演示。知道五步拳的攻防含义，拳法和腿法靶位练习。培养学生的灵敏性及协调性。

第三，体能目标：通过五步拳的学习提高学生平衡、协调、灵敏等多方面能力。

第四，情感与态度目标：传承发扬武术精神，培养练习者的竞争意识，提升练习者的自信心。

（3）教材分析。武术套路在生活中有着很强的实用价值，能在健身强体方面发挥重要功效。本阶段的学习是水平一中单独动作的升华。通过武术套路的学习提升学生对武术精髓一精、气、神的培养。靶位练习将使学生对武术项目产生浓厚的兴趣，从而提高学生对体育锻炼的意识。充分发挥学生的主体作用，明确学习动机，培养学生的想象力和创新思维。重视对学生武德的培养。

（三）水平三武术单元计划

（1）学情分析。本阶段教学对象是水平三小学五、六年级学生，该阶段的学生随着身体的发育记忆力、耐力和反应及自我控制能力逐渐成熟，而且随着年龄的增长男女生发育有所差异，建议区别对待。根据知识的积累量逐渐增多，理解能力也随之进步，学生形成自己的思维方式和独立的评价能力。水平一、二阶段时已有一定的武术基础，此时教师应准确地引导让学生都参与进来，使其在活动中获得到成功感而增强自信心。

（2）学习目标。

第一，认知目标：说出编排意图。

第二，技能目标：能够根据自编动作组合，鼓励学生创编能力。

第三，体能目标：练习中提高学生的身体协调性和力量。

第四，情感目标：培养学生创造思维和勇敢坚毅的性格。

（3）教材分析。“少年拳”是武术套路的基础套路之一。本套路中的攻防意识练习在生活中有一定的防身作用。练习者通过手、眼、身、法、步的练习可提高身体的灵敏性和协调性。对练和自编套路时可以培养学生竞争意识和吃苦耐劳的精神，激发学生自豪感。为今后的武术学习打下良好的基础。

第四节　小学体育教育中特色跳绳的教学创新

一、小学体育教育中特色跳绳的教学策略

（一）与教学活动对话

作为体育教师要想上好体育课，离不开对教材、对学情以及教学设计和教学评价的深入分析。只有认真钻研教材，了解每个水平阶段学生的身心特点，才能在授课时做到游刃有余。

1. 教学活动对各水平阶段跳绳教学内容的要求

课程目标分为四个学习方面：运动参与、运动技能、身体健康、心理健康和社会适应，每个学习方面都有相应的学习目标，这四个学习方面目标在不同的水平阶段要求是不同的，具体如上：

（1）运动参与。

1）参与体育学习与锻炼。

水平一：上好体育与健康课并积极参加课外体育活动。

水平二：积极参加多种体育活动。

水平三：学会通过体育活动进行积极性休息。

2）体验运动乐趣。

水平一：感受做游戏的乐趣。

水平二：感受体育活动和比赛的乐趣。

水平三：感受多种体育活动和比赛的乐趣。

（2）运动技能。

1）学习体育运动知识。

水平一：获得运动的基本知识和体验。

水平二：学习奥林匹克运动的相关知识；体验运动过程并了解动作名称的含义。

水平三：丰富奥林匹克运动的知识。

2）掌握运动技能和方法。

水平一：学习基本的身体活动方法和体育游戏。

水平二：提高基本的身体活动和完成体育游戏的能力。

水平三：初步掌握多种体育活动方法；掌握有一定难度的基本身体活动的方法；基本掌握运动项目的基本技术动作组合。

3）增强安全意识和防范能力。

水平一：初步了解安全运动以及日常生活中有关安全避险的知识和方法。

水平二：重视体育活动和日常生活中的安全问题。

水平三：初步掌握运动损伤及常见意外伤害的预防与简单处理方法。

（3）身体健康。

1）掌握基本知识和方法。

水平一：初步了解个人卫生保健知识和方法。

水平二：了解个人卫生保健知识和方法；初步了解疾病预防知识。

水平三：初步了解人体运动系统；了解卫生防病的知识和方法；了解食品安全与健康的关系；初步掌握青春期的生长发育特点与保健常识。

2）塑造良好的体型和身体姿态。

水平一：注意保持正确的身体姿态。

水平二：改善体型和身体姿态。

水平三：保持良好的身体姿态。

3）全面发展体能与健身能力。

水平一：初步提高柔韧性、灵敏性和平衡能力。

水平二：发展柔韧、灵敏速度和平衡。

水平三：提高灵敏性、力量、速度和心肺耐力。

4）提高适应自然环境的能力。

水平一：提高户外运动能力。

水平二：增强适应气候变化的能力。

水平三：增强适应气候变化的能力。

（5）心理健康与适合适应。

1）培养坚强的意志品质。

水平一：努力完成当前的学习任务。

水平二：坚持完成有一定困难的体育活动。

水平三：在体育活动中表现出克服困难的意志品质；正确认识和对待身体条件和运动能力的差异。

2）学会调控情绪的方法。

水平一：体验体育活动对情绪的积极影响。

水平二：在体育活动中保持积极稳定的情绪。

水平三：在体育活动中注意调节自己的情绪。

3）形成合作意识和能力。

水平一：在体育活动中适应新的合作环境

水平二：在体育活动中乐于交流与合作。

水平三：在团队体育活动中能较好地履行自己的职责。

4）具有良好的体育道德。

水平一：在体育活动中爱护和帮助同学。

水平二：遵守运动规则并初步自我规范体育行为。

水平三：形成良好的体育道德意识和行为；以体育活动中尊重相对较弱者。

综上所述，这四个学习方面构成了体育与健康的课程目标体系，每一个学习目标都不是独立存在的，是通过以运动参与和运动技能学习为载体，实现其他方面的学习目标。

2. 教学目标的制订与分析

（1）运动参与方面的目标。达到该目标时学生表现为积极、愉快地参与各种跳绳活动。如何让每个学生积极参与到跳绳活动中来，需要教师从课的开始到结束每个环节的设计要有新意，活动方式要多样化，要适合学生年龄特点。跳绳教学就要充分利用绳子，在绳上下功夫，创新多种玩法，如：将短绳做尾巴，设计“抓尾巴”的游戏；利用短绳合作跑设计“结网捕鱼”的游戏；培养学生团队精神设计“千脚虫”赛跑游戏；培养学生团结合作精神设计二人三足跑、三人四臂跑等游戏；利用短绳做跳跃练习的系列游戏，如：快快跳起来、旋转跳、跳“楼梯”、跳“皮筋”等。利用短绳做投掷练习的游戏。如：绳球游戏、绳包投远、绳包投准等。利用绳子做爬行游戏，如匍匐前进。利用长绳设计舞龙、“车轮”滚滚、穿越窄门、盲人方阵、跳绳猜拳、穿针引线等，以及踢绳包、丢绳包、夹绳跳、拼五环、拉绳角力、跳单双圈、曲线跑动跳绳、往返接力跳绳、计时跳绳、计数跳绳等。教学各环节可以选择适合的游戏进行练习，激发学生的运动兴趣，始终让学生保持高昂的学习情绪，积极参与到学练当中。

（2）运动技能学习方面的目标。运动技能目标制订要具体，例如，一分钟跳绳达到 50 次，双人合作跳绳连续跳 6 次；长绳穿梭跳每分钟通过 30 人次等。怎样让学生在运动技能学习时达到目标要求，教师要重视学生在学习过程中的主体地位，充分发挥教师教学过程中的主导作用，设置疑问，让学生带着问题去观察、去思考、去体验、去交流，培养学生自主学习、合作学习和探究学习的能力，促进学生掌握体育与健康学习的方法。学练过程中，让学生明白正确使用跳绳可以锻炼身体，如果使用不当容易伤人。引导学生说出跳绳时的安全注意事项，如：不用绳子打人、不拿绳子在人群中抡着玩、不能拿绳子勒同学脖子、跳绳时先观察前后左右的场地等。技能学习时更要关注“学困”生。学练过程中，针对不同的错误，指导学生学会改进的方法。如：跳绳时机有问题的，老师或同学一带一,一起跳一跳，让学生知道自己是跳得太早了还是太晚了；摇绳总是有问题的，专门进行徒手练习或手持对折的绳子摇一摇等。在反复的练习过程中，不断提醒学生说出动作名称，说出动作的关键点，进行针对性练习，继而达到预定目标。

（3）身体健康方面的目标。全面发展体能与健身能力。在学习跳短绳技能的同时，通过设计各种形式的跳绳练习，如计时跳、计数跳、“欠债”游戏等，锻炼学生的腿部、肩带力量，发展学生灵敏、协调等身体素质。适时地对学生进行合理饮食的健康教育，让学生明白各种营养素的作用，了解科学锻炼身体的方法。

（4）心理健康与社会适应。通过跳绳学习，让每个孩子具有阳光健康的心态并友好地与同学相处，困难面前不气馁，坦然面对挫折，充满自信。学生进行跳绳练习时，要善于观察每个学生的动态，对内向的孩子、胆怯的孩子、身体不协调的孩子给予关注和帮助，及时给予鼓励和表扬。关注个体差异，降低运动难度，让每个孩子受益，体验成功的快乐。让学生知道，任何事情通过自己的努力都可以做到更好。跳绳运动量很大，好多学生会感觉很累。计时跳时时间未到，好多学生就停止跳跃不能坚持。建议练习前教师给予积极性暗示，提前做好动员工作，激励学生做到“坚持、坚强、进取”。可以设计挑战自我、刷新纪录的方式，让学生一次比一次有进步。双人合作跳短绳、多人合作跳长绳时，鼓励学生多交流，形成合作意识与能力。

（二）与教材对话

1. 教学内容在教材中的位置与关系

跳短绳、跳长绳及其各种方式的跳绳练习，是以上、下肢活动为主的全身运动项目，深受儿童喜欢。跳绳是小学体操类活动的主要内容之一。水平一、水平二体操类课时比重为 21%，水平三为 22%。根据本校实际情况，水平一一年级选用了两脚依次跳和并脚跳与原地跳长绳（两脚依次跳、并脚跳）最基本的动作作为教材内容。每学期 8 课时。水平一二年级的教材内容根据学校特色在原有的基础上增加了双人合作跳短绳和转圈跳长绳，每学期也是 8 课时。水平二选用了单脚交换跳短绳和“8”字跳长绳为教材内容。各年级每学期 4 课时。水平三选用了编花跳和双摇跳以及跳双绳和跳绳拓展游戏等教材内容，五年级第一学期 8 课时；第二学期 4 课时；六年级每学期 6 课时。

2. 教学重、难点分析

跳绳方法很多，不同的技术动作，教学的重、难点不同。跳短绳对于一、二年级的学生而言，由于小肌肉群发育尚不完善不发达，掌握精细动作比较困难，在学习跳短绳的过程中，重点体会以肩为轴摇绳动作；三至六年级学生跳短绳，重点体会以肘为轴、以腕为轴摇绳动作。跳短绳的难点主要在于学生上、下肢体的协调性。双摇跳短绳的重点是高跳快摇，难点也是上、下肢协同配合，连贯跳绳；双人合作跳短绳的教学重点是两人的站立位置，难点是两人的协调配合；原地跳长绳重点是跳绳的时机；跳“活”绳重点为上绳、出绳的时机，难点是摇绳人与跳绳人的密切配合。

（三）与教学问题和策略对话

1. 教与学活动设计

体育教学活动是教师的教与学生的学共同完成的。教师、学生、教学目标、教学内容、教学过程（方法）、教学环境、教学评价等几个要素构成了教与学活动的全部，对这些要素在课前要进行精心分析和设计，才能提高课堂练习密度和强度，才能有益于提高体育教学的效果和质量。教师的教与学生的学是相辅相成的、相互促进的。教师安排的一切教学活动都要以实现教学目标为目的，使学生掌握一定的技能和方法是教学活动设计的落脚点和归宿。对于跳绳教学而言，准备活动是必不可少的。在准备活动中，可以充分利用绳子进行热身，如手持绳子跑一跑、绕着绳子跑一跑、手持绳子做单人绳操、双人绳操、多人绳操等。在准备部分可以做如下设计：让学生分组进行一侧上绳跑“8”字跳长绳练习，既做了热身又复习了跳绳动作，还为下一个主教材两侧上绳“8”字穿梭跳长绳打下了良好的基础。结束部分的学习设计了如何收绳的生活技能。

2. 教学生成性问题的解决

生成性的课堂是老师预先没有想到的，是在教与学的互动过程中意外发生的。在教学过程中，当学生有独到的思想见地时，教师要采取积极的鼓励态度，及时回应学生出现的生成性问题，让学生感受到教师对他们的尊重、重视，从而形成良好的师生关系，更好地服务我们的教学。

3. 设计问题推进教学

因为有了上面教学的经验，再教跳双绳时，老师是这样设计教学的。先让各组复习跳长绳的练习。然后找出两组学生分别进行原地跳长绳示范并向学生们提出问题：“能否将两条绳子合在一起摇呢”？通过观察，孩子们不假思索地回答说：“能！”老师紧接着再问：“应该怎么摇？”学生们用两臂膊正确地做出了交替摇双绳的动作。就此机会，让学生及时学习了摇绳动作。教师和学生示范摇双绳，继续提问：“在交替摇动的绳子下，我们应该怎么跳？”学生认真观察，很快地找到了跳绳节奏，不自觉地原地并脚连续跳了起来。找学生进入绳内示范跳双绳，教师指出教学难点："先起的绳子摇过跳绳人头顶时另一条绳子摇起，交替摇绳，连续跳跃。"重点、难点突破，各组进行练习，教师巡视指导，及时进行评价。

通过对比练习，便于学生观察和分析。直观性强，学习效率高。这里需要提出的是：问题的设计要有层次，问题的设计要新颖，能激发学生思维。

（四）与教学评价对话

课堂教学要突出评价的民主性。教师要有民主精神、民主作风。把学生当朋友，诚心接受学生的意见，鼓励学生对老师的教学进行评价。课堂评价要有激励性。从儿童心理学角度考虑，要激励、鼓励学生不断进取。新课程倡导评价主体要多元化、评价内容应多样性。在评价内容中包括学生的参与状态的评价，及时对学生给予激励、鼓励和指导，关注学生在课堂上的"成长"历程，使其能积极有效地参与教学活动。

教师对学生的跳绳运动技能进行评价，是评价的主要方式。跳绳技能评价时，要充分结合《国家体质健康标准》跳绳评分标准来激发学生的练习积极性。除此之外，对学生的出勤、上课的态度以及人际交往与合作行为进行综合评价。

二、小学体育教育中特色跳绳单元计划

（一）水平一跳绳单元教学计划

（1）学情分析。一、二年级学生，神经抑制过程不完善，精密分化能力差，动作技能的发展还处在"形成熟练动作过程中的障碍期"，由于小肌肉群的发育尚不发达，因而掌握精细动作比较困难。教学中需降低难度，目标制订不宜过高。例如，小学生活泼好动，既容易兴奋，注意力又易分散和疲劳。跳绳的同时孩子们喜欢用绳子抡着玩，容易发生伤害事故，因此，需采取多种多样教法手段和教学组织形式，设法创设良好的课堂环境，吸引学生的练习兴趣；同时不断加强对学生的安全教育，使他们知道正确的练习方法，遵守课堂常规和要求，提高学生安全意识和自我保护意识。一年级的学生在幼儿园接触过跳绳，但是对跳绳的动作技术一知半解，学生跳绳的能力也参差不齐。二年级学生经过一年的学习，在跳短绳和跳长绳方面积累了经

验，对学习跳绳有了更大的兴趣。

（2）学习目标。

第一，认知目标：会描述两脚依次跳绳和并脚跳绳的方法；知道并能说出跳短绳的握绳、量绳、停绳的方法；知道摇长绳的方法，知道原地跳长绳动作方法和转圈跳长绳上绳、跳绳、跑出的时机。了解跳绳的锻炼价值。

第二，技能目标：能够较协调、连贯地进行两脚依次跳短绳和并脚跳短绳的练习，1 分钟内能跳过 20 次以上；摇绳人和跳绳人能够积极配合，较顺利地进行跳长绳练习，并能够在课余时间进行锻炼。

第三，体能目标：在各种跳绳练习中，增强腿部、肩带力量，提升灵敏、协调、耐力等身体素质。

第四，情感目标：能够积极主动地完成练习任务；能够愉快地与同学配合练习和比赛，培养学生相互配合、团结协作的精神及认真学习、刻苦锻炼的作风。

（3）教材分析。跳短绳、跳长绳，是以上、下肢活动为主的全身运动项目。跳绳对场地器材要求不高，深受学生喜欢，锻炼效果特别好。经常进行跳绳练习可以促进人体运动器官和内脏功能的发展，有助于保持体态健美，提高反应力和心肺功能，对发展弹跳力、灵敏性、协调性等身体素质有积极作用。

跳绳是低年级学生十分喜爱的运动。水平一阶段选用了跳短绳中最基本的两脚依次跳和并脚跳与跳长绳中最基本的两脚依次跳和并脚跳作为教材内容。此项内容安排在一年级的上、下两个学期中，共 16 课次。为了使教学活动适应低年级学生身心发展水平和特点，增加练习兴趣，在二年级增添了一带一两人跳短绳、四人合作跳短绳、一人助摇一人跳短绳、向后摇绳跳短绳、侧面上绳转圈跳长绳、正面跑人转圈跳长绳，共 16 课次。合作跳短绳丰富了教材内容的同时巩固和提高了单摇跳短绳技术动作，趣味性更强一些。向后摇绳跳短绳的学习为后面学习向后编花跳短绳打下基础。侧面跑人转圈跳长绳、正面跑人转圈跳长绳是在原地并脚跳长绳的基础上进行的，为水平二学习“8”字跳长绳做好铺垫。

（二）水平二跳绳单元教学计划

（1）学情分析。三四年级学生正处于生长发育的旺盛阶段，是全面发展身体素质、掌握基本技术的良好时期。该阶段学生神经系统发育较快，兴奋性较高，兴奋过程仍占优势。但兴奋与抑制的转换过程不完善，在活动中注意力容易分散。动作的准确性和协调性差，动作学得快，但消退也快。教学中应采取相应手段，巩固跳绳技术动作。三四年级学生正处于速度发展敏感期，此时发展速度，特别是反应速度效果最佳。所以，跳绳教学的同时安排了速度练习。三四年级学生抽象思维能力比较差，具体形象思维仍占优势。跳绳教学时，适宜采用具体、形象的直观教学手段进行教学。学生已具备较好的跳绳基础，在水平一阶段，一分钟跳绳考核中，平均能达到 90 次以上。他们不但熟练地掌握跳短绳、转圈跳长绳技术，还学会了一些解决问题的方法。有了以往的成功体验，对水平二的学习孩子们更能充满自信。

（2）学习目标。

第一，认知目标：能够说出各种跳绳的动作名称，知道跳绳的动作方法和要领，了解其锻炼价值。

第二，技能目标：掌握跳绳的动作技能，并能将跳绳作为健身手段，进行自主锻炼。

第三，体能目标：在各种跳绳练习中，增强腿部、肩带力量，发展灵敏、协调、耐力等身体素质。

第四，情感目标：培养学生相互配合、团结协作的精神及认真学习、刻苦锻炼的作风。

（3）教材分析。跳绳是一项简便易行、锻炼价值较大的体育活动，也是小学生十分喜爱的一种体育活动。经常进行跳绳练习，可以促进人体运动器官和内脏功能的发展，有助于保持体态健美，提高反应力和心肺功能，对发展弹跳力、灵敏性、协调性等身体素质有积极作用。

水平二阶段跳绳教材选用了单脚交换跳短绳和“8”字跳长绳两项内容。单脚交换跳短绳如果在三四年级重复学习难免有些枯燥；而“8”字跳长绳有两种跳法，一种是一路纵队从侧面上绳“8”字跳；一种是两路纵队分别从两侧交替上绳“8”字跳。教材里只给出了两路纵队分别从两侧交替上绳“8”字跳长绳的教学内容。如果直接让水平二的学生学习这个动作有点儿难。为了更好地满足学生的需求，增加跳绳的趣味性，活用教材、用活教材，结合学校特点，在此阶段三年级安排了单脚交换跳短绳、两人并列站立同摇一绳跳短绳、两人一正一反并列站立同摇一绳跳短绳、侧面上绳“8”字跳长绳（一路纵队）共8课次；四年级安排了甩绳、向前摇绳侧甩绳跳短绳、正变反反变正跳短绳、两人轮流换把跳短绳、两路纵队侧面上绳“8”字跳长绳，共8课次。

（三）水平三跳绳单元教学计划

（1）学情分析。水平三五六年级的学生正处于生长发育的关键期，他们依赖性强、好奇心强、模仿力强。在运动能力、性格爱好方面差异很大，女生比较文静，遵守纪律，男生比较好动，自控力较差。对于跳绳，他们在一至四年级系统学习了基本的跳短绳和跳长绳技术，积累了一些经验，掌握了一些学习方法。在此基础上进一步学习跳绳技术很容易接受。

（2）学习目标。

第一，认知目标：能够说出各种跳绳的动作名称；掌握一些跳绳游戏方法；懂得跳绳练习的安全保护知识；了解跳绳对提高身体素质的作用。

第二，技能目标：掌握多种跳绳方法，并能将跳绳作为健身手段，进行自主锻炼；基本掌握有一定难度的花样跳短绳、跳长绳的方法。

第三，体能目标：在各种跳绳练习中，增强腿部、肩带力量，发展灵敏、协调、耐力等身体素质。单摇跳短绳每分钟不低于70次。

第四，情感目标：关注自己跳绳的成绩，了解进步幅度或存在的问题；在练习或游戏中，情绪饱满，自信心强，勇于克服困难，团结同学，相互配合、团结协作。

（3）教材分析。跳绳是一项简便易行、锻炼价值较大的体育活动，也是小学生十分喜爱的一种体育活动。经常进行跳绳练习，可以促进人体运动器官和内脏功能的发展，有助于保持体态健美，提高反应力和心肺功能，对发展弹跳力、灵敏性、协调性等身体素质有积极作用。

小学五六年级的跳绳教学内容在以前各年级教学的基础上增加了变化，提高了难度。如“向前、向后摇绳编花跳，双摇跳，穿梭跳长绳以及双绳跳，跳绳拓展练习”，这些跳绳内容都是在学习过的跳绳动作基础上进行了简单变化和组合，虽然提高了一定的难度，但是也增加了跳绳的趣味性。

跳绳主要是以上、下肢活动为主的全身性运动项目，学生系统掌握了这些结构化的跳绳技术，在生活中加以运用作为健身的一种手段，将会其乐无穷，受益终身。

结束语

新课程理念下的小学体育教育是创新体育教学模式的内在要求，但教学模式的创新是一个漫长而艰巨的过程。高效的体育课教学对我们每位教师提出了更高的要求，只要我们在教学中对所有学生足够重视，注重学生的身心特点，遵循体育教学的相关规律，熟习理论教材，彻底了解高效课堂的性质，实际上可以高效的提高课堂效率。本书力求使学生能够养成良好的运动习惯，促进学生的健康成长，增强终身体育锻炼的意识和能力。

参考文献

[1] 曾静，葛伟青. 小学体育课程混合式教学探究[J]. 教学与管理（理论版），2021（7）：115–117.

[2] 柴福强. 浅谈小学体育课的德育渗透[J]. 新课程，2021（30）：230.

[3] 常言珍，洪国武. 小学体育教学中体操内容的运用[J]. 上海体育学院学报，2001，25（1）：93–94.

[4] 陈俊钦. 试论科学体育观与人文体育观的融合[J]. 体育文化导刊，2007（01）：22.

[5] 陈肖宏. 浅议在小学体育教学中培养学生合作心理的途径[J]. 云南师范大学学报（哲学社会科学版），2002，34（z1）：315–317.

[6] 董翠香. 小学体育与健康教学设计[M]. 北京：高等教育出版社，2020.

[7] 杜典英. 试论体育游戏与青少年儿童个性发展[J]. 体育科学，2002，22（6）：107–108.

[8] 高俊霞. 小学体育教学策略与案例分析[M]. 石家庄：河北美术出版社，2017.

[9] 高林溪. 慕课和微课在体育教学中的应用[J]. 亚太教育，2015（27）：96+86.

[10] 黄平钦. 探析小学体育游戏化教学策略[J]. 才智，2020（16）：140.

[11] 李德强. 小学体育趣味化教学策略[J]. 课程教育研究，2019（34）：210.

[12] 李丽君. 体育教育中身体美学的理论分析[D]. 南昌：江西师范大学，2018：12.

［13］李雨浓．安徽省中小学体育课程内容衔接研究［D］．阜阳：阜阳师范大学，2021：16–39.

［14］刘绮红．论以人为本的体育观［J］．湖北广播电视大学学报，2007（05）：156–157.

［15］刘文武．武术教学与体育项目教学的区别［J］．北京体育大学学报，2015，38（10）：98.

［16］宁昌峰．现代体育教育训练的理论发展与创新研究［M］．北京：煤炭工业出版社，2018.

［17］潘文．基于寓教于乐理念下小学体育教学策略分析［J］．求知导刊，2020（33）：89–90.

［18］沈斌．小学体育健康教学探析［J］．教育探索，2001（11）：47–48.

［19］施利娟．移动学习环境下小学体育教学“e”课型研究［J］．武术研究，2020，5（10）：141.

［20］宋玉梅，王晓春．小学体育课评价的实验研究［J］．沈阳体育学院学报，2006，25（2）：73–74，80.

［21］吴如意．小学体育中健康生活方式教育实施研究［D］．北京：首都体育学院，2021：14–44.

［22］薛继升．中小学体育教材教法［M］．长春：吉林大学出版社，2011.

［23］薛原，季浏．组织化的青少年儿童体育活动的探析［J］．广州体育学院学报，2009，29（6）：21–24.

［24］易开军，赵云书，彭云．对中小学体育说课的多维管窥［J］．当代教育论坛，2009（4）：113–115.

［25］于成喜．健康中国背景下青少年学校体育发展策略［J］．广州体育学院学报，2021，41（3）：21–23.

［26］虞浩，贺新奇．多元异质青少年体育实体在体教融合进程中的角色定位研究［J］．广州体育学院学报，2021，41（04）：123–128.

［27］张海利，毛治和．初探“翻转课堂”在小学体育课堂中的运用［J］．福建茶叶，2020，42（4）：248.

［28］张兴梅，刘诚香，刘林．小学体育篮球课教学模式探讨［J］．内蒙古师范大学学报（教育科学版），2013，26（10）：150–152.

[29] 张兴泉，王亚乒，龚建林，等.家庭体育视角下儿童青少年身体活动量提升研究[J].沈阳体育学院学报，2021，40(4)：33-41.

[30] 张艳平.浅谈小学体育的发展目标与对策[J].新课程（小学），2010(09)：106.

[31] 张忠，严爱鸣.体育强国建设中青少年体育发展方略[J].上海体育学院学报，2011，35(5)：18-21.

[32] 郑德凤.基于核心素养的小学体育教学策略[J].黑河教育，2019(03)：81-82.

[33] 朱晓春.小学体育课程与教学论[M].长春：东北师范大学出版社，2014.